根据十八届四中全会决定中提出的
国家机关“谁执法谁普法”精神最新编写

谁执法谁普法

民政
法律知识读本

中国社会科学院法学研究所法治宣传教育与公法研究中心◎组织编写

总顾问：张苏军　总主编：陈泽宪
本册主编：王乐兵　孙得证　赵　波

以案释法版

中国出版集团
中国民主法制出版社
全国百佳图书出版单位

图书在版编目（CIP）数据

民政法律知识读本 ： 以案释法版 / 中国社会科学院法学研究所法治宣传教育与公法研究中心组织编写. --北京 ： 中国民主法制出版社，2016.10

（谁执法谁普法系列丛书）

ISBN 978-7-5162-1282-0

Ⅰ. ①民… Ⅱ. ①中… Ⅲ. ①民政事务－行政法－基本知识－中国 Ⅳ. ①D922.182.14

中国版本图书馆CIP数据核字(2016)第192746号

责任编辑 / 张静西
装帧设计 / 郑文娟

书　　名 / 民政法律知识读本（以案释法版）
作　　者 / 王乐兵　孙得证　赵　波

出版·发行 / 中国民主法制出版社
社　　址 / 北京市丰台区右安门外玉林里7号（100069）
电　　话 / 010-62152088
传　　真 / 010-62168123
经　　销 / 新华书店
开　　本 / 16开　710mm×1000mm
印　　张 / 11.875
字　　数 / 210千字
版　　本 / 2017年1月第1版　　2017年1月第1次印刷
印　　刷 / 北京精乐翔印刷有限公司

书　　号 / ISBN 978-7-5162-1282-0
定　　价 / 28.00元

丛书编委会名单

总　序

搞好法治宣传教育
营造良好法治氛围

全面推进依法治国，是坚持和发展中国特色社会主义，努力建设法治中国的必然要求和重要保障，事关党执政兴国、人民幸福安康、国家长治久安。

我们党长期重视依法治国，特别是党的十八大以来，以习近平同志为核心的党中央对全面依法治国作出了重要部署，对法治宣传教育提出了新的更高要求，明确了法治宣传教育的基本定位、重大任务和重要措施。十八届三中全会要求“健全社会普法教育机制”；十八届四中全会要求“坚持把全民普法和守法作为依法治国的长期基础性工作，深入开展法治宣传教育”；十八届五中全会要求“弘扬社会主义法治精神，增强全社会特别是公职人员尊法学法守法用法观念，在全社会形成良好法治氛围和法治习惯”。习近平总书记多次强调，领导干部要做尊法学法守法用法的模范。法治宣传教育要创新形式、注重实效，为我们做好工作提供了基本遵循。

当前，我国正处于全面建成小康社会的决定性阶段，依法治国在党和国家工作全局中的地位更加突出，严格执法、公正司法的要求越来越高，维护社会公平正义的责任越来越大。按照全面依法治国新要求，深入开展法治宣传教育，充分发挥法治宣传教育在全面依法治国中的基础作用，推动全社会树立法治意识，为“十三五”时期经济社会发展营造良好法治环境，为实现“两个一百年”奋斗目标和中华民族伟大复兴的中国梦作出新贡献，责任重大、意义深远。

为深入贯彻党的十八大和十八届三中、四中、五中、六中全会精神和习近平总书记系列重要讲话精神，以及中共中央、国务院转发《中央宣传部、司法部关于在公民中开展法治宣传教育的第七个五年规划（2016—2020年）》，扎实推进“七五”普法工作，中国社会科学院法学研究所联合中国民主法制出版社，组织国内有关方面的专家学者，在新一轮的五年普法规划实施期间，郑重推出“全面推进依法治国精品书库（六大系列）”，即《全国“七五”普法系列教材（以案释法版，25册）》《青少年法治教育系列教材（法治实践版，30册）》《新时期法治宣传教育工作理论与实务丛书（30册）》《"谁执法（主管）谁普法"系列丛书（以案释法版,80册）》《"七五"普法书架——以案释法系列丛书（60册）》和《"谁执法（主管）谁普法"系列宣传册（漫画故事版，90册）》。

其中"谁执法谁普法，谁主管谁负责"工作是一项涉及面广、工作要求高的系统工程。它以法律所调整的不同社会关系为基础，以行业监管或主管所涉及的法律法规为主体，充分发挥行业优势和主导作用，在抓好部门、行业内部法治宣传教育的同时，面向普法对象，普及该专属领域所涉及的法律法规的一种创新性普法方式。

实行"谁执法谁普法，谁主管谁负责"是贯彻落实中央精神、贯彻实施"七五"普法规划、深入推进新一轮全国法治宣传教育活动的重要举措。这一重要举措的切实实施，有利于充分发挥执法部门、行业主管的职能优势和主导作用，扩大普法依法治理工作覆盖面，增强法治宣传教育的针对性、专业性，促进执法与普法工作的有机结合，有利于各部门、各行业分工负责、各司其职、齐抓共管的大普法工作格局的形成。

为了深入扎实地做好"谁执法谁普法，谁主管谁负责"工作，我们组织编写了这套《"谁执法（主管）谁普法"系列丛书（以案释法版，80册）》。该丛书内容包括全面推进依法治国重大战略布局、宪法、行政法以及行业管理所涉及的法律法规制度。全书采取宣讲要点、以案释法的形式，紧紧围绕普法宣传的重点、法律规定的要点、群众关注的焦点、社会关注的热点、司法实践的难点，结合普法学习、法律运用和司法实践进行全面阐释，深入浅出，通俗易懂，具有较强的实用性和操作性，对于提高行业行政执法和业务管理人员能力水平，增强管理对象的法治意识具有积极意义。

衷心希望丛书的出版，能够为深入推进行业普法起到应有作用，更好地营造尊法学法守法用法的良好氛围。

本书编委会

2016年10月

目 录

第一章 全面推进依法治国的重大战略布局……………………………… 1
第一节 全面推进依法治国方略……………………………………………… 1
以案释法 01 严格依法办事、坚持从严治党 ……………………………… 3
以案释法 02 让人民群众在司法案件中感受到公平正义 ………………… 11
第二节 建设中国特色社会主义法治体系…………………………………… 12
第三节 提高运用法治思维和法治方式的能力……………………………… 15
以案释法 03 化解矛盾终究须靠法 ………………………………………… 18
以案释法 04 权力不能越出制度的笼子 …………………………………… 20
第四节 “谁执法谁普法”的普法责任制…………………………………… 21
第二章 宪法…………………………………………………………………… 25
第一节 概述…………………………………………………………………… 25
以案释法 05 一切违反宪法和法律的行为都必须予以追究 ……………… 27
第二节 我国的基本政治经济制度…………………………………………… 28
第三节 公民的基本权利和义务……………………………………………… 32
第四节 国家机构的设置及功能……………………………………………… 35
第五节 国家宪法日和宪法宣誓制度………………………………………… 38
第三章 我国行政法律制度…………………………………………………… 41
第一节 我国依法行政的发展历程…………………………………………… 41
第二节 行政组织法…………………………………………………………… 43
第三节 行政行为法…………………………………………………………… 45
以案释法 06 违法行政决定被撤销 ………………………………………… 49
第四节 行政监督法…………………………………………………………… 50
以案释法 07 行政不作为被判败诉 ………………………………………… 57
第四章 我国民政法律制度…………………………………………………… 59
第一节 我国民政法律制度的历史沿革……………………………………… 59
第二节 我国民政法律制度的现状…………………………………………… 63
第三节 我国民政法律制度的发展与完善…………………………………… 65
第五章 社会组织管理………………………………………………………… 70
第一节 社会团体……………………………………………………………… 70
以案释法 08 某总工会诉某市卫生防疫站房地产转让合同纠纷案 … 72

第二节 民办非企业单位…… 73
以案释法 09 王某与李某、某英语学校合伙协议纠纷案 …… 75
以案释法 10 某职业学院诉某技术学校租赁合同纠纷案 …… 76
第三节 外国商会…… 77
以案释法 11 太湖公司与卡拉卡托公司、某银行保函欺诈纠纷案 … 78
第四节 基金会…… 79
以案释法 12 郭某某事件 …… 81
第六章 优抚安置…… 82
第一节 抚恤优待…… 82
以案释法 13 军人抚恤金纠纷案 …… 83
第二节 烈士褒扬…… 84
以案释法 14 烈士纪念日国家领导人向人民英雄敬献花篮 …… 85
第三节 军休安置…… 86
第四节 退休安置…… 89
以案释法 15 侯某诉某设备厂遗失人事档案索赔案 …… 92
第七章 减灾救灾…… 93
第一节 灾情核查…… 93
以案释法 16 突发事件应对行为被诉案 …… 96
第二节 应急救助…… 97
以案释法 17 2008 年汶川大地震 …… 101
第三节 捐赠及款物管理…… 102
以案释法 18 赠与合同纠纷案 …… 106
以案释法 19 返还捐赠余款纠纷案 …… 107
第八章 社会救助…… 108
第一节 一般规定…… 108
以案释法 20 河北广宗县城镇居民医保和新农合实现“并轨” … 111
第二节 城市低保…… 112
以案释法 21 纪某诉 A 区人民政府某街道办事处救助案 …… 114
第三节 农村低保与农村五保供养…… 115
以案释法 22 土地承包经营权确认纠纷案 …… 121
第四节 公益慈善捐赠…… 122
以案释法 23 捐赠助学协议纠纷案 …… 126
第九章 基层政权和社区建设…… 127
第一节 街道办事处…… 127
以案释法 24 行政处罚纠纷案 …… 130
第二节 劳居民委员会…… 131
以案释法 25 何某诉某居民委员会第四居民小组财产权属案 …… 132

第三节　村民委员会…………………………………………………………… 134
以案释法 26　薛某与郇封村委会承包合同纠纷案 ………………………… 137
第四节　社区建设…………………………………………………………… 138
第十章　社会福利…………………………………………………………… 140
第一节　福利机构管理……………………………………………………… 140
第二节　福利彩票管理……………………………………………………… 142
以案释法 27　何某、何某某诉周某、陈某、周某某彩票案 ……… 146
第三节　老年人权益保障…………………………………………………… 147
以案释法 28　韩某与金色夕阳老年公寓健康权责任纠纷案 ……… 149
第四节　孤残儿童权益保障………………………………………………… 150
以案释法 29　黎某诉赵某解除收养关系纠纷案 ……………………… 154
第五节　残疾人权益保障…………………………………………………… 155
以案释法 30　徐某与被吴某侵权经营纠纷案 ………………………… 159
第十一章　社会事务………………………………………………………… 160
第一节　婚姻登记…………………………………………………………… 160
以案释法 31　刘某诉王某房屋买卖合同纠纷案 ……………………… 163
第二节　收养登记…………………………………………………………… 164
以案释法 32　确认收养关系纠纷案 …………………………………… 167
第三节　殡葬管理…………………………………………………………… 167
以案释法 33　郭某甲、郭某乙诉郭某某侵权纠纷案 ………………… 168
第十二章　社会工作和志愿服务…………………………………………… 169
第一节　社会工作…………………………………………………………… 169
以案释法 34　北京市儿童福利院开展“认识自己、理解他人”儿童
关爱工作…………………………………………………………… 171
第二节　志愿服务…………………………………………………………… 172
附录………………………………………………………………………… 175
民政部关于印发《全国民政系统法治宣传教育
第七个五年规划（2016—2020 年）》的通知 ………………………… 175

第一章

全面推进依法治国的重大战略布局

导读

依法治国，就是广大人民群众在党的领导下，依照宪法和法律规定，通过法定形式管理国家事务，管理经济文化事业，管理社会事务，保证国家各项工作都依法进行，逐步实现民主制度化、法律化，建设社会主义法治国家。全面推进依法治国，是我们党从坚持和发展中国特色社会主义，实现国家治理体系和治理能力现代化，提高党的执政能力和执政水平出发，总结历史经验、顺应人民愿望和时代发展要求作出的重大战略布局。全面推进依法治国，必须坚持中国共产党的领导，坚持人民主体地位、坚持法律面前人人平等，坚持依法治国和以德治国相结合，坚持从中国实际出发。坚持依法治国、依法执政、依法行政共同推进，坚持法治国家、法治政府、法治社会一体建设，实现科学立法、严格执法、公正司法、全民守法，促进国家治理体系和治理能力现代化。

第一节　全面推进依法治国方略

依法治国，从根本上讲，就是广大人民群众在党的领导下，依照宪法和法律规定，通过法定形式管理国家事务、管理经济文化事业、管理社会事务，保证国家各项工作都依法进行，逐步实现民主制度化、法律化，建设社会主义法治国家。

一、全面推进依法治国的形成与发展过程

全面推进依法治国的提出，是对我们党严格执法执纪优良传统作风的传承，是对党的十五大报告提出的“依法治国，建设社会主义法治国家”的深化。历史地看，我们党依法治国基本方略的形成和发展，经历了一个长期的探索发展过程。早在革

命战争年代，我党领导下的革命根据地红色政权就陆续制定和颁布过《中华苏维埃共和国宪法大纲》《中国土地法大纲》《陕甘宁边区施政纲领》等一系列法律制度规定，为新生红色政权的依法产生和依法办事，为调动一切抗日力量抵御外来侵略者，为解放全中国提供了宪法性依据和法律遵循。遵守法纪、依法办事成为这一时期党政工作的一大特色。尽管从总体上看，为适应战时需要，当时主要实行的还是政策为主、法律为辅，但在战争年代，尤其是军事力量对比实力悬殊的情况下，我们党依然能够在革命根据地和解放区坚持探索和实践法制建设，充分显示了一个无产阶级政党领导人民翻身解放、当家作主的博大胸怀。1949年中华人民共和国成立，开启了中国法治建设的新纪元。从1949年到20世纪50年代中期，是中国社会主义法制的初创时期。这一时期中国制定了具有临时宪法性质的《中国人民政治协商会议共同纲领》和其他一系列法律、法令，对巩固新生的共和国政权，维护社会秩序和恢复国民经济，起到了重要作用。1954年第一届全国人民代表大会第一次会议制定的《中华人民共和国宪法》以及随后制定的有关法律，规定了国家的政治制度、经济制度和公民的权利与自由，规范了国家机关的组织和职权，确立了国家法制的基本原则，初步奠定了中国法治建设的基础。20世纪50年代后期至70年代初，特别是“文化大革命”的十年，中国社会主义法制遭到严重破坏。20世纪70年代末，中国共产党总结历史经验，特别是汲取“文化大革命”的惨痛教训，作出把“党和国家的工作重心转移到社会主义现代化建设上来”的重大决策，实行改革开放政策，明确了一定要靠法制治理国家的原则。为了保障人民民主，必须加强社会主义法制，使民主制度化、法律化，使这种制度和法律具有稳定性、连续性和权威性，使之不因领导人的改变而改变，不因领导人的看法和注意力的改变而改变，做到有法可依，有法必依，执法必严，违法必究，成为改革开放新时期法治建设的基本理念。在发展社会主义民主、健全社会主义法制的基本方针指引下，现行宪法以及刑法、刑事诉讼法、民事诉讼法、民法通则、行政诉讼法等一批基本法律出台，中国的法治建设进入了全新发展阶段。20世纪90年代，中国开始全面推进社会主义市场经济建设，由此进一步奠定了法治建设的经济基础，法治建设面临新的更高要求。1997年召开的中国共产党第十五次全国代表大会，将“依法治国”确立为治国基本方略，将“建设社会主义法治国家”确定为社会主义现代化的重要目标，并提出了建设中国特色社会主义法律体系的重大任务。1999年修宪，“中华人民共和国实行依法治国，建设社会主义法治国家”载入宪法，中国的法治建设开启了新篇章。进入21世纪，中国的法治建设继续向前推进。2002年召开的中国共产党第十六次全国代表大会，将“社会主义民主更加完善，社会主义法制更加完备，依法治国基本方略得到全面落实”作为全面建设小康社会的重要目标。2004年修宪，“国家尊重和保障人权”载入宪法。2007

年召开的中国共产党第十七次全国代表大会，明确提出全面落实依法治国基本方略，加快建设社会主义法治国家，并对加强社会主义法治建设作出了全面部署。2012年中共十八大召开以来，党中央高度重视依法治国。2014年10月，十八届四中全会专门作出《中共中央关于全面推进依法治国若干重大问题的决定》，描绘了全面推进依法治国的总蓝图、路线图、施工图，标志着依法治国按下了“快进键”、进入了“快车道”，对我国社会主义法治建设具有里程碑意义。在新的历史起点上，我们党更加重视全面依法治国和社会主义法治建设，强调落实依法治国基本方略，加快建设社会主义法治国家，全面推进科学立法、严格执法、公正司法、全民守法进程，强调坚持党的领导，更加注重改进党的领导方式和执政方式；依法治国，首先是依宪治国；依法执政，关键是依宪执政；新形势下，我们党要履行好执政兴国的重大职责，必须依据党章从严治党、依据宪法治国理政；党领导人民制定宪法和法律，党领导人民执行宪法和法律，党自身必须在宪法和法律范围内活动，真正做到党领导立法、保证执法、带头守法。当前，我国全面建成小康社会进入决定性阶段，改革进入攻坚期和深水区。我们党面临的改革发展稳定任务之重前所未有、矛盾风险挑战之多前所未有，依法治国在党和国家工作全局中的地位更加突出、作用更加重大。全面推进依法治国是关系我们党执政兴国、关系人民幸福安康、关系党和国家长治久安的重大战略问题，是完善和发展中国特色社会主义制度、推进国家治理体系和治理能力现代化的重要方面。我们要实现党的十八大和十八届三中、四中、五中全会作出的一系列战略部署，全面建成小康社会、实现中华民族伟大复兴的中国梦，全面深化改革、完善和发展中国特色社会主义制度，就必须在全面推进依法治国上作出总体部署、采取切实措施、迈出坚实步伐。

以案释法 01

严格依法办事、坚持从严治党

2015年5月22日，天津市第一中级人民法院鉴于周永康案中一些犯罪事实证据涉及国家秘密，依法对周永康案进行不公开审理。天津市第一中级人民法院经审理认为，周永康受贿数额特别巨大，但其归案后能如实供述自己的罪行，认罪悔罪，绝大部分贿赂系其亲属收受且其系事后知情，案发后主动要求亲属退赃且受贿款物全部追缴，具有法定、酌定从轻处罚情节；滥用职权，犯罪情节特别严重；故意泄露国家秘密，犯罪情节特别严重，但未造成特别严重的后果。根据周永康犯罪的事实、性质、情节和对于社会的危害程度，天津市第一中级人民法院于2015年6月11日宣判，周永康犯受贿罪，判处无期徒刑，剥夺政治权利终身，并处没收个人财产；犯滥用职权罪，判处有期徒刑七年；犯故意泄露国家秘密罪，判处有期徒刑四年，三罪并罚，决定执行无期徒刑，剥夺政治权利终身，并处没收个人财产。周永康在庭审最后陈述时说：“我接受检方指控，基本事实清楚，我表示认罪悔罪；有关人员对我家人的贿赂，实际上是冲着我的权力来的，我应负主要责任；自己不断为私情而违法违纪，违法犯罪的事实是客观存在的，给党和国家造成了重大损失；对我问题的依纪依法处理，体现了中国共产党全面从严治党、全面依法治国的决心。”

释解

周永康一案涉及新中国成立以来第一例因贪腐被中纪委立案审查的正国级领导干部。周永康的落马充分反映了我们党全面从严治党、全面依法治国的坚定决心。说明反腐没有“天花板”，无论任何人，不管位有多高，权有多大，只要违法乱纪，一样要严惩不贷。周永康一案的宣判表明，无论是位高权重之人，还是基层党员干部，都应始终敬畏党纪、敬畏国法，不以权谋私，切忌把权力当成自家的“后花园”。通过办案机关依法办案、文明执法，讲事实、讲道理，周永康也认识到自己违法犯罪的事实给党的事业造成的损失，给社会造成了严重影响，并多次表示认罪悔罪。综观周永康一案从侦办、审理到宣判，整个过程都坚持依法按程序办案，很好地体现了“以法治思维和法治方式反对腐败”的基本理念。这充分说明，我们党敢于直面问题、纠正错误，勇于从严治党、依法治国。周永康案件再次表明，党纪国法绝不是“橡皮泥”“稻草人”，无论是因为“法盲”导致违纪违法，还是故意违规违法，都要受到追究，否则就会形成“破窗效应”。法治之下，任何人都不能心存侥幸，也不能指望法外施恩，没有免罪的“丹书铁券”，也没有“铁帽子王”。

二、全面推进依法治国必须坚持的基本原则

全面推进依法治国是一项系统工程，是国家治理领域一场广泛而深刻的革命，需要付出长期艰苦努力，这一过程中，既要避免不作为，又要防范乱作为。为此，党的十八届四中全会明确提出了全面推进依法治国必须要坚持的基本原则，即坚持中国共产党的领导，坚持人民主体地位，坚持法律面前人人平等，坚持依法治国和以德治国相结合，坚持从中国实际出发。

（一）党的领导原则

党的领导是中国特色社会主义最本质的特征，是社会主义法治最根本的保证。把党的领导贯彻到依法治国全过程和各方面，是我国社会主义法治建设的一条基本经验。我国宪法确立了中国共产党的领导地位。坚持党的领导，是社会主义法治的根本要求，是党和国家的根本所在、命脉所在，是全国各族人民的利益所系、幸福所系。实践证明，只有把依法治国基本方略的贯彻实施同依法执政的基本方式统一起来，把党领导立法、保证执法、支持司法、带头守法统一起来，把党总揽全局、协调各方同人大、政府、政协、审判机关、检察机关依法依章程履行职能、开展工作统一起来，把党领导人民制定和实施宪法法律同党坚持在宪法法律范围内活动统一起来，才能确保法治中国的建设有序推进、深入开展。

（二）人民主体原则

在我国，人民是依法治国的主体和力量源泉，法治建设以保障人民根本权益为出发点和落脚点。法治建设的宗旨是为了人民、依靠人民、保护人民、造福人民。因此，全面推进依法治国，必须要保证人民依法享有广泛的权利和自由、承担应尽的义务，维护社会公平正义，促进共同富裕。全面推进依法治国，就是为了更好地实现人民在党的领导下，依照法律规定，通过各种途径和形式管理国家事务，管理经济文化事业，管理社会事务。法律既是保障公民权利的有力武器，也是全体公民必须一体遵循的行为规范，因此全面推行依法治国，必须要坚持人民主体原则，切实增强全社会学法尊法守法用法意识，使法律为人民所掌握、所遵守、所运用。

（三）法律面前人人平等原则

平等是社会主义法律的基本属性。法律面前人人平等，要求任何组织和个人都必须尊重宪法法律权威，都必须在宪法法律范围内活动，都必须依照宪法法律行使权力或权利、履行职责或义务，都不得有超越宪法法律的特权。全面推行依法治国，必须维护国家法制统一、尊严和权威，切实保证宪法法律有效实施，任何人都不得以任何借口任何形式以言代法、以权压法、徇私枉法。必须规范和约束公权力，加大监督力度，做到有权必有责、用权受监督、违法必追究。坚决纠正有法不依、执法不严、违法不究行为。

（四）依法治国和以德治国相结合原则

法律和道德同为社会行为规范，在支撑社会交往、维护社会稳定、促进社会发展方面，发挥着各自不同的且不可替代的交互作用，国家和社会治理离不开法律和道德的共同发挥作用。全面推进依法治国，必须要既重视发挥法律的规范作用，又重视发挥道德的教化作用，要坚持一手抓法治、一手抓德治，大力弘扬社会主义核心价值观，弘扬中华传统美德，培育社会公德、职业道德、家庭美德、个人品德。法治要体现道德理念、强化对道德建设的促进作用，道德要滋养法治精神、强化对法治文化的支撑作用，以实现法律和道德相辅相成、法治和德治相得益彰。

（五）从实际出发原则

全面推进依法治国是中国特色社会主义道路、理论、制度实践的必然选择。建设法治中国，必须要从我国基本国情出发，同改革开放不断深化相适应，总结和运用党领导人民实行法治的成功经验，围绕社会主义法治建设重大理论和实践问题，深入开展法治建设，推进法治理论创新。

三、全面推进依法治国的总体要求

十八届四中全会是我党历史上第一次通过全会的形式专题研究部署、全面推进依法治国问题。全会在对全面推进依法治国的重要意义、重大作用、指导思想和基本原则作了系统阐述的基础上，站在总揽全局、协调各方的高度，对全面推进依法治国进程中的人大、政府、政协、审判、检察等各项工作提出了工作要求。

（一）加强立法工作，完善中国特色社会主义法律体系建设和以宪法为核心的法律制度实施

1.建设中国特色社会主义法治体系，坚持立法先行，发挥立法的引领和推动作用，抓住提高立法质量这个关键

立法工作要恪守以民为本、立法为民理念，贯彻社会主义核心价值观，要符合宪法精神、反映人民意志、得到人民拥护。要把公正、公平、公开原则贯穿立法全过程，完善立法体制机制，坚持立改废释并举，增强法律法规的及时性、系统性、针对性、有效性。坚持依法治国，首先要坚持依宪治国、坚持依宪执政。一切违反宪法的行为都必须予以追究和纠正。为了强化宪法意识，党和国家还确定，每年12月4日定为国家宪法日。在全社会普遍开展宪法教育，弘扬宪法精神。建立宪法宣誓制度，凡经人大及其常委会选举或者决定任命的国家工作人员正式就职时公开向宪法宣誓。

2.完善党对立法工作中重大问题决策的程序

凡立法涉及重大体制和重大政策调整的，必须报党中央讨论决定。党中央向全国人大提出宪法修改建议，依照宪法规定的程序进行宪法修改。法律制定和修改的重大问题由全国人大常委会党组向党中央报告。健全有立法权的人大主导立法工作的体制机制。建立由全国人大相关专门委员会、全国人大常委会法制工作委员会组织有关部门参与起草综合性、全局性、基础性等重要法律草案制度。增加有法治实践经验的专职常委比例。依法建立健全专门委员会、工作委员会立法专家顾问制度。加强和改进政府立法制度建设，完善行政法规、规章制定程序，完善公众参与政府立法机制。重要行政管理法律法规由政府法制机构组织起草。明确立法权力边界，从体制机制和工作程序上有效防止部门利益和地方保护主义法律化。明确地方立法权限和范围，依法赋予设区的市地方立法权。

3.深入推进科学立法、民主立法

加强人大对立法工作的组织协调，健全立法起草、论证、协调、审议机制，健全向下级人大征询立法意见机制，建立基层立法联系点制度，推进立法精细化。更多发挥人大代表参与起草和修改法律的作用。充分发挥政协委员、民主党派、工商

联、无党派人士、人民团体、社会组织在立法协商中的作用，拓宽公民有序参与立法途径，广泛凝聚社会共识。

4. 加强重点领域立法

依法保障公民权利，加快完善体现权利公平、机会公平、规则公平的法律制度，保障公民人身权、财产权、基本政治权利等各项权利不受侵犯，保障公民经济、文化、社会等各方面权利得到落实，实现公民权利保障法治化。增强全社会尊重和保障人权意识，健全公民权利救济渠道和方式。

（二）深入推进依法行政，加快建设法治政府

各级政府必须坚持在党的领导下、在法治轨道上开展工作，创新执法体制，完善执法程序，推进综合执法，严格执法责任，建立权责统一、权威高效的依法行政体制，加快建设职能科学、权责法定、执法严明、公开公正、廉洁高效、守法诚信的法治政府。

1. 依法全面履行政府职能

完善行政组织和行政程序法律制度，推进机构、职能、权限、程序、责任法定化。行政机关要坚持法定职责必须为、法无授权不可为，勇于负责、敢于担当，坚决纠正不作为、乱作为，坚决克服懒政、怠政，坚决惩处失职、渎职。行政机关不得法外设定权力，没有法律法规依据不得作出减损公民、法人和其他组织合法权益或者增加其义务的决定。

2. 健全依法决策机制

把公众参与、专家论证、风险评估、合法性审查、集体讨论决定确定为重大行政决策作出的法定程序，确保决策制度科学、程序正当、过程公开、责任明确。建立重大决策终身责任追究制度及责任倒查机制，对决策严重失误或者依法应该及时作出决策但久拖不决造成重大损失、恶劣影响的，严格追究行政首长、负有责任的其他领导人员和相关责任人员的法律责任。

3. 深化行政执法体制改革

根据不同层级政府的事权和职能，按照减少层次、整合队伍、提高效率的原则，合理配置执法力量。推进综合执法，大幅减少市县两级政府执法队伍种类，重点在食品药品安全、工商质检、公共卫生、安全生产、文化旅游、资源环境、农林水利、交通运输、城乡建设、海洋渔业等领域内推行综合执法，有条件的领域可以推行跨部门综合执法；严格实行行政执法人员持证上岗和资格管理制度，未通过执法资格考试，不得授予执法资格，不得从事执法活动。严格执行罚缴分离和收支两条线管理制度，严禁收费罚没收入同部门利益直接或者变相挂钩。

4. 坚持严格规范公正文明执法

依法惩处各类违法行为，加大关系群众切身利益的重点领域执法力度。完善执

法程序，建立执法全过程记录制度。明确具体操作流程，重点规范行政许可、行政处罚、行政强制、行政征收、行政收费、行政检查等执法行为。严格执行重大执法决定法制审核制度。全面落实行政执法责任制，严格确定不同部门及机构、岗位执法人员执法责任和责任追究机制，加强执法监督，坚决排除对执法活动的干预，防止和克服地方和部门保护主义，惩治执法腐败现象。

5. 强化对行政权力的制约和监督

加强党内监督、人大监督、民主监督、行政监督、司法监督、审计监督、社会监督、舆论监督制度建设，努力形成科学有效的权力运行制约和监督体系，增强监督合力和实效。加强对政府内部权力的制约，对财政资金分配使用、国有资产监管、政府投资、政府采购、公共资源转让、公共工程建设等权力集中的部门和岗位实行分事行权、分岗设权、分级授权，定期轮岗，强化内部流程控制，防止权力滥用。改进上级机关对下级机关的监督，建立常态化监督制度。完善纠错问责机制，健全责令公开道歉、停职检查、引咎辞职、责令辞职、罢免等问责方式和程序。完善审计制度，保障依法独立行使审计监督权。对公共资金、国有资产、国有资源和领导干部履行经济责任情况实行审计全覆盖。

6. 全面推进政务公开

坚持以公开为常态、不公开为例外原则，推进决策公开、执行公开、管理公开、服务公开、结果公开。各级政府及其工作部门依据权力清单，向社会全面公开政府职能、法律依据、实施主体、职责权限、管理流程、监督方式等事项。重点推进财政预算、公共资源配置、重大建设项目批准和实施、社会公益事业建设等领域的政府信息公开。涉及公民、法人或其他组织权利和义务的规范性文件，按照政府信息公开要求和程序予以公布。推行行政执法公示制度。推进政务公开信息化，加强互联网政务信息数据服务平台和便民服务平台建设。

（三）保证公正司法，提高司法公信力

必须完善司法管理体制和司法权力运行机制，规范司法行为，加强对司法活动的监督，努力让人民群众在每一个司法案件中感受到公平正义。

1. 完善确保依法独立公正行使审判权和检察权的制度

建立领导干部干预司法活动、插手具体案件处理的记录、通报和责任追究制度。任何党政机关和领导干部都不得让司法机关做违反法定职责、有碍司法公正的事情，任何司法机关都必须执行党政机关和领导干部不得违法干预司法活动的要求。对干预司法机关办案的，给予党纪政纪处分；造成冤假错案或者其他严重后果的，依法追究刑事责任。

2. 优化司法职权配置

健全公安机关、检察机关、审判机关、司法行政机关各司其职，侦查权、检察权、

审判权、执行权相互配合和制约的体制机制。完善审级制度，一审重在解决事实认定和法律适用，二审重在解决事实法律争议、实现二审终审，再审重在依法纠错、维护裁判权威；建立司法机关内部人员过问案件的记录制度和责任追究制度。完善主审法官、合议庭、主任检察官、主办侦查员办案责任制，落实谁办案谁负责。

3. 推进严格司法

健全事实认定符合客观真相、办案结果符合实体公正、办案过程符合程序公正的法律制度。加强和规范司法解释和案例指导，统一法律适用标准。全面贯彻证据裁判规则，严格依法收集、固定、保存、审查、运用证据，完善证人、鉴定人出庭制度，保证庭审在查明事实、认定证据、保护诉权、公正裁判中发挥决定性作用。明确各类司法人员工作职责、工作流程、工作标准，实行办案质量终身负责制和错案责任倒查问责制，确保案件处理经得起法律和历史检验。

4. 保障人民群众参与司法

坚持人民司法为人民，依靠人民推进公正司法，通过公正司法维护人民权益。在司法调解、司法听证、涉诉信访等司法活动中保障人民群众参与。推进审判公开、检务公开、警务公开、狱务公开，依法及时公开执法司法依据、程序、流程、结果和生效法律文书，杜绝暗箱操作。

5. 加强人权司法保障

强化诉讼过程中当事人和其他诉讼参与人的知情权、陈述权、辩护辩论权、申请权、申诉权的制度保障。健全落实罪刑法定、疑罪从无、非法证据排除等法律原则的法律制度。完善对限制人身自由司法措施和侦查手段的司法监督，加强对刑讯逼供和非法取证的源头预防，健全冤假错案有效防范、及时纠正机制。

6. 加强对司法活动的监督

完善检察机关行使监督权的法律制度，加强对刑事诉讼、民事诉讼、行政诉讼的法律监督。完善人民监督员制度，重点监督检察机关查办职务犯罪的立案、羁押、扣押和冻结财物、起诉等环节的执法活动。依法规范司法人员与当事人、律师、特殊关系人、中介组织的接触、交往行为。严禁司法人员私下接触当事人及律师、泄露或者为其打探案情、接受吃请或者收受其财物、为律师介绍代理和辩护业务等违法违纪行为，坚决惩治司法掮客行为，防止利益输送。

（四）增强全民法治观念，推进法治社会建设

弘扬社会主义法治精神，建设社会主义法治文化，增强全社会厉行法治的积极性和主动性，形成守法光荣、违法可耻的社会氛围，使全体人民都成为社会主义法治的忠实崇尚者、自觉遵守者、坚定捍卫者。

1. 推动全社会树立法治意识

坚持把全民普法和守法作为依法治国的长期基础性工作，深入开展法治宣传教育，引导全民自觉守法、遇事找法、解决问题靠法。坚持把领导干部带头学法、模范守法作为树立法治意识的关键，完善国家工作人员学法用法制度，把法治教育纳入国民教育体系，从青少年抓起，在中小学设立法治知识课程。健全普法宣传教育机制，各级党委和政府要加强对普法工作的领导，宣传、文化、教育部门和人民团体要在普法教育中发挥职能作用。实行国家机关“谁执法谁普法”的普法责任制，建立法官、检察官、行政执法人员、律师等以案释法制度。把法治教育纳入精神文明创建内容，开展群众性法治文化活动，健全媒体公益普法制度，加强新媒体、新技术在普法中的运用，提高普法实效；加强社会诚信建设，健全公民和组织守法信用记录，完善守法诚信褒奖机制和违法失信行为惩戒机制，使尊法守法成为全体人民的共同追求和自觉行动；加强公民道德建设，弘扬中华优秀传统文化，增强法治的道德底蕴，强化规则意识，倡导契约精神，弘扬公序良俗。发挥法治在解决道德领域突出问题中的作用，引导人们自觉履行法定义务、社会责任、家庭责任。

2. 推进多层次多领域依法治理

深入开展多层次多领域法治创建活动，深化基层组织和部门、行业依法治理，支持各类社会主体自我约束、自我管理。发挥市民公约、乡规民约、行业规章、团体章程等社会规范在社会治理中的积极作用。建立健全社会组织参与社会事务、维护公共利益、救助困难群众、帮教特殊人群、预防违法犯罪的机制和制度化渠道，发挥社会组织对其成员的行为导引、规则约束、权益维护作用。

3. 建设完备的法律服务体系

完善法律援助制度，扩大援助范围，健全司法救助体系，保证人民群众在遇到法律问题或者权利受到侵害时获得及时有效的法律帮助。

4. 健全依法维权和化解纠纷机制

强化法律在维护群众权益、化解社会矛盾中的权威地位，引导和支持人们理性表达诉求、依法维护权益。建立健全社会矛盾预警机制、利益表达机制、协商沟通机制、救济救助机制，畅通群众利益协调、权益保障法律渠道。把信访纳入法治化轨道，保障合理合法诉求依照法律规定和程序就能得到合理合法的结果。健全社会矛盾纠纷预防化解机制，完善调解、仲裁、行政裁决、行政复议、诉讼等有机衔接、相互协调的多元化纠纷解决机制。完善立体化社会治安防控体系，有效防范、化解、管控影响社会安定的问题，保障人民生命财产安全。依法严厉打击暴力恐怖、涉黑犯罪、邪教和黄赌毒等违法犯罪活动，绝不允许其形成气候。依法强化危害食品药品安全、影响生产安全、损害生态环境、破坏网络安全等重点问题治理。此外，十八届四中全会还就法治工作队伍建设、党对全面推进依法治国的领导等重大问题提出了加强和改进要求。

以案释法 02

让人民群众在司法案件中感受到公平正义

欠债还钱，天经地义，支付罚息，也理所应当。但是，银行却在本金、罚息之外，另收“滞纳金”，并且还是按复利计算，结果经常导致“滞纳金”远高于本金，成了实际上的“驴打滚”。中国银行某高新技术产业开发区支行起诉信用卡欠费人沙女士，请求人民法院判令沙女士归还信用卡欠款共计375079.3元（包含本金339659.66元及利息、滞纳金共计35419.64元）。银行按每日万分之五的利率计算的利息，以及每个月高达5%的滞纳金，这就相当于年利率高达78%。受理本案的人民法院认为，根据合同法、商业银行法，我国的贷款利率是受法律限制的，最高人民法院在关于民间借贷的司法解释中明确规定：最高年利率不得超过24%，否则就算“高利贷”，不受法律保护。但问题在于，最高法的司法解释针对的是“民间高利贷”，而原告是根据中国人民银行的《银行卡业务管理办法》收取滞纳金的，该如何审理？

释解

在我国社会主义法律体系中，宪法是国家的根本大法，处于最高位阶，一切法律、行政法规、司法解释、地方性法规和规章、自治条例和单行条例都不得与宪法规定精神相违背。依法治国首先必须依宪治国。十八届四中全会重申了宪法第五条关于“一切违反宪法和法律的行为，必须予以追究”的原则，强调要“努力让人民群众在每一个司法案件中感受到公平正义”。此案中，法官引述了宪法第三十三条第二款规定：“中华人民共和国公民在法律面前一律平等。”法官认为：“平等意味着对等待遇，除非存在差别对待的理由和依据。一方面，国家以贷款政策限制民间借款形成高利；另一方面，在信用卡借贷领域又形成超越民间借贷限制一倍或者几倍的利息。这显然极可能形成一种‘只准州官放火，不许百姓点灯’的外在不良观感。”法官从宪法“平等权”等多个层面，提出应对法律作系统性解释，认为“商业银行错误将相关职能部门的规定作为自身高利、高息的依据，这有违于合同法及商业银行法的规定”，从而最终驳回了银行有关滞纳金的诉讼请求，仅在本金339659.66元、年利率24%的限度内予以支持。

第二节 建设中国特色社会主义法治体系

十八届四中全会提出："全面推进依法治国，总目标是建设中国特色社会主义法治体系，建设社会主义法治国家。"这是我们党的历史上第一次提出建设中国特色社会主义法治体系的新目标。从"法律体系"到"法治体系"是一个质的飞跃，是一个从静态到动态的过程，是一个从平面到立体的过程。

一、中国特色社会主义法治体系的主要内容

中国特色社会主义法治体系包括完备的法律规范体系、高效的法治实施体系、严密的法治监督体系、有力的法治保障体系、完备的党内法规体系五个子系统。

（一）完备的法律规范体系

建设中国特色社会主义法治体系，全面推进依法治国，需要充分的规范供给为全社会依法办事提供基本遵循。一方面，要加快完善法律、行政法规、地方性法规体系；另一方面，也要完善包括市民公约、乡规民约、行业规章、团体章程在内的社会规范体系。恪守原有单一的法律渊源已无法满足法治实践的需求，有必要适当扩大法律渊源，甚至可以有限制地将司法判例、交易习惯、法律原则、国际惯例作为裁判根据，以弥补法律供给的不足，同时还应当建立对法律扩大或限缩解释的规则，通过法律适用过程填补法律的积极或消极的漏洞。为了保证法律规范的质量和提升立法科学化的水平，应当进一步改善立法机关组成人员的结构，提高立法程序正当化水平，构建立法成本效益评估前置制度，建立辩论机制，优化协商制度，提升立法技术，规范立法形式，确定法律规范的实质与形式标准，设立法律规范的事前或事后的审查过滤机制，构建实施效果评估机制，完善法律修改、废止和解释制度，等等。尤其要着力提高立法过程的实质民主化水平，要畅通民意表达机制以及民意与立法的对接机制，设定立法机关组成人员联系选民的义务，规范立法机关成员与"院外"利益集团的关系，完善立法听取意见（包括听证等多种形式）、整合吸纳意见等制度，建立权力机关内部的制约协调机制，建立立法成员和立法机关接受选民和公众监督的制度，等等。

（二）高效的法治实施体系

法治实施是一个系统工程。首先，要认真研究如何使法律规范本身具有可实施性，不具有实施可能性的法律规范无疑会加大实施成本，甚至即使执法司法人员费尽心机也难以实现。因此，要特别注意法律规范的可操作性、实施资源的配套性、法律规范本身的可接受性以及法律规范自我实现的动力与能力。其次，要研究法律实施所必需的体制以及法律设施，国家必须为法律实施提供强有力的体制、设施与

物质保障。再次，要认真研究法律实施所需要的执法和司法人员的素质与能力，要为法律实施所需要的素质和能力的培训与养成提供必要的条件和机制。又次，要研究法律实施的环境因素，并为法律实施创造必要的执法和司法环境。最后，要研究如何克服法律实施的阻碍和阻力，有针对性地进行程序设计、制度预防和机制阻隔，针对我国现阶段的国情，有必要把排除“人情”“关系”“金钱”“权力”对法律实施的干扰作为重点整治内容。

（三）严密的法治监督体系

对公共权力的监督和制约，是任何法治形态的基本要义；公共权力具有二重性，唯有法律能使其扬长避短和趋利避害；破坏法治的最大危险在一般情况下都来自公共权力；只有约束好公共权力，国民的权利和自由才可能安全实现。有效监督和制约公共权力，要在以下几个方面狠下功夫：要科学配置权力，使决策权、执行权、监督权相互制约又相互协调；要规范权力的运行，为权力的运行设定明确的范围、条件、程序和界限；要防止权力的滥用，为权力的行使设定正当目的及合理基准与要求；要严格对权力的监督，有效规范党内、人大、民主、行政、司法、审计、社会、舆论诸项监督，并充分发挥各种监督的独特作用，使违法或不正当行使权力的行为得以及时有效纠正；要健全权益恢复机制，使受公共权力侵害的私益得到及时赔偿或补偿。

（四）有力的法治保障体系

依法治国是一项十分庞大和复杂的综合性系统工程。要在较短时间内实现十八届四中全会提出的全面推进依法治国的战略目标，任务艰巨而繁重，如果缺少配套的保证体系作为支撑，恐难以持久。普遍建立法律顾问制度。完善规范性文件、重大决策合法性审查机制。建立科学的法治建设指标体系和考核标准。健全法规、规章、规范性文件备案审查制度。健全社会普法教育机制，增强全民法治观念。逐步增加有地方立法权的较大的市数量。深化行政执法体制改革。完善行政执法程序，规范执法自由裁量权，加强对行政执法的监督，全面落实行政执法责任制和执法经费由财政保障制度，做到严格规范公正文明执法。完善行政执法与刑事司法衔接机制。确保依法独立公正行使审判权、检察权。改革司法管理体制，推动省以下地方人民法院、人民检察院人财物统一管理，探索建立与行政区划适当分离的司法管辖制度，保证国家法律统一正确实施。建立符合职业特点的司法人员管理制度，健全法官、检察官、人民警察统一招录、有序交流、逐级遴选机制，完善司法人员分类管理制度，健全法官、检察官、人民警察职业保障制度。健全司法权力运行机制。优化司法职权配置，健全司法权力分工负责、互相配合、互相制约机制，加强和规范对司法活动的法律监督和社会监督。健全国家司法救助制度，完善法律援助制度。完善律师执业权利保障机制和违法违规执业惩戒制度，加强职业道德建设，发挥律师在依法维护公民和法人合法权益方面的重要作用。

（五）完善的党内法规体系

党内法规既是管党治党的重要依据，也是中国特色社会主义法治体系的重要组成部分。由于缺少整体规划，缺乏顶层设计，党内法规存在“碎片化”现象。要在对现有党内法规进行全面清理的基础上，抓紧制定和修订一批重要党内法规，加大党内法规备案审查和解释力度，完善党内法规制定体制机制，形成配套完备的党内法规制度体系，使党内生活更加规范化、程序化，使党内民主制度体系更加完善，使权力运行受到更加有效的制约和监督，使党执政的制度基础更加巩固，为到建党100周年时全面建成内容科学、程序严密、配套完备、运行有效的党内法规制度体系打下坚实基础。

二、以高度自信建设中国特色社会主义法治体系

（一）依法治国、依法执政、依法行政共同推进

依法治国是党领导人民治国理政的基本方式，要依照宪法和法律规定，通过各种途径和形式实现人民群众在党的领导下管理国家事务，管理经济文化事业，管理社会事务，保证国家各项工作都依法进行，逐步实现社会主义民主的制度化、法律化。依法执政是依法治国的关键，要坚持党领导人民制定法律、实施法律并在宪法法律范围内活动的原则，健全党领导依法治国的制度和工作机制，促进党的政策和国家法律互联互动。依法行政是依法治国的重点，要创新执法体制，完善执法程序，推进综合执法，严格执法责任，建立权责统一、权威高效的依法行政体制，加快建设职能科学、权责法定、执法严明、公开公正、廉洁高效、守法诚信的法治政府，切实做到合法行政、合理行政、高效便民、权责统一、政务公开。

（二）法治国家、法治政府、法治社会一体建设

法治国家、法治政府和法治社会是全面推进依法治国的“一体双翼”。法治国家是长远目标和根本目标，建设法治国家的核心要求是实现国家生活的全面法治化；法治政府是重点任务和攻坚内容，建设法治政府的核心要求是规范和制约公共权力；法治社会是组成部分和薄弱环节，建设法治社会的核心是推进多层次多领域依法治理，实现全体国民自己守法、护法。法治国家、法治政府、法治社会一体建设，要求三者相互补充、相互促进、相辅相成。

（三）科学立法、严格执法、公正司法、全民守法相辅相成

十八大以来，党中央审时度势，提出了“科学立法、严格执法、公正司法、全民守法”的十六字方针，确立了新时期法治中国建设的基本内容。科学立法要求完善立法规划，突出立法重点，坚持立改废释并举，提高立法科学化、民主化水平，提高法律的针对性、及时性、系统性、有效性，完善立法工作机制和程序，扩大公众有序参与，充分听取各方面意见，使法律准确反映经济社会发展要求，更好协调

利益关系，发挥立法的引领和推动作用。严格执法，要求加强宪法和法律实施，维护社会主义法制的统一、尊严、权威，形成人们不愿违法、不能违法、不敢违法的法治环境，做到有法必依、执法必严、违法必究。公正司法，要求要努力让人民群众在每一个司法案件中都感受到公平正义，所有司法机关都要紧紧围绕这个目标来改进工作，重点解决影响司法公正和制约司法能力的深层次问题。全民守法，要求任何组织或者个人都必须在宪法和法律范围内活动，任何公民、社会组织和国家机关都要以宪法和法律为行为准则，依照宪法和法律行使权利或权力、履行义务或职责。

（四）与推进国家治理体系和治理能力现代化同脉共振

全面推进依法治国既是实现国家治理现代化目标的基本要求，又是推进国家治理现代化的重要组成部分。法律的强制性、普遍性、稳定性、公开性、协调性等价值属性满足了国家治理对权威性和有效性的要求。法治在治理现代化过程中具有极为重要的意义。民主、科学、文明、法治是国家治理现代化的基本要求，民主、科学、文明都离不开法治的保障。治理现代化需要通过法治手段进一步具体地对应到治理体系的各个领域和每个方面，需要进一步量化为具体的指标体系，包括国权配置定型化、公权行使制度化、权益保护实效化、治理行为规范化、社会关系规则化、治理方式文明化六个方面。在实现治理法治化的过程中，治理主体需要高度重视法治本身的现代化问题，高度重视法律规范的可实施性，高度重视全社会法治信仰的塑造，高度重视治理事务对法治的坚守，高度重视司法公信力的培养。

第三节　提高运用法治思维和法治方式的能力

法治思维是指将党中央关于法治中国建设的基本要求，将国家宪法和法律的相关规定运用于判断、思考和决策，法治方式就是运用法治思维处理和解决问题的行为方式。法治思维与法治方式两者之间属于法治要求内化于心、外化于行的辩证统一关系。简言之，用法律观念来判断问题，用法律方式来处理矛盾和纠纷，这就是法治思维和法治方式。正如习近平同志指出的那样，“各级领导干部要提高运用法治思维和法治方式深化改革、推动发展、化解矛盾、维护稳定能力，努力推动形成办事依法、遇事找法、解决问题用法、化解矛盾靠法的良好法治环境，在法治轨道上推动各项工作”。

一、法治思维和法治方式的基本属性

法治思维和法治方式作为治理能力范畴中的一种新要求，它要求党员干部要带头尊法、学法、守法、用法，自觉地在法律授权范围内活动，切实维护国家法制的

统一、尊严和权威，依法保障人民享有广泛的民主权利和自由；法治思维和法治方式作为治理能力范畴中的一种新理念，它要求党员干部要带头破除重管理轻服务、重治民轻治官、重权力轻职责等积弊，带头荡除以言代法、以权压法、违法行政等沉疴。中国特色社会主义法治特质决定了法治思维和法治方式集中具有以下几个方面的属性要求：职权法定、权力制约、保障人权、程序正当。

（一）职权法定

职权法定是指行政机关及其公职人员的行政权力，来自于法律的明确授权，而非自行设定。因此，行政机关及其公职人员要做到依法行政，首先必须严守法律明确授予的行政职权，必须在法律规定的职权范围内活动。非经法律授权，不得作出行政管理行为；超出法律授权范围，不享有对有关事务的管理权，否则都属于行政违法。正如党的十八届四中全会强调的那样，“行政机关不得法外设定权力，没有法律法规依据不得作出减损公民、法人和其他组织合法权益或者增加其义务的决定”。坚持职权法定，首先在思想上要牢固树立宪法和法律的权威。宪法是国家的根本法，是治国安邦的总章程，任何法律和规范性文件都不得与宪法相抵触。依据宪法而制定的法律是全社会一体遵循的行动准则，任何人都不享有超越法律的特权。要注意培养依法办事的良好工作作风，切实做到办事依法、遇事找法、解决问题用法、化解矛盾靠法，在法治轨道上推动各项工作。有关部门要切实按照中央的要求，把法治建设成效作为衡量各级领导班子和领导干部工作实绩的重要内容，纳入政绩考核指标体系。把能不能遵守法律、依法办事作为考察干部的重要内容，在相同条件下，优先提拔使用法治素养好、依法办事能力强的干部。对特权思想严重、法治观念淡薄的干部要批评教育，不改正的要调离领导岗位。

（二）权力制约

权力制约是中国特色社会主义法治理念中的一项基本原则，这一原则贯穿于宪法始终，体现在各部法律之内。我国现行宪法对国家权力的设定充分体现了权力的分工与制约原则。首先，宪法明确规定国家的一切权力属于人民。其次，宪法在人民代表和国家机关及其工作人员的关系上，规定人民代表由人民选举产生，对人民负责，接受人民监督。人民有权对国家机关及其工作人员提出批评、建议、控告、检举等。再次，宪法规定国家行政机关、审判机关、检察机关都由人大产生，对它负责，受它监督。此外，我国宪法为充分保证执法机关正确执法，还明确规定了行政机关和司法机关在本系统内实行监督和制约。权力制约是法治国家的基本特征。改革开放以来，党和国家高度重视对权力的监督制约，党的十七大报告明确提出，要完善制约和监督机制，保证人民赋予的权力始终用来为人民谋利益；确保权力正确行使，必须让权力在阳光下运行；要坚持用制度管权、管事、管人，建立健全决策权、执行权、监督权既相互制约又相互协调的权力结构和运行机制。习近平总书记在首都各界纪念现行宪法公布施行30周年大会上的讲话中强调："我们要健全权力运行制约和监督体系，有权必有责，用权受监督，失职要问责，违法要追究，保证人民赋予的权力始终用来为人民谋利益。"

（三）保障人权

我们党长期注重尊重和保障人权。早在新民主主义革命时期，中国共产党就在所领导的红色革命根据地内颁布了《中华苏维埃共和国宪法大纲》《陕甘宁边区施政纲领》《陕甘宁边区宪法原则》等宪法性文件，明确规定保障人民权利的内容。抗战时期，为广泛调动一切抗日力量，各根据地人民政府普遍颁布和实施了保障人权的法令。新中国成立后的第一部宪法，就将公民的人身、经济、政治、社会、文化等方面的权利用根本大法的形式固定下来。20世纪80年代末，我们党就明确提出，社会主义中国要把人权旗帜掌握在自己手中。1991年11月1日，国务院新闻办公室向世界公布了新中国第一份《中国的人权状况》的白皮书，以政府文件的形式正面肯定了人权在中国政治发展中的地位。1997年9月，党的十五大明确提出："共产党执政就是领导和支持人民掌握管理国家的权力，实行民主选举、民主决策、民主管理和民主监督，保证人民依法享有广泛的权利和自由，尊重和保障人权。"此后，尊重和保障人权成为了中国共产党执政的基本目标和政治体制改革与民主法制建设的一个重要内容。2004年3月，十届全国人大二次会议通过宪法修正案，首次将"人权"概念载入宪法，明确规定"国家尊重和保障人权"。至此，尊重和保障人权上升为国家的一项宪法原则，成为行政执法活动中一条不应逾越的底线。

（四）程序正当

程序正当是社会主义法治对行政活动提出的一项基本要求。具体地说，程序正当是指行政机关行使行政权力、实施行政管理时，除涉及国家秘密和依法受到保护的商业秘密、个人隐私的外，都应当公开，注意听取公民、法人和其他组织的意见；要严格遵循法定程序，依法保障行政管理相对人、利害关系人的知情权、参与权和救济权。履行职责的行政机关工作人员与行政管理相对人存在利害关系时，应当回避。实践中，以保密为由拒绝向相对人提供依法应当提供的相关信息；作出行政决定没有听取相对人的意见和申辩；履行行政职责的行政机关工作人员缺乏回避意识等情况屡见不鲜。这种重实体、轻程序的现象历史上长期存在，行政机关与相对人之间更多地表现为一种命令与服从的关系。改革开放以来，尤其是在全面推进依法治国的进程中，程序正当逐步被提到了应有的位置。程序正当在许多单行法中有着明确的规定。如行政处罚法第四十二条就明确规定，行政机关作出责令停产停业、吊销许可证或者执照、较大数额罚款等行政处罚决定之前，应当告知当事人有要求举行听证的权利；当事人要求听证的，行政机关应当组织听证。党的十八届三中全会更是明确要求："完善行政执法程序，规范执法自由裁量权，加强对行政执法的监督，全面落实行政执法责任制和执法经费由财政保障制度，做到严格规范公正文明执法。”强调程序正义，不仅在于它是法治文明进步的重要成果，而且在于程序正义的维护和实现有助于增强法律实施的可接受性。

以案释法 03

化解矛盾终究须靠法

2005年6月11日凌晨4时30分，为驱赶因征地补偿纠纷而在工地驻守阻止施工的河北省定州市某村部分村民，260余名社会闲散人员携带猎枪、棍棒、铁管、弩等工具，肆意使用暴力进场驱赶、伤害村民，造成6人死亡，15人重伤，多人轻伤、轻微伤的特别严重后果。最终，该案的组织策划者、骨干分子等主要案犯全部被抓获，共有248名犯罪嫌疑人到案。已批捕31人，刑拘131人。该案中定州市原市委书记和某等6人被判处无期徒刑，剥夺政治权利终身；其他被告人分别被判处15年至6年有期徒刑。

释解

定州“6•11”案件是因河北省有史以来投资最大的项目——国华定州发电有限公司征地而引发。国华定州发电公司是国家“十五”时期重点项目，该项目能够落户定州，是经过六届市委、市政府的艰苦努力，历时13年才争取到的。如此一件争取多年才得到的项目，之所以最终引发了特别严重的后果，固然有很多方面的原因所造成，但其中最为直接的一个原因在于，原市委书记和某面临着久拖不决的征地事件，没有“办事依法、遇事找法、解决问题用法、化解矛盾靠法”，而是轻信了“小兄弟”的承诺，适当给村民们一点教训，结果一批社会闲杂人员凌晨闯入现场，场面顿时失控。此时，尽管和某在现场曾带着哭腔劝说不能伤及村民身体要害部位，但也无力回天。事情的最终结局还是回到法律的层面上来解决，但却付出了极其沉痛的代价。

二、培养法治思维和法治方式的基本途径

全面推进依法治国是国家治理领域的一场深刻革命，培养法治思维和法治方式是一项长期的系统工程。实践表明，任何一种思维方式和行为方式的养成，往往都要经历一个深入学习、深刻领会、坚定信念、反复践行、形成习惯，最后升华到品格的过程。法治思维和法治方式的培养，既是个理论问题又是个实践问题，因此更不会例外。

（一）在深入学习中提高认识

通过长期的不懈努力，一个立足中国国情和实际、适应改革开放和社会主义现

代化建设需要、集中体现党和人民意志的，以宪法为统帅，以宪法相关法、民法、商法等多个法律部门的法律为主干，由法律、行政法规、地方性法规与自治条例、单行条例等多层次法律规范构成的中国特色社会主义法律体系已经形成。这个法律体系是法治思维和法治方式的基础内容和基本遵循。因此，培养法治思维和法治方式，必须要结合实际，深入学习宪法和法律的相关规定，切实做到严格依法行使职权、履行职责。

（二）在依法履职中严守底线

党的十八届四中全会明确提出了法治建设的“五项原则”，即坚持中国共产党的领导、坚持人民主体地位、坚持法律面前人人平等、坚持依法治国和以德治国相结合、坚持从中国实际出发，从而为党员干部树立正确的法治理念指明了根本方向，提供了基本遵循。全会还明确要求“行政机关要坚持法定职责必作为，法无授权不可为”。坚持依法履行职责、法无授权不可为是依法行政的底线。行政机关的岗位职责来自于法律授权，必须要牢固树立岗位权力清单意识，在想问题、作决策和办事情中，必须严格遵循法律规则和法定程序，切实做到依法尽职、依法行权。

（三）在依法决策中化解风险

在依法治国不断深入、法律制度不断完备、法律责任日渐明晰的当今，行政机关不依法决策往往成为行政权力运行中的一大风险，成为行政机关承担法律责任、坐上被告席的一大原因。为此，党的十八届四中全会明确提出要健全依法决策机制。各级行政机关及公职人员必须强化责任意识和风险意识，严格遵守重大行政决策法定程序，采取公众参与、专家论证、风险评估、合法性审查、集体讨论决定等法定的程序和办法，确保决策内容合法、程序合法，切实有效防范因决策违法而承担的相应法律责任。

（四）在文明执法中培养品格

依法行政是文明执法的基础和保障，行政公开是文明执法的重要标志。党的十八届三中全会明确要求，“推行地方各级政府及其工作部门权力清单制度，依法公开权力运行流程。完善党务、政务和各领域办事公开制度，推进决策公开、管理公开、服务公开、结果公开”。行政机关及公职人员唯有依据相关法规制度，细化执法操作流程，明确执法权限、坚守法律底线，切实按照法定的许可、收费、检查、征收、处罚和强制等法定权限和程序要求，严格规范和监督执法行为，才能在维护人民群众切身利益的过程中，树立起人民公仆的良好形象，才能有效培养良好的法治思维和法治行为的工作作风与品格。

（五）在接受监督中展示形象

公正执法、带头守法是依法行政的生命力所在。2002年11月召开的党的十六大就明确提出了“加强对执法活动的监督，推进依法行政”。2014年召开的党的十八届四中全会更是明确要求，“必须以规范和约束公权力为重点，加大监督力度，做到有权必有责、用权受监督、违法必追究，坚决纠正有法不依、执法不严、违法不究行为”。强化行政执法监督成为推进依法行政和建设法治政府的一项重要抓手。行政机关及其公职人员在行政执法过程中，要依法自觉接受人大机关的法律监督、上级部门的组织监督、人民政协的民主监督、社会公众的群众监督、相关媒体的舆论监督，通过多种形式了解群众心声，彰显行政执法的公平公正属性，展示依法行政、法治政府的良好形象。

以案释法 04

权力不能越出制度的笼子

某市发展和改革委员会于2010年7月对10家企业作出废弃食用油脂定点回收加工单位备案，其中包括该市某化工厂和某废油脂回收处理中心。2012年11月，该市某区人民政府发出通知，明确指定该市某再生资源开发有限公司实施全区餐厨废弃物收运处理。该区城市管理局和区商务局于2014年3月发出公函，要求落实文件规定，各生猪屠宰场点必须和某再生资源开发有限公司签订清运协议，否则将进行行政处罚。某新能源有限公司对规定不服，诉至法院，请求撤销该文对某再生资源开发有限公司的指定，并赔偿损失。该市中级人民法院一审认为，被告某区政府在文件中的指定，实际上肯定了某再生资源开发有限公司在该区开展餐厨废弃物业务的资格，构成实质上的行政许可。区城市管理局和区商务局作出的公函已经表明被告的指定行为事实上已经实施。根据行政许可法相关规定，行政机关受理、审查、作出行政许可应当履行相应的行政程序，被告在作出指定前，未履行任何行政程序，故被诉行政行为程序违法。被告采取直接指定的方式，未通过招标等公平竞争的方式，排除了其他可能的市场参与者，构成通过行政权力限制市场竞争，违反了该省餐厨废弃物管理办法第十九条和反垄断法第三十二条的规定。被告为了加强餐厨废弃物处理市场监管的需要，对该市场的正常运行作出必要的规范和限制，但不应在行政公文中采取明确指定某一公司的方式。原告某新能源有限公司对其赔偿请求未提交证据证实，法院对此不予支持。遂判决撤销被告在文件中对某再生资源开发有限公司指定的行政行为，驳回原告的其他诉讼请求。一审宣判后，双方当事人均未上诉。

释解

我国法院每年办理的10余万件一审行政案件中，与经济管理和经济领域行政执法密切相关的案件占到30%以上，涉及的领域和类型也越来越丰富。本案是涉及行政垄断的典型案件。行政垄断指行政机关滥用行政权力，违法提高市场准入门槛、违法指定特定企业从事特定业务、违法设置条件限制其他企业参与竞争等行为。它侵犯了市场主体的公平竞争权，对经济活动的正常运行、商品的自由流通乃至政府的内外形象都会造成较大破坏和不利影响，我国反垄断法和反不正当竞争法对此明令禁止。本案中，该区政府在行政公文中直接指定某再生资源开发有限公司，未通过招标等公平竞争方式，排除了其他可能的市场参与者，构成通过行政权力限制市场竞争的违法情形。新修改的行政诉讼法将“滥用行政权力侵犯公平竞争权”明确纳入受案范围，就是为突出行政审判对市场正常竞争秩序的有力维护。随着法治不断进步，公民、法人等各类市场主体在运用行政诉讼法律武器依法维权、监督和规制行政垄断方面，将发挥越来越大的作用。

第四节　“谁执法谁普法”的普法责任制

2015年是全面推进依法治国的开局之年，如何让法治理念、法治思维、法治精神、法治信仰入脑入心，成为全民共识，是深入开展普法教育的关键。中共中央、国务院转发了《中央宣传部、司法部关于在公民中开展法治宣传教育的第七个五年规划(2016—2020年)》提出，实行国家机关“谁执法谁普法”的普法责任制。“谁执法谁普法”，即以法律所调整的社会关系的种类和所涉及的部门、行业为主体，充分发挥行业优势和主导作用，在抓好部门、行业内部法治宣传教育的同时，负责面向重点普法对象，面向社会宣传本部门、本行业所涉及和执行的法律法规。实行“谁执法谁普法”工作原则，是贯彻落实“七五”普法规划的重要举措，有利于充分发挥执法部门、行业职能的优势和主导作用，扩大普法依法治理工作覆盖面，增强法治宣传教育的针对性、专业性，促进执法与普法工作的有机结合，进一步加大普法工作力度，真正形成部门、行业分工负责、各司其职、齐抓共管的大普法工作格局。

一、“谁执法谁普法”是法治国家的新要求

实行国家机关“谁执法谁普法”的普法责任制，建立法官、检察官、行政执法人员、律师等以案释法制度，加强普法讲师团、普法志愿者队伍建设。执法和司法人员普法具有天然的优势。严格执法、公正司法是法治信仰最好的支撑，也是最好的普法实践。将普法与立法、司法、执法关联在一起具有重要的现实意义。法的执行力既需要靠执法机关执法办案，也要靠全民守法来实现。法的贯彻执行需要靠大家守法，守法的前提是普法，让百姓知道法律。“谁执法谁普法”体现了法治中国的新要求，凸显了执法主体对普法的重要责任。执法机关对其执法对象、执法内容、执法当中存在的问题最了解，他们开展普法也更具针对性、及时性、有效性。国家

机关的工作涉及人民群众学习、生活、工作的方方面面，由执法者在为群众办事过程中进行普法教育，更具有亲历性和普及性，更利于人民群众接受。如交警部门宣传交通法规，税务部门宣传税法，劳动保障部门宣传劳动保障的相关法律法规。

二、"谁执法谁普法"指导思想

以党的十八大和十八届三中、四中全会精神及习近平总书记系列重要讲话精神为指导，坚持围绕中心、服务大局，坚持创新形式、注重实效，坚持贴近基层、服务群众，以建立健全法治宣传教育机制为抓手，以开展"学习宪法、尊法守法"等主题活动为载体，通过深入开展法治宣传教育，充分发挥法治宣传教育在法治建设中的基础性作用，进一步形成分工负责、各司其职、齐抓共管的普法工作格局，通过实行"谁执法谁普法"教育活动，普及现有法律法规，提升执法人员的法治观念和行政执法水平，增强相关法治主体的法律意识，营造全社会关注、关心法治的浓厚氛围，推动形成自觉守法用法的社会环境，为经济建设营造良好的法治环境。

三、"谁执法谁普法"工作原则

（一）坚持执法办案与普法宣传相结合的原则

使普法宣传教育渗透执法办案全过程，利用以案释法、以案普法、以案学法等方式普及法律常识，通过文明执法促进深度普法，通过广泛普法促进文明执法。在各行业监管中，以行政执法、公众参与、以案释法为导向，形成行政执法人员以案释法工作长效机制，实行长态化普法。在执法工作中，要加大对案件当事人的法律宣传教育，只有在当事人中积极进行法律知识和典型案例的宣传，才能起到事半功倍的宣传效果，才能让广大群众更为有效地学习法律知识，才能从实际案件中学法、懂法、用法，有效维护自身权利。

（二）坚持日常宣传与集中宣传相结合的原则

各机关单位根据担负职能和工作特点，在广泛开展法治宣传的同时，以各自业务领域为主要方向，结合"宪法法律宣传月"和"3·15""12·4"法治宣传日等特殊时段和节点。面向执法对象、服务对象和社会公众开展广泛的群众性法治宣传活动。开展各类重点突出、针对性强的集中法治宣传活动，切实增强工作的实效性。

（三）坚持上下联动和属地管理相结合的原则

强化上级部门对下级部门、主管部门对下属单位的指导，坚持市、县、乡三级联动普法。落实普法工作属地管理责任，强化地方党委政府对部门普法工作的监督考核，努力形成党委领导、人大监督、政府实施、政协支持、各部门协作配合、全社会共同参与的法治宣传教育新格局。

四、"谁执法谁普法"的主要任务

（一）切实落实普法工作责任制

"谁执法谁普法"工作责任主体要结合自身实际，将普法工作纳入全局工作统筹安排，制订切实可行的年度普法工作计划。健全完善普法领导机制，明确领导职责，加强普法办公室的建设，保证普法工作所需人员和经费。

（二）着力强化法律法规宣传教育

1. 认真开展面向社会的普法活动

结合“12·4”国家宪法日、“4·7”世界卫生日、“7·11”世界人口日等各种主题活动，通过集中宣传咨询、印发资料、LED 屏滚动播出等方式，以及网站、微信、微博、广播、电视、报刊等传播平台，围绕行业普法工作重点以及群众关心的热点问题和行业执法工作的重点，开展面向大众的法治宣传教育活动。

2. 扎实做好系统内人员的法治教育

以社会主义法治理念、宪法和国家基本法律法规、依法行政以及反腐倡廉、预防职务犯罪等法律知识为重点，把法治教育与政治理论教育、理想信念教育、职业道德教育、党的优良传统和作风教育结合起来，通过集中办班、举办讲座、召开研讨交流会、组织或参加法律知识考试、自学等方式，加大系统内工作人员法治学习力度，不断增强领导干部和工作人员的法治理念、法律素养和依法行政、依法管理的能力。

（三）大力推进普法执法有机融合

寓普法于执法之中，把普法与执法紧密结合起来，使执法过程成为最生动的普法实践，大力促进普法与执法的有机融合。让法治宣传渗透执法办案的各环节、全过程，利用以案释法、现身说法等形式向社会大众传播法律、宣传法律，通过深化普法，预防违法行为，减少执法阻力，巩固执法成果。

（四）全面建立以案释法制度体系

1. 建立典型案例评选制度

以案释法是利用身边或实际生活中发生的案例诠释法律的过程，要精心筛选具有重大典型教育意义、社会关注度高、与群众关系密切的“身边的案例”“成熟的案例”“针对性强的案例”，作为释法重点。定期开展行政执法案卷质量评查活动，评选出具有行业特点且与社会大众生活健康息息相关的典型案例。

2. 建立典型案例传播制度

通过在部门网站设立以案释法专栏、免费发放典型案例宣传册等方式，以案释法、以案讲法，让公众进一步了解事实认定、法律适用的过程，了解案件审理、办结的情况。加强与新闻媒体的联系协调，推动落实新闻媒体的公益普法责任，充分发挥新闻媒体的法治传播作用。探索与媒体合作举办以案释法类节目，邀请媒体参与执法，积极引导社会法治风尚，增强法治宣传的传播力和影响力。

3. 建立以案释法公开告知制度

在执法过程中，即时告知执法的法律依据，让行政相对人充分了解有关法律规定，知晓自身行为的违法性、应受到的处罚以及维权救济途径。有针对性地分行业定期举办执法相对人法律法规知识培训，通过强化岗前培训、岗位复训、分层培训，切实提高从业人员自身素质和法治意识。与社区合作，通过举办法治讲座、法律讲堂和开展送法进社区等形式，深入浅出地宣传法律及执法情况，释疑解惑，为各类普法对象宣讲典型案例，以身边人说身边事，用身边事教育身边人，推动法治宣传教育贴近基层、贴近百姓、贴近生活。

五、“谁执法谁普法”的工作要求

（一）高度重视，提高认识

充分认识法治宣传教育对全面推进法治建设的重要意义，实行国家机关“谁执法谁普法”的普法责任制是党的十八届四中全会提出的推动全社会树立法治意识的重要举措，也是推动“七五”普法决议落实、全面完成“七五”普法规划的工作要求。要充分认识开展这项工作的重要性和艰巨性，坚持把全民普法和守法作为依法治国的长期基础性工作，常抓不懈，把落实普法责任作为一项基本的职能工作。

（二）加强领导，明确责任

“谁执法谁普法”是一项涉及面广、工作要求高的系统工程，各单位和部门应按照中央的要求，切实加强对“谁执法谁普法”工作的组织领导，具体抓好落实。要明确工作目标、细化工作方案、创新工作举措、落实工作责任，确保“谁执法谁普法”工作落到实处，见到实效。

（三）创新模式，增强实效

充分发挥主导作用和职能优势，全面结合职责范围、行业特点、普法对象的实际情况和依法治理需要及社会热点，及时跟进相关法律法规的重点宣传。发挥广播、电视、报刊、网络和移动通讯等大众媒体的重要作用，用群众喜闻乐见、寓教于乐的形式突出以案释法、以案普法等，通过多种形式创新开展有特色、有影响、有实效的法治宣传。

（四）强化考核，落实责任

将“谁执法谁普法”工作落实情况纳入依法治理的目标绩效考核，同时对普法宣传工作进行督查，对采取措施不得力、工作不到位、目标未完成的单位予以督促并统一纳入年终考核评价体系，对工作突出的先进集体和先进个人予以表扬。

第二章

宪 法

导读

宪法是国家的根本大法。它规定了社会各阶级在国家中的地位，是新时期党和国家的中心工作、基本原则、重大方针、重要政策在国家法制上的最高体现，是国家的根本法和治国安邦的总章程。

我国现行宪法符合国情、符合实际、符合时代发展要求，充分体现了人民共同意志、充分保障了人民民主权利、充分维护了人民根本利益，是推动国家发展进步、保障人民生活幸福、保障中华民族实现伟大复兴的根本制度。

宪法具有最高的法律效力，任何组织和个人都必须尊重宪法法律权威，都必须在宪法法律范围内活动，都必须依照宪法法律行使权力或权利、履行职责或义务，都不得有超越宪法法律的特权。

第一节　概述

一、宪法是国家的根本大法

宪法是规定国家根本制度和根本任务，规定国家机关的组织与活动的基本原则，确认和保障公民基本权利，集中表现各种政治力量对比关系的国家根本法。

宪法的根本性表现在以下四个方面：

第一，在内容上，宪法规定国家的根本制度、政权组织形式、国家结构形式、公民基本权利和基本义务、宪法实施的保障等内容，反映一个国家政治、经济、文化和社会生活的基本方面。

第二，在效力上，宪法在整个法律体系中处于最高的地位，具有最高效力。它是其他法律的立法依据，其他的一般法律都不得抵触宪法。

第三，在规范性上，宪法是各政党、一切国家机关、武装力量、社会团体和全体公民的最根本的行为准则。

第四，在修改程序上，宪法的制定和修改程序比其他一般法律的程序更为严格。

二、我国宪法的地位

中华人民共和国成立后，国家先后颁行了四部宪法。我国的现行宪法是在1982年通过的，至今已经进行了四次修改。

宪法以法律的形式确认了我国各族人民奋斗的成果，规定了国家的根本制度、根本任务和国家生活中最重要的原则，具有最大的权威性和最高的法律效力。全国各族人民、一切国家机关和武装力量、各政党和各社会团体、各企业事业组织，都必须以宪法为根本的活动准则，并负有维护宪法尊严、保证宪法实施的职责。作为根本法的宪法，是中国特色社会主义法律体系的重要组成部分，也是法律体系最核心和最重要的内容。

三、宪法的指导思想

宪法指导思想的明确，经历了一个逐步发展完善的过程。

第一阶段：四项基本原则。

1982年现行宪法制定，确立宪法的指导思想是四项基本原则，即坚持社会主义道路，坚持人民民主专政，坚持中国共产党的领导，坚持马克思列宁主义、毛泽东思想。

第二阶段：建设有中国特色社会主义的理论和党的基本路线。

1993年第二次修宪，以党的十四大精神为指导，突出了建设有中国特色社会主义的理论和党的基本路线。

第三阶段：增加邓小平理论。

1999年第三次修宪，将邓小平理论写入宪法，确立邓小平理论在国家中的指导思想地位。

第四阶段：增加“三个代表”重要思想。

2004年第四次修宪，将“三个代表”重要思想载入宪法，确立其在国家中的指导思想地位。

四、宪法基本原则

（一）人民主权原则

宪法第二条第一款规定：“中华人民共和国的一切权力属于人民。”“一切权力属于人民”是无产阶级在创建无产阶级政权过程中，在批判性地继承资产阶级民主思想的基础上，对人民主权原则的创造性运用和发展。

（二）基本人权原则

我国宪法第二章“公民的基本权利和义务”专章规定和列举了公民的基本权利，

体现了对公民的宪法保护。2004年的宪法修正案把“国家尊重和保障人权”写入宪法，将中国的宪政发展向前推进了一大步。

（三）法治原则

宪法第五条第一款规定了“中华人民共和国实行依法治国，建设社会主义法治国家”，在宪法上正式确立了法治原则。宪法还规定，一切国家机关和武装力量、各政党和各社会团体、各企业事业组织都必须遵守宪法和法律；一切违反宪法和法律的行为，必须予以追究；任何组织和个人都不得有超越宪法和法律的特权。

（四）民主集中制原则

宪法第三条第一款规定：“中华人民共和国的国家机构实行民主集中制的原则。”这既是我国国家机构的组织和活动原则，也是我国宪法的基本原则。

五、宪法确定的国家根本任务

宪法确定的国家的根本任务是：沿着中国特色社会主义道路，集中力量进行社会主义现代化建设。中国各族人民将继续在中国共产党领导下，在马克思列宁主义、毛泽东思想、邓小平理论和“三个代表”重要思想指引下，坚持人民民主专政，坚持社会主义道路，坚持改革开放，不断完善社会主义的各项制度，发展社会主义市场经济，发展社会主义民主，健全社会主义法制，自力更生，艰苦奋斗，逐步实现工业、农业、国防和科学技术的现代化，推动物质文明、政治文明和精神文明协调发展，把我国建设成为富强、民主、文明的社会主义国家。

以案释法 05

一切违反宪法和法律的行为都必须予以追究

2014年8月12日凌晨，公安分局民警在处理一起纠纷案件时，发现人大代表张某涉嫌酒后驾车。随后，前来处理的松江交警支队民警对其进行酒精呼气测试，结果为136毫克/100毫升。另经司法鉴定中心检验和鉴定，张某的血液中乙醇浓度为1.25mg/mL，达到了醉酒状态。经过侦查，警方认定张某涉嫌危险驾驶罪，根据刑事诉讼法第一百零七条的规定，公安分局决定对张某采取刑事强制措施。由于张某有县人大代表的身份，8月14日，公安分局向该县人大常委会发去关于提请批准对涉嫌危险驾驶罪的县人大代表张某采取刑事拘留强制措施的函。10月24日，县十六届人大常委会二十五次会议听取和审议了关于提请许可对县第十六届人大代表张某采取刑事拘留强制措施并暂停其执行代表职务的议案，并依法进行表决。常委会组成人员21名，实到会17名，表决结果：赞成8票，反对1票，弃权8票。因票数未过常委会组成人员的半数，该议案未获通过。11月27日，警方再次提请许可的申请，该县人大常委会会议审议通过了再次提请议案，许可公安分局对张某采取刑事拘留强制措施，并从当日起暂时停止其执行代表职务。

释解

宪法第五条第四款规定：“一切国家机关和武装力量、各政党和各社会团体、各企业事业组织都必须遵守宪法和法律。一切违反宪法和法律的行为，必须予以追究。”在我国，任何组织或者个人都不得有超越宪法和法律的特权。从人大代表履职需要出发，我国相关法律赋予人大代表以特别的人身保障权，但法律保护的是人大代表的合法权益而不是违法行为。人大代表身份不能成为违法犯罪行为的“护身符”，本案的侦办体现了“一切违反宪法和法律的行为，必须予以追究”的宪法规定在司法实践中得到严格执行。

第二节　我国的基本政治经济制度

一、我国的基本政治制度

（一）人民民主专政

宪法所称的国家性质又称国体，是指国家的阶级本质，反映社会各阶级在国家中的地位，体现该国社会制度的根本属性。

我国宪法第一条第一款规定“中华人民共和国是工人阶级领导的、以工农联盟为基础的人民民主专政的社会主义国家”，即人民民主专政是我国的国体。这一国体需要从以下方面理解：

第一，工人阶级的领导是人民民主专政的根本标志。工人阶级的领导地位是由工人阶级的特点、优点和担负的伟大历史使命所决定的。工人阶级对国家的领导是通过自己的先锋队——中国共产党来实现的。

第二，人民民主专政包括对人民实行民主和对敌人实行专政两个方面。在人民内部实行民主是实现对敌人专政的前提和基础，而对敌人实行专政又是人民民主的有力保障，两者是辩证统一的关系。人民民主专政实质上就是无产阶级专政。

第三，共产党领导下的多党合作与爱国统一战线是中国人民民主专政的主要特色。爱国统一战线是指由中国共产党领导的，由各民主党派参加的，包括社会主义劳动者、社会主义事业的建设者、拥护社会主义的爱国者和拥护祖国统一的爱国者组成的广泛的政治联盟。目前我国爱国统一战线的任务是为社会主义现代化建设服务，为实现祖国统一大业服务，为维护世界和平服务。

（二）人民代表大会制度

人民代表大会制度是中国人民民主专政的政权组织形式（政体），是中国的根本政治制度。

1. 人民代表大会制度的主要内容

国家的一切权力属于人民。人民行使国家权力的机关是全国人大和地方各级人大。各级人大都由民主选举产生，对人民负责，受人民监督。人大及其常委会集体行使国家权力，集体决定问题，严格按照民主集中制的原则办事。国家行政机关、审判机关、检察机关都由人大产生，对它负责，向它报告工作，受它监督。全国人大是最高国家权力机关，地方各级人大是地方国家权力机关。全国人大和地方各级人大各自按照法律规定的职权，分别审议决定全国的和地方的大政方针。全国人大对地方人大不是领导关系，而是法律监督关系、选举指导关系和工作联系关系。

2. 人民代表大会制度的优越性

人民代表大会制度是适合我国国情的根本政治制度，它直接体现我国人民民主专政的国家性质，是建立我国其他国家管理制度的基础。它有利于保证国家权力体现人民的意志；它有利于保证中央和地方国家权力的统一；它有利于保证我国各民族的平等和团结。

总之，我国人民代表大会制度能够确保国家权力掌握在人民手中，符合人民当家作主的宗旨，适合我国的国情。

（三）中国共产党领导的多党合作和政治协商制度

中国共产党领导的多党合作和政治协商制度是中华人民共和国的一项基本的政治制度，是具有中国特色的政党制度。这种政党制度是由中国人民民主专政的国家性质决定的。

1. 多党合作制度的基本内容

中国共产党是执政党，各民主党派是参政党，中国共产党和各民主党派是亲密战友。中国共产党是执政党，其执政的实质是代表工人阶级及广大人民掌握人民民主专政的国家政权。各民主党派是参政党，具有法律规定的参政权。其参政的基本点是：参加国家政权，参与国家大政方针和国家领导人人选的协商，参与国家事务的管理，参与国家方针、政策、法律、法规的制定和执行。中国共产党和各民主党派合作的首要前提和根本保证是坚持中国共产党的领导和坚持四项基本原则。中国共产党与各民主党派合作的基本方针是“长期共存，互相监督，肝胆相照，荣辱与共”。中国共产党和各民主党派以宪法和法律为根本活动准则。

2. 多党合作的重要机构

中国人民政治协商会议，简称“人民政协”或“政协”，是中国共产党领导的多党合作和政治协商的重要机构，也是中国人民爱国统一战线组织。中国人民政治协商会议是在中国共产党领导下，由中国共产党、各个民主党派、无党派民主人士、人民团体、各少数民族和各界的代表，台湾同胞、港澳同胞和归国侨胞的代表，以及特别邀请的人士组成，具有广泛的社会基础。

人民政协的性质决定了它与国家机关的职能是不同的。人民政协围绕团结和民主两大主题履行政治协商、民主监督和参政议政的职能。

（四）民族区域自治制度

民族区域自治制度，是指在国家统一领导下，各少数民族聚居的地方实行区域自治，设立自治机关，行使自治权的制度。

1. 自治机关

民族自治地方按行政地位，分为自治区、自治州、自治县。自治区相当于省级行政单位，自治州是介于自治区与自治县之间的民族自治地方，自治县相当于县级行政单位。民族自治地方的自治机关是自治区、自治州、自治县的人大和人民政府。民族自治地方的自治机关实行人民代表大会制度。

2. 自治权

民族自治地方的自治权有以下几个方面：

（1）民族立法权。民族自治地方的人大有权依照当地的政治、经济和文化的特点，制定自治条例和单行条例。

（2）变通执行权。上级国家机关的决议、决定、命令和指标，如果不适合民族自治地方实际情况，自治机关可以报经上级国家机关批准，变通执行或者停止执行。

（3）财政经济自主权。凡是依照国家规定属于民族自治地方的财政收入，都应当由民族自治地方的自治机关自主安排使用。

（4）文化、语言文字自主权。民族自治地方的自治机关在执行公务的时候，依照本民族自治地方自治条例的规定，使用当地通用的一种或者几种语言文字。

（5）组织公安部队权。民族自治地方的自治机关依照国家的军事制度和当地的实际需要，经国务院批准，可以组织本地方维护社会治安的公安部队。

（6）少数民族干部具有任用优先权。

（五）基层群众自治制度

基层群众自治制度是指人民依法组成基层自治组织，行使民主权利，管理基层公共事务和公益事业，实行自我管理、自我服务、自我教育、自我监督的一项制度。

中国的基层群众自治制度，是在新中国成立后的民主实践中逐步形成的。党的十七大将“基层群众自治制度”首次写入党代会报告，正式与人民代表大会制度、中国共产党领导的多党合作和政治协商制度、民族区域自治制度一起，纳入了中国特色政治制度范畴。

我国的基层群众自治组织主要是居民委员会和村民委员会。

二、我国的基本经济制度

（一）所有制度

1. 我国的所有制结构概述

我国的所有制结构是公有制为主体、多种所有制经济共同发展。这是我国社会主义初级阶段的一项基本经济制度，它的确立是由我国的社会主义性质和初级阶段的国情决定的。我国是社会主义国家，必须坚持把公有制作为社会主义经济制度的基础。我国处在社会主义初级阶段，需要在公有制为主体的条件下发展多种所有制经济。一切符合“三个有利于”的所有制形式都可以而且应该用来为社会主义服务。我国社会主义建设正反两方面的经验都表明必须坚持以公有制为主体、多种所有制经济共同发展。

2. 公有制

（1）公有制的内容。公有制是生产资料归劳动者共同所有的所有经济结构形式，包括全民所有制和集体所有制。全民所有制经济即国有经济，是国民经济的主导力量。国家保障国有经济的巩固和发展。集体所有制经济是国民经济的基础力量。国家保护城乡集体经济组织的合法的权利和利益，鼓励、指导和帮助集体经济的发展。

（2）公有制的地位。公有制是我国所有制结构的主体，它的主体地位体现在：第一，就全国而言，公有资产在社会总资产中占优势；第二，国有经济控制国民经济的命脉，对经济发展起主导作用。国有经济的主导作用主要体现在控制力上，即体现在控制国民经济发展方向，控制经济运行的整体态势，控制重要稀缺资源的能力上。在关系国民经济的重要行业和关键领域，国有经济必须占支配地位。

（3）公有制的作用。生产资料公有制是社会主义的根本经济特征，是社会主义经济制度的基础，是国家引导、推动经济和社会发展的基本力量，是实现最广大人民群众根本利益和共同富裕的重要保证。坚持公有制为主体，国有经济控制国民经济命脉，对发挥社会主义制度的优越性，增强我国的经济实力、国防实力和民族凝聚力，提高我国国际地位，具有关键性作用。

3. 非公有制

非公有制经济是我国现阶段除了公有制经济形式以外的所有经济结构形式，主要包括个体经济、私营经济、外资经济等。

（1）个体经济，是由劳动者个人或家庭占有生产资料，从事个体劳动和经营的所有制形式。它是以劳动者自己劳动为基础，劳动成果直接归劳动者所有和支配。

（2）私营经济，是以生产资料私有和雇佣劳动为基础，以取得利润为目的的所有制形式。

（3）外资经济，是我国发展对外经济关系，吸引外资建立起来的所有制形式。

它包括中外合资经营企业、中外合作经营企业中的境外资本部分，以及外商独资企业。

非公有制经济是我国社会主义市场经济的重要组成部分，国家保护个体经济、私营经济等非公有制经济的合法权利和利益，鼓励、支持和引导非公有制经济的发展，并对非公有制经济依法实行监督和管理。

（二）分配制度

我国现行的分配制度是以按劳分配为主体、多种分配方式并存的分配制度。这种分配制度是由我国社会主义初级阶段的生产资料所有制结构、生产力的发展水平，以及人们劳动差别的存在决定的，同时也是发展社会主义市场经济的客观要求。

按劳分配的主体地位表现在：（1）全社会范围的收入分配中，按劳分配占最大比重，起主要作用；（2）公有制经济范围内劳动者总收入中，按劳分配收入是最主要的收入来源。除了按劳分配以外，其他分配方式主要还包括按经营成果分配；按劳动、资本、技术、土地等其他生产要素分配。

第三节　公民的基本权利和义务

一、公民的基本权利

公民的基本权利是由一国的宪法规定的公民享有的，主要的、必不可少的权利，故有些国家又把公民的基本权利称为宪法权。

（一）平等权

宪法第三十三条第二款规定："中华人民共和国公民在法律面前一律平等。"这既是我国社会主义法治的一项重要原则，也是我国公民的一项基本权利。其含义有以下几点：第一，我国公民不分民族、种族、性别、职业、家庭出身、宗教信仰、教育程度、财产状况、居住期限，一律平等地享有宪法和法律规定的权利并平等地承担相应的义务；第二，国家机关对公民平等权利进行保护，对公民履行义务平等进行约束；第三，所有公民在适用法律上一律平等，不允许任何组织和个人有超越宪法和法律之上的特权；第四，法律面前一律平等还包括民族平等和男女平等。

（二）政治权利和自由

1. 选举权与被选举权

宪法第三十四条规定："中华人民共和国年满十八周岁的公民，不分民族、种族、性别、职业、家庭出身、宗教信仰、教育程度、财产状况、居住期限，都有选举权和被选举权；但是依照法律被剥夺政治权利的人除外。"选举权与被选举权包含以下内容：公民有权按照自己的意愿选举人民代表；公民有被选举为人民代表的权利；

公民有依照法定程序罢免那些不称职的人民代表的权利。

选举权和被选举权是公民参加国家管理的一项最基本的政治权利，也是最能体现人民群众当家作主的一项权利。

2. 言论、出版、集会、结社、游行、示威的自由

宪法第三十五条规定："中华人民共和国公民有言论、出版、集会、结社、游行、示威的自由。"言论自由就是宪法规定公民通过口头或书面形式表达自己意见的自由。出版自由是公民以出版物形式表达其思想和见解的自由。集会自由是指公民享有宪法赋予的聚集在一定场所商讨问题或表达意愿的自由。结社自由是公民为一定宗旨，依照法定程序组织或参加具有连续性的社会团体的自由。游行自由是指公民采取列队行进的方式来表达意愿的自由。示威自由是指通过集会或游行、静坐等方式表达强烈意愿的自由。

我国宪法一方面保障公民享有集会、游行、示威等自由，另一方面也规定了公民应当遵守有关的法律规定。

（三）宗教信仰自由

宪法第三十六条第一款规定："中华人民共和国公民有宗教信仰自由。"尊重和保护宗教信仰自由，是我们党和国家长期的基本政策。

（四）人身自由

宪法第三十七条规定："中华人民共和国公民的人身自由不受侵犯。任何公民，非经人民检察院批准或者决定或者人民法院决定，并由公安机关执行，不受逮捕。禁止非法拘禁和以其他方法非法剥夺或者限制公民的人身自由，禁止非法搜查公民的身体。"

人身自由有广义、狭义之分。狭义的人身自由是指公民的身体自由不受侵犯。广义的人身自由还包括公民的人格尊严不受侵犯、公民的住宅不受侵犯、公民的通信自由和通信秘密受法律保护。

人身自由不受侵犯，是公民最起码、最基本的权利，是公民参加各种社会活动和享受其他权利的先决条件。

（五）监督权

监督权是指宪法赋予公民监督国家机关及其工作人员的活动的权利，包括：

批评权。公民有对国家机关和国家工作人员工作中的缺点和错误提出批评意见的权利。

建议权。公民有对国家机关和国家工作人员的工作提出合理化建议的权利。

控告权。公民对任何国家机关和国家工作人员的违法失职行为有向有关机关进行揭发和指控的权利。

检举权。公民对于违法失职的国家机关和国家工作人员，有向有关机关揭发事

实，请求依法处理的权利。

申诉权。公民的合法权益因行政机关或司法机关作出的错误的、违法的决定或裁判，或者因国家工作人员的违法失职行为而受到侵害时，有向有关机关申诉理由、要求重新处理的权利。

（六）社会经济权利

劳动权。劳动权是指有劳动能力的公民有获得工作并取得相应报酬的权利。

休息权。休息权是为保护劳动者的身体健康和提高劳动效率而休息的权利。

退休人员生活保障权。退休人员生活保障权是指退休人员的生活受到国家和社会保障的权利。

获得物质帮助权。获得物质帮助权是指公民在年老、疾病或者丧失劳动能力的情况下，有从国家和社会获得物质帮助的权利。

（七）文化教育权利

公民有受教育的权利。公民享有从国家接受文化教育的机会和获得受教育的物质帮助的权利。

公民有进行科研、文艺创作和其他文化活动的自由。我国宪法规定，公民有进行科学研究、文学艺术创作和其他文化活动的自由。国家对于从事教育、科学、技术、文学、艺术和其他文化事业的公民的有益于人民的创造性工作，给以鼓励和帮助。

（八）对社会特定人的权利的保护

国家保护妇女的权利和利益。宪法第四十八条规定："中华人民共和国妇女在政治的、经济的、文化的、社会的和家庭的生活等各方面享有同男子平等的权利。国家保护妇女的权利和利益，实行男女同工同酬，培养和选拔妇女干部。"

婚姻、家庭、老人和儿童受国家的保护。宪法第四十九条规定，婚姻、家庭、母亲和儿童受国家的保护；禁止破坏婚姻自由，禁止虐待老人、妇女和儿童。

国家保护华侨、归侨和侨眷的权利和利益。宪法第五十条规定："中华人民共和国保护华侨的正当的权利和利益，保护归侨和侨眷的合法的权利和利益。"

二、公民的基本义务

宪法规定的公民基本义务包括：

第一，维护国家统一和各民族团结的义务。宪法第五十二条规定："中华人民共和国公民有维护国家统一和全国各民族团结的义务。"

第二，遵纪守法和尊重社会公德的义务。宪法第五十三条规定："中华人民共和国公民必须遵守宪法和法律，保守国家秘密，爱护公共财产，遵守劳动纪律，遵守公共秩序，尊重社会公德。"

第三，维护祖国的安全、荣誉和利益的义务。宪法第五十四条规定："中华人民共和国公民有维护祖国的安全、荣誉和利益的义务，不得有危害祖国的安全、荣誉和利益的行为。”

第四，保卫祖国，依法服兵役和参加民兵组织。宪法第五十五条规定：“保卫祖国，抵抗侵略是中华人民共和国每一个公民的神圣职责。依照法律服兵役和参加民兵组织是中华人民共和国公民的光荣义务。”

第五，依法纳税的义务。宪法第五十六条规定：“中华人民共和国公民有依照法律纳税的义务。”

第六，其他义务。宪法规定的公民基本义务还包括：劳动的义务、受教育的义务、夫妻双方有实行计划生育的义务、父母有抚养教育未成年子女的义务以及成年子女有赡养扶助父母的义务等。

第四节　国家机构的设置及功能

一、国家机构的概述

国家机构是国家为了实现其职能而建立起来的国家机关的总和。我国国家机构由权力机关、行政机关、军事机关、审判机关、检察机关组成。我国国家机构的组织和活动有五大原则：一是民主集中制原则；二是联系群众，为人民服务原则；三是社会主义法治原则；四是责任制原则；五是精简和效率原则。

二、权力机关

（一）全国人大及其常委会

1. 全国人大

全国人大是全国最高的权力机关、立法机关，不只是在权力机关中的地位最高，而且在所有的国家机关中地位最高。全国人大由省、自治区、直辖市、特别行政区和军队选出的代表组成。各少数民族都应当有适当名额的代表。全国人大每届任期五年。

全国人大的主要职权：

立法权。修改宪法，制定和修改刑事、民事、国家机构的和其他的基本法律。

任免权。选举、决定和任免最高国家机关领导人和有关组成人员。

决定权。决定国家重大事务。

监督权。监督宪法和法律的实施，监督最高国家机关的工作。

2. 全国人大常委会

全国人大常委会是全国人大的常设机关，是最高国家权力机关的组成部分，在全国人大闭会期间，行使最高国家权力。全国人大常委会对全国人大负责并报告工作。全国人大选举并有权罢免全国人大常委会的组成人员。全国人大常委会每届任期同全国人大每届任期相同，它行使职权到下届全国人大选出新的常委会为止。

（二）地方各级人大及人大常委会

地方各级人大是地方权力机关。省、直辖市、自治区、县、市、市辖区、乡、民族乡、镇设立人大。县级以上的地方各级人大设立常委会，作为本级人大的常设机关。县级以上地方各级人大及其常委会委员每届任期五年。

（三）民族自治地方各级人大及人大常委会

民族自治地方的权力机关是自治区、自治州、自治县的人民代表大会。

民族自治地方的人民代表大会有权依照当地民族的政治、经济和文化的特点，制定自治条例和单行条例。自治区的自治条例和单行条例，报全国人民代表大会常务委员会批准后生效。自治州、自治县的自治条例和单行条例，报省或者自治区的人民代表大会常务委员会批准后生效，并报全国人民代表大会常务委员会备案。

三、国家主席

国家主席是我国国家机构体系中的一个国家机关，和全国人大常委会结合起来行使国家职权，对外代表中华人民共和国。

国家主席、副主席，由全国人大选举产生，任期是五年，连续任期不得超过两届。

国家主席根据全国人民代表大会的决定和全国人民代表大会常务委员会的决定，公布法律，任免国务院总理、副总理、国务委员、各部部长、各委员会主任、审计长、秘书长，授予国家的勋章和荣誉称号，发布特赦令，宣布进入紧急状态，宣布战争状态，发布动员令。

国家主席代表中华人民共和国进行国事活动，接受外国使节；根据全国人民代表大会常务委员会的决定，派遣和召回驻外全权代表，批准和废除同外国缔结的条约和重要协定。

四、行政机关

（一）国务院

国务院即中央人民政府，是国家最高行政机关，是国家最高权力机关的执行机关，统一领导全国各级行政机关的工作。

国务院由总理、副总理、国务委员、各部部长、各委员会主任、审计长、秘书长组成，国务院组成人员的任期为五年，总理、副总理、国务委员的连续任期不得超过两届。

国务院向全国人大及其常委会负责并报告工作，总理领导国务院的工作，副总理、国务委员协助总理工作。

国务院行使以下职权：（1）根据宪法和法律，规定行政措施，制定行政法规，发布决定和命令；（2）向全国人民代表大会或者全国人民代表大会常务委员会提出议案；(3) 规定各部和各委员会的任务和职责，统一领导各部和各委员会的工作，并且领导不属于各部和各委员会的全国性的行政工作；(4) 统一领导全国地方各级国家行政机关的工作，规定中央和省、自治区、直辖市的国家行政机关的职权的具体划分；(5) 编制和执行国民经济和社会发展计划和国家预算；(6) 领导和管理经济工作和城乡建设；(7) 领导和管理教育、科学、文化、卫生、体育和计划生育工作；(8) 领导和管理民政、公安、司法行政和监察等工作；(9) 管理对外事务，同外国缔结条约和协定；(10) 领导和管理国防建设事业；(11) 领导和管理民族事务，保障少数民族的平等权利和民族自治地方的自治权利；(12) 保护华侨的正当的权利和利益，保护归侨和侨眷的合法的权利和利益；(13) 改变或者撤销各部、各委员会发布的不适当的命令、指示和规章；(14) 改变或者撤销地方各级国家行政机关的不适当的决定和命令；(15) 批准省、自治区、直辖市的区域划分，批准自治州、县、自治县、市的建置和区域划分；(16) 依照法律规定决定省、自治区、直辖市的范围内部分地区进入紧急状态；(17) 审定行政机构的编制，依照法律规定任免、培训、考核和奖惩行政人员；(18) 全国人民代表大会和全国人民代表大会常务委员会授予的其他职权。

(二) 地方各级人民政府

地方各级人民政府是地方国家行政机关，也是地方各级人大的执行机关。地方各级人民政府对本级人大和上一级国家行政机关负责并报告工作。县级以上的地方各级人民政府在本级人大闭会期间，对本级人大常委会负责并报告工作。地方各级人民政府都受国务院统一领导，负责组织和管理本行政区域的各项行政事务。

(三) 民族自治地方各级人民政府

民族自治地方的行政机关是自治区、自治州、自治县的人民政府。民族自治地方各级人民政府行使宪法规定的地方各级人民政府的职权，同时依照宪法、民族区域自治法和其他法律规定的权限行使自治权，根据本地方实际情况贯彻执行国家的法律、政策。

五、军事机关

中央军委是中国共产党领导下的最高军事领导机关，统率全国武装力量（解放军、武装警察部队、民兵、预备役）。

中央军委由主席、副主席、委员组成，实行主席负责制。主席由全国人大选举产生，副主席和委员根据主席的提名由大会决定，大会闭会期间由人大常委会决定。中央军委的委员每届任期五年，主席和副主席可以终身任职。

中央军委实行主席负责制，军委主席直接对全国人大及其常委会负责。

六、审判机关

人民法院是国家的审判机关，依法独立行使审判权，不受行政机关、团体和个人的非法干预。人民法院体系由最高人民法院、地方人民法院（高级人民法院、中级人民法院、基层人民法院）、专门人民法院（军事法院、海事法院、铁路运输法院）构成。

最高人民法院是国家最高的审判机关，地方人民法院是地方的审判机关，专门人民法院是专门审判机关。最高人民法院监督地方各级人民法院和专门人民法院的审判工作，上级人民法院监督下级人民法院的审判工作。

最高人民法院对全国人大和全国人大常委会负责。地方各级人民法院对产生它的国家权力机关负责。

最高人民法院由院长、副院长、庭长、副庭长、审判员等若干人组成。最高人民法院的院长由全国人大选举产生，任期五年，连任不得超过两届。

七、检察机关

人民检察院是国家的法律监督机关，依法独立行使检察权，不受行政机关、社会团体和个人的干涉。

人民检察院体系由最高人民检察院、地方人民检察院和专门人民检察院构成。

最高人民检察院是最高法律监督机关，领导地方各级人民检察院和专门人民检察院的工作，上级人民检察院领导下级人民检察院的工作。

最高人民检察院对全国人大及其常委会负责。地方各级人民检察院对产生它的国家权力机关和上级人民检察院负责。

全国人大选举产生最高人民检察院检察长；根据最高人民检察院检察长的提请，全国人大常委会任免最高人民检察院副检察长、检察员、检察委员会委员和军事检察院检察长，并且批准省、自治区、直辖市的人民检察院检察长的任免。

第五节　国家宪法日和宪法宣誓制度

一、国家宪法日

（一）国家宪法日的设立

党的十八届四中全会通过的《中共中央关于全面推进依法治国若干重大问题的决定》提出，将每年12月4日定为国家宪法日。2014年11月1日，十二届全国人大常委会十一次会议通过的《全国人民代表大会常务委员会关于设立国家宪法日的决定》，正式将12月4日设立为国家宪法日；决定在宪法日，国家通过多种形式开展宪法宣传教育活动。

（二）国家宪法日的设立目的及意义

宪法是国家的根本法，是治国安邦的总章程，具有最高的法律地位、法律权威和法律效力。全面贯彻实施宪法，是全面推进依法治国、建设社会主义法治国家的首要任务和基础性工作。全国各族人民、一切国家机关和武装力量、各政党和各社会团体、各企业事业组织，都必须以宪法为根本的活动准则，并且负有维护宪法尊严、保证宪法实施的职责。任何组织或者个人都不得有超越宪法和法律的特权，一切违反宪法和法律的行为都必须予以追究。国家宪法日设立的目的，是为了增强全社会的宪法意识，弘扬宪法精神，加强宪法实施，全面推进依法治国。设立国家宪法日，有助于树立宪法权威，维护宪法尊严；有助于普及宪法知识，增强全社会宪法意识，弘扬宪法精神；有助于扩大宪法实施的群众基础，加强宪法实施的良好氛围，弘扬中华民族的宪法文化。

二、宪法宣誓制度

（一）宪法宣誓制度的确立及意义

2015年7月1日，十二届全国人大常委会十五次会议通过了《全国人民代表大会常务委员会关于实行宪法宣誓制度的决定》，以国家立法形式确立了我国的宪法宣誓制度，该决定自2016年1月1日起施行。决定指出：宪法是国家的根本法，是治国安邦的总章程，具有最高的法律地位、法律权威和法律效力。国家工作人员必须树立宪法意识，恪守宪法原则，弘扬宪法精神，履行宪法使命。宪法宣誓制度的确立及实行，具有非常重要的意义。

实行宪法宣誓制度有利于树立宪法权威；有利于增强国家工作人员的宪法观念，激励和教育国家工作人员忠于宪法、遵守宪法、维护宪法。宪法宣誓仪式是庄严神圣的，宣誓人员通过感受宪法的神圣，铭记自己的权力来源于人民、来源于宪法，在履行职务时就可以严格按照宪法的授权行使职权，发现违反宪法的行为就能够坚决地捍卫宪法、维护宪法。实行宪法宣誓制度也有利于在全社会增强宪法意识。通过宪法宣誓活动，可以强化全体公民对宪法最高法律效力、最高法律权威、最高法律地位的认识，可以提高全体社会成员自觉遵守宪法，按照宪法规定行使权利和履行义务的能力。

（二）宪法宣誓制度的适用主体

根据《全国人民代表大会常务委员会关于实行宪法宣誓制度的决定》的规定，宪法宣誓制度的适用主体主要有：各级人大及县级以上各级人大常委会选举或者决定任命的国家工作人员，以及各级人民政府、人民法院、人民检察院任命的国家工作人员。

全国人大选举或者决定任命的国家主席、副主席，全国人大常委会委员长、副委员长、秘书长、委员，国务院总理、副总理、国务委员、各部部长、各委员会主任、中国人民银行行长、审计长、秘书长，中央军委主席、副主席、委员，最高人民法院院长，最高人民检察院检察长，以及全国人大专门委员会主任委员、副主任委员、委员等，在依照法定程序产生后，进行宪法宣誓。在全国人大闭会期间，全国人大常委会任命或者决定任命的全国人大专门委员会个别副主任委员、委员，国务院部长、委员会主任、中国人民银行行长、审计长、秘书长，中央军委副主席、委员，在依照法定程序产生后，进行宪法宣誓。全国人大常委会任命的全国人大常委会副秘书长，全国人大常委会工作委员会主任、副主任、委员，全国人大常委会代表资格审查委员会主任委员、副主任委员、委员等，在依照法定程序产生后，进行宪法宣誓。以上宣誓仪式由全国人大常委会委员长会议组织。

全国人大常委会任命或者决定任命的最高人民法院副院长、审判委员会委员、庭长、副庭长、审判员和军事法院院长，最高人民检察院副检察长、检察委员会委员、检察员和军事检察院检察长，国家驻外全权代表，在依照法定程序产生后，进行宪法宣誓。宣誓仪式由最高人民法院、最高人民检察院、外交部分别组织。

国务院及其各部门、最高人民法院、最高人民检察院任命的国家工作人员，在就职时进行宪法宣誓。宣誓仪式由任命机关组织。

地方各级人大及县级以上地方各级人大常委员会选举或者决定任命的国家工作人员，以及地方各级人民政府、人民法院、人民检察院任命的国家工作人员，在依照法定程序产生后，进行宪法宣誓。宣誓的具体组织办法由省、自治区、直辖市人民代表大会常务委员会参照《全国人民代表大会常务委员会关于实行宪法宣誓制度的决定》制定，报全国人民代表大会常务委员会备案。

（三）宪法宣誓誓词内容

根据《全国人民代表大会常务委员会关于实行宪法宣誓制度的决定》的规定，宪法宣誓誓词为：“我宣誓：忠于中华人民共和国宪法，维护宪法权威，履行法定职责，忠于祖国、忠于人民，恪尽职守、廉洁奉公，接受人民监督，为建设富强、民主、文明、和谐的社会主义国家努力奋斗！”

（四）宪法宣誓形式

根据决定的规定，宪法宣誓仪式根据情况，可以采取单独宣誓或者集体宣誓的形式。单独宣誓时，宣誓人应当左手抚按《中华人民共和国宪法》，右手举拳，诵读誓词。集体宣誓时，由一人领誓，领誓人左手抚按《中华人民共和国宪法》，右手举拳，领诵誓词；其他宣誓人整齐排列，右手举拳，跟诵誓词。宣誓场所应当庄重、严肃，悬挂中华人民共和国国旗或者国徽。负责组织宣誓仪式的机关，可以根据决定并结合实际情况，对宣誓的具体事项作出规定。

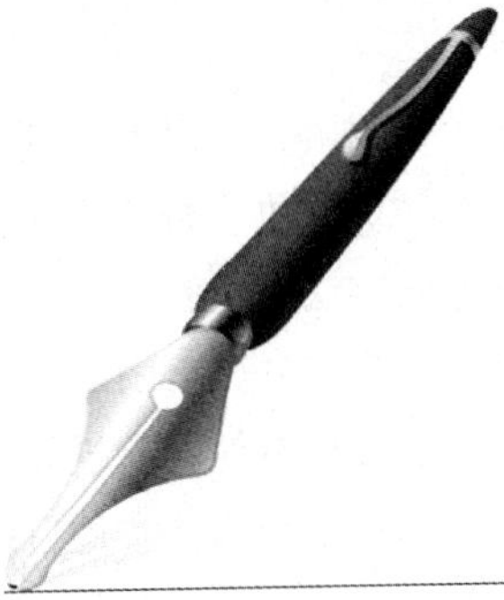

第三章

我国行政法律制度

导读

依法行政是依法治国基本方略的重要组成部分，对建设法治中国具有重大意义。依法行政，是政府行政权运行的基本原则，它要求行政机关行使行政权力必须要有法律授权，强调有权有责，用权受监督，损害须赔偿，违法须纠正。

行政法是关于行政权授予、行政权的行使，以及对行政权的授予、行使进行监督的法律规范的总和。主要包括三方面的内容。一是行政组织法，即关于行政权的授予和组织行政机关的法律。由行政组织法、行政编制法和公务员法等法律组成。二是行政行为法，即关于行政权行使的法律，由行政许可、行政处罚、行政收费、行政强制、行政征收、行政裁决等法律组成。这部分的行政法律制度具有普遍适用性，与各级政府及各个部门都有关。此外，还有按行政管理事项划分的涉及行政权行使的法律，称为部门行政法，如公安、环保、税务等。三是行政监督法，即对行政机关的组织、行政权的行使进行监督的法律。由行政监察法、审计法、行政复议法、行政诉讼法、行政赔偿法等组成。

第一节　我国依法行政的发展历程

1978年党的十一届三中全会的召开，为我国的民主法制建设指明了前进的方向，奠定了坚实的思想基础，为发扬社会主义民主、健全社会主义法制提供了强有力的政治保障。1979年，包括国家机构、刑事、民事在内的一批规范国家政治、经济、文化和社会生活的法律相继出台，为在国家和社会事务管理方面实现有法可依、有法必依、执法必严、违法必究打下了基础。

1982年，现行宪法颁布，对国家机构及其相互关系和职责权限、公民的权利义务等，作出了许多新的重要规定。该部宪法第五条明确规定："国家维护社会主义法制的统一和尊严。一切法律、行政法规和地方性法规都不得同宪法相抵触。一切国家机关和武装力量、各政党和各社会团体、各企业事业组织都必须遵守宪法和法律。一切违反宪法和法律的行为，必须予以追究。任何组织或者个人都不得有超越宪法和法律的特权。"这是依法行政的重要宪法依据。在此期间，国务院组织法和地方组织法的出台，也从制度建设上进一步推动了依法行政的进程。

1984年全国人大六届三次会议上，彭真同志明确提出，国家管理要从依靠政策办事逐步过渡到不仅仅依靠政策还要建立、健全法制，依法办事。随着经济体制改革的不断深入，民主法制观念的逐步加强，1989年4月行政诉讼法颁布。这是我国行政立法指导思想和价值取向的一次重大转变，标志着我国从注重行政权力的确立与维护，开始转向对行政权力的监督与制约，对公民权利的具体确认与保护。这是通过实践"民"告"官"的诉讼程序来促进行政机关依法行政的一项重大举措。

1992年党的十四大正式确立了社会主义市场经济体制，加快依法行政步伐，已成为时代和社会发展的客观要求。1993年八届全国人大一次会议通过的《政府工作报告》明确提出："各级政府都要依法行政，严格依法办事。一切公务人员都要带头学法、懂法，做执法守法的模范。"这是我国第一次以政府文件的形式正式明确提出依法行政的原则。1997年9月，党的十五大正式确立了依法治国、建设社会主义法治国家的基本方略，依法行政的进程从此开始全面提速。

2002年11月，召开的党的十六大，把发展社会主义民主政治，建设社会主义政治文明，作为全面建设小康社会的重要目标之一，明确提出加强对执法活动的监督，推进依法行政。2007年10月，召开的党的十七大，从全面落实依法治国基本方略，加快建设社会主义法治国家的高度，就推行依法行政、加快行政管理体制改革，建设服务型政府，完善制约机制，健全组织法制和程序规则，保证国家机关按照法定权限和程序行使权力、履行职责等提出具体要求。

在此期间，国家公务员暂行条例（1993）、国家赔偿法（1994）、行政处罚法（1996）、行政监察法（1997）、行政复议法（1999）、立法法（2000）、政府采购法（2002）、行政许可法（2003）、公务员法（2005）、行政强制法（2011）等陆续出台，依法行政的体制机制不断健全、依法行政的法律制度日渐完备。

与此同时，1999年11月国务院发布了《关于全面推进依法行政的决定》，对依法行政提出了具体要求。2004年3月国务院颁发了《全面推进依法行政实施纲要》，对全国依法行政的现状进行了深刻总结，对进一步深入推进依法行政提出了全面要求，并第一次明确提出经过十年左右坚持不懈的努力，基本实现建设法治政府的工作目标。

鉴于依法行政的重点难点在市县两级，2008年5月国务院还进一步作出了《关于加强市县政府依法行政的决定》，就扎实推进市县政府依法行政提出工作要求。2012年11月，党的十八大明确要求，推进依法行政，切实做到严格规范公正文明执法。2013年11月，党的十八届三中全会进一步明确提出，建设法治中国，必须坚持依法治国、依法执政、依法行政共同推进，坚持法治国家、法治政府、法治社会一体建设。依法行政被纳入法治中国建设进程中统一部署、整体推进。2014年11月，党的十八届四中全会就深入推进依法行政，加快建设法治政府作出总体部署，要求各级政府必须坚持在党的领导下、在法治轨道上开展工作，加快建设职能科学、权责法定、执法严明、公开公正、廉洁高效、守法诚信的法治政府。

第二节　行政组织法

行政组织法是规范行政机关的职能、组织、编制的法律制度。我国宪法明确规定，中华人民共和国的一切权力属于人民。人民行使国家权力的机关是全国人大和地方各级人大。国家的行政机关是权力机关的执行机关。因此从根本上讲，行政机关行使的行政权力是权力机关通过法律授予的。正因为如此，行政机关必须遵循职权法定原则，不能法外行权。行政组织法中就是规范有关行政组织的性质、地位、职权、职能等方面的法律总称。

行政组织是行政权力的载体，行政组织法通过对行政机关的机构设置、编制与职数、活动方式，以及行政机关的设立、变更和撤销程序等的规定，进而对行政权力行使进行制约，以避免主观随意性。在这方面，我国的国务院组织法和地方组织法，对规范国务院和地方政府的机构设置与职权行使，起到了重要作用。

一、国务院组织法

1982年制定的国务院组织法，是根据宪法中有关国务院的规定内容，对国务院的组成、组织原则、职权行使、会议制度、部委设置等均作出了明确规定。

根据国务院组织法的规定，国务院由总理、副总理、国务委员、各部部长、各委员会主任、审计长、秘书长组成；国务院试行总理负责制，总理领导国务院的工作，副总理、国务委员协助总理工作；国务院行使宪法第八十九条规定的职权；国务院会议分为国务院全体会议和国务院常务会议。国务院全体会议由国务院全体成员组成。国务院常务会议由总理、副总理、国务委员、秘书长组成。国务院工作中的重大问题，必须经国务院常务会议或者国务院全体会议讨论决定；国务院秘书长在总理领导下，负责处理国务院的日常工作；国务院各部、各委员会的设立、撤销或者合并，经总理提出，由全国人大决定；在全国人大闭会期间，由全国人大常委会决定；国务院各部、各委员会实行部长、主任负责制。各部部长、各委员会主任领导本部门的工作，召集和主持部务会议或者委员会会议、委务会议，签署上报国务院的重要请示、报告和下达的命令、指示。各部、各委员会工作中的方针、政策、计划和重大行政措施，应向国务院请示报告，由国务院决定。根据法律和国务院的决定，主管部、委员会可以在本部门的权限内发布命令、指示和规章。

二、地方组织法

《地方各级人民代表大会和地方各级人民政府组织法》于1979年通过，并于2015年作了最新修正。它具体规定了地方各级人民政府的性质、组成、任期、职权、组织原则、会议制度、机构设置等，为规范和制约地方各级政府的行政权力的行使提供了基本的法律依据。

根据地方组织法的规定，地方各级人民政府是地方各级人大的执行机关，是地方各级国家行政机关，对本级人大和上一级国家行政机关负责并报告工作。地方各级人民政府都是国务院统一领导下的国家行政机关，都服从国务院。省、自治区、直辖市、自治州、设区的市的人民政府分别由省长、副省长，自治区主席、副主席，市长、副市长，州长、副州长和秘书长、厅长、局长、委员会主任等组成。县、自治县、不设区的市、市辖区的人民政府分别由县长、副县长，市长、副市长，区长、副区长和局长、科长等组成。乡、民族乡的人民政府设乡长、副乡长。民族乡的乡长由建立民族乡的少数民族公民担任。镇人民政府设镇长、副镇长。地方各级人民政府每届任期五年。

此外，这部法律还具体规定了地方各级人民政府的职权、组织原则、会议制度、内设机构、管理体制等。

尽管我国法律对行政部门的设置、行政权力的行使有着相应的法律规范和制约，但多年来的实践同时也证明，行政机关职权不清、相互交叉冲突，政府职能转变不能适应市场经济的需要，机构臃肿，人浮于事等问题始终存在并难以解决。由于已有的行政组织法还不能完全起到应有的规范和制约作用，以致有时还不得不辅之以相应的机构改革。正因为如此，1997年党的十五大就曾明确提出，深化行政体制改革，实现国家机构组织、职能、编制、工作程序的法定化。2013年党的十八届三中全会进一步明确提出，转变政府职能必须深化机构改革。优化政府机构设置、职能配置、工作流程，完善决策权、执行权、监督权既相互制约又相互协调的行政运行机制。为此，切实按照党中央的要求，进一步完善行政组织法成为当前完善行政法律制度面临的一项重要任务。

三、公务员法

这部法律制定于2005年，具体规定了公务员的入职条件、权利义务、职务级别，录用考核、职务任免、职务升降、奖励惩戒与培训、交流与回避、工资福利保险、辞职辞退与退休、申诉控告、职位聘任及法律责任。这部法律的制定和实施，为规范公职人员的组织管理和职务履行提供了基本的法律遵循。

根据该法的规定，公务员职务分为领导职务和非领导职务。领导职务层次分为：国家级正职、国家级副职、省部级正职、省部级副职、厅局级正职、厅局级副职、县处级正职、县处级副职、乡科级正职、乡科级副职。非领导职务层次在厅局级以下设置。综合管理类的非领导职务分为：巡视员、副巡视员、调研员、副调研员、主任科员、副主任科员、科员、办事员。各机关依照确定的职能、规格、编制限额、职数以及结构比例，设置本机关公务员的具体职位，并确定各职位的工作职责和任职资格条件以及考核、奖惩、专门纪律要求、回避、辞职、辞退、退休、申诉控告等内容。

第三节　行政行为法

行政行为一般是指行政机关依法行使权力，管理公共事务，直接或间接产生法律后果的行为。各行政机关共同性的行政行为，可分为行政立法行为和行政执法行为。其中，行政立法行为主要是指国务院制定行政法规、国务院各部委制定部委规章，各省、自治区、直辖市政府、省会市和经国务院批准的较大市政府和设区的市制定地方规章的行为。行政执法行为，又称具体行政行为，是指行政机关行使行政权力，对特定的公民、法人和其他组织作出的有关其权利义务的单方行为。具体行政行为的表现形式包括：行政命令、行政征收、行政许可、行政确认、行政监督检查、行政处罚、行政强制、行政给付、行政奖励、行政裁决、行政赔偿等。随着推进依法治国、建设法治政府的需要，我国陆续出台了一系列行政行为法，适用频率高的有行政许可法、行政处罚法和行政强制法。

一、行政许可法

行政许可是指行政机关根据公民、法人或者其他组织的申请，经依法审查，准予其从事特定活动的行为。2003年颁布实施的行政许可法，对行政许可的实施机关、行政许可的实施程序、申请与受理、审查与决定、期限、听证、变更与延续，以及行政许可的费用和监督检查等作出了具体规定。实践证明，这部法律的颁布实施，对规范行政许可的设定和实施，保护公民、法人和其他组织的合法权益，维护公共利益和社会秩序，保障和监督行政机关有效实施行政管理，提供了重要的法律保障。这部法律具体规定的内容主要包括：

（一）行政许可的设定范围

设定行政许可的应当属于直接涉及国家安全、公共安全、经济宏观调控、生态环境保护以及直接关系人身健康、生命财产安全等特定活动，需要按照法定条件予以批准的事项；有限自然资源开发利用、公共资源配置以及直接关系公共利益的特定行业的市场准入等，需要赋予特定权利的事项；提供公众服务并且直接关系公共利益的职业、行业，需要确定具备特殊信誉、特殊条件或者特殊技能等资格、资质的事项；直接关系公共安全、人身健康、生命财产安全的重要设备、设施、产品、物品，需要按照技术标准、技术规范，通过检验、检测、检疫等方式进行审定的事项；企业或者其他组织的设立等，需要确定主体资格的事项；法律、行政法规规定可以设定行政许可的其他事项。但上述事项如果属于公民、法人或者其他组织能够自主决定的；市场竞争机制能够有效调节的；行业组织或者中介机构能够自律管理的；行政机关采用事后监督等其他行政管理方式能够解决的，便可以不设行政许可。该法同时还明确规定，法规、规章对实施上位法设定的行政许可作出的具体规定，不得增设行政许可；对行政许可条件作出的具体规定，不得增设违反上位法的其他条件。

（二）行政许可的实施机关

行政许可的实施机关主要包括有权行政机关、具有管理公共事务职能的组织和受委托的其他行政机关。该法明确规定，行政许可由具有行政许可权的行政机关在其法定职权范围内实施。法律、法规授权的具有管理公共事务职能的组织，在法定授权范围内，以自己的名义实施行政许可。被授权的组织适用行政许可法有关行政机关的规定。行政机关在其法定职权范围内，依照法律、法规、规章的规定，可以委托其他行政机关实施行政许可。委托机关应当将受委托行政机关和受委托实施行政许可的内容予以公告。委托行政机关对受委托行政机关实施行政许可的行为应当负责监督，并对该行为的后果承担法律责任。

（三）行政许可的实施程序

公民、法人或者其他组织从事特定活动，依法需要取得行政许可的，应当向行政机关提出申请。申请人申请行政许可，应当如实向行政机关提交有关材料和反映真实情况，并对其申请材料实质内容的真实性负责。申请人提交的申请材料齐全、符合法定形式，行政机关能够当场作出决定的，应当当场作出书面的行政许可决定。根据法定条件和程序，需要对申请材料的实质内容进行核实的，行政机关应当指派两名以上工作人员进行核查。

（四）行政许可的期限

除可以当场作出行政许可决定的外，行政机关应当自受理行政许可申请之日起二十日内作出行政许可决定。二十日内不能作出决定的，经本行政机关负责人批准，可以延长十日，并应当将延长期限的理由告知申请人。

（五）法律责任

行政机关违法实施行政许可，给当事人的合法权益造成损害的，应当依照国家赔偿法的规定给予赔偿。被许可人存在涂改、倒卖、出租、出借行政许可证件，或者以其他形式非法转让行政许可的；超越行政许可范围进行活动的；向负责监督检查的行政机关隐瞒有关情况、提供虚假材料或者拒绝提供反映其活动情况的真实材料的；法律、法规、规章规定的其他违法行为的，行政机关应当依法给予行政处罚。构成犯罪的，依法追究刑事责任。

二、行政处罚法

行政处罚是行政机关对违反行政管理秩序的公民、法人和其他组织依法予以制裁的法律制度。我国1996年颁布实施的行政处罚法对行政处罚的种类和设定、实施机关、管辖和适用，以及行政处罚的程序、执行及法律责任进行了明确规定，为规范行政处罚的设定和实施，保障和监督行政机关有效实施行政管理，维护公共利益和社会秩序，保护公民、法人或者其他组织合法权益提供了基本的法律依据。这部法律具体规定的内容主要包括：

（一）行政处罚的种类

我国的行政处罚包括：警告；罚款；没收违法所得、没收非法财物；责令停产停业；暂扣或者吊销许可证、暂扣或者吊销执照；行政拘留；法律、行政法规规定的其他行政处罚等。

（二）行政处罚的实施机关

行政处罚由具有行政处罚权的行政机关在法定职权范围内实施。国务院或者经国务院授权的省、自治区、直辖市人民政府可以决定一个行政机关行使有关行政机关的行政处罚权，但限制人身自由的行政处罚权只能由公安机关行使。

（三）行政处罚的管辖

行政处罚由违法行为发生地的县级以上地方人民政府具有行政处罚权的行政机关管辖；对管辖发生争议的，报请共同的上一级行政机关指定管辖；违法行为构成犯罪的，行政机关必须将案件移送司法机关，依法追究刑事责任。

（四）行政处罚的适用

行政机关实施行政处罚时，应当责令当事人改正或者限期改正违法行为。对当事人的同一个违法行为，不得给予两次以上罚款的行政处罚；不满十四周岁的人有违法行为的，不予行政处罚，责令监护人加以管教；已满十四周岁不满十八周岁的人有违法行为的，从轻或者减轻行政处罚；精神病人在不能辨认或者不能控制自己行为时有违法行为的，不予行政处罚，但应当责令其监护人严加看管和治疗。间歇性精神病人在精神正常时有违法行为的，应当给予行政处罚。违法行为在二年内未被发现的，不再给予行政处罚。法律另有规定的除外。

（五）行政处罚程序

行政处罚程序包括简易程序、一般程序。

1. 简易程序

适用于违法事实确凿并有法定依据，对公民处以五十元以下、对法人或者其他组织处以一千元以下罚款或者警告的行政处罚的，可以当场作出行政处罚决定。

2. 一般程序

适用于行政机关发现公民、法人或者其他组织有依法应当给予行政处罚的行为，需要全面、客观、公正调查，收集有关证据或需要依法进行检查的案件。行政机关依法给予行政处罚的，应当制作行政处罚决定书。行政处罚决定书应当载明的事项包括：当事人的姓名或者名称、地址；违反法律、法规或者规章的事实和证据；行政处罚的种类和依据；行政处罚的履行方式和期限；不服行政处罚决定，申请行政复议或者提起行政诉讼的途径和期限；作出行政处罚决定的行政机关名称和作出决定的日期。行政处罚决定书应当在宣告后当场交付当事人；当事人不在场的，行政机关应当在七日内依照民事诉讼法的有关规定，将行政处罚决定书送达当事人。

此外该法还具体规定了行政处罚前的听证程序、行政处罚的执行及法律责任。

三、行政强制法

我国法定的行政强制包括行政强制措施和行政强制执行。行政强制措施，是指行政机关在行政管理过程中，为制止违法行为、防止证据损毁、避免危害发生、控制危险扩大等情形，依法对公民的人身自由实施暂时性限制，或者对公民、法人或者其他组织的财物实施暂时性控制的行为。行政强制执行，是指行政机关或者行政机关申请人民法院，对不履行行政决定的公民、法人或者其他组织，依法强制履行义务的行为。2011年颁布实施的行政强制法，规定了行政强制的种类和设定、行政强制措施实施程序、行政机关强制执行程序、申请人民法院强制执行及法律责任，为规范行政强制的设定和实施，保障和监督行政机关依法履行职责，维护公共利益和社会秩序，保护公民、法人和其他组织的合法权益提供了基本的法律依据。这部法律具体规定的内容主要包括：

（一）行政强制的种类和方式

根据该法规定，行政强制措施由法律设定，种类包括限制公民人身自由；查封场所、设施或者财物；扣押财物；冻结存款、汇款；其他行政强制措施等5类。行政强制执行由法律设定，方式包括加处罚款或者滞纳金；划拨存款、汇款；拍卖或者依法处理查封、扣押的场所、设施或者财物；排除妨碍、恢复原状；代履行；其他强制执行方式等。

（二）行政强制措施实施程序

1. 一般规定

行政机关实施行政强制措施的，实施前须向行政机关负责人报告并经批准；由两名以上行政执法人员实施；出示执法身份证件；通知当事人到场；当场告知当事人采取行政强制措施的理由、依据以及当事人依法享有的权利、救济途径；听取当事人的陈述和申辩；制作现场笔录；现场笔录由当事人和行政执法人员签名或者盖章，当事人拒绝的，在笔录中予以注明；当事人不到场的，邀请见证人到场，由见证人和行政执法人员在现场笔录上签名或者盖章；法律、法规规定的其他程序。情况紧急，需要当场实施行政强制措施的，行政执法人员应当在二十四小时内向行政机关负责人报告，并补办批准手续。

2. 查封、扣押

查封、扣押应当由法律、法规规定的行政机关实施，其他任何行政机关或者组织不得实施。行政机关决定实施查封、扣押的，应当依法制作并当场交付查封、扣押决定书和清单。查封、扣押决定书应当载明当事人的姓名或者名称、地址；查封、扣押的理由、依据和期限；查封、扣押场所、设施或者财物的名称、数量等；申请行政复议或者提起行政诉讼的途径和期限；行政机关的名称、印章和日期。查封、扣押清单一式二份，由当事人和行政机关分别保存。

3. 冻结

冻结存款、汇款应当由法律规定的行政机关实施，不得委托给其他行政机关或者组织；其他任何行政机关或者组织不得冻结存款、汇款。行政机关依照法律规定决定实施冻结存款、汇款的，应当依法履行程序，并向金融机构交付冻结通知书。

此外，该法还具体规定了行政机关强制执行的具体程序及法律责任。

以案释法 06

违法行政决定被撤销

2012年3月，王某收到了国务院行政复议裁决书。裁决书撤销了某省认定他家所在区域征地合法决定的裁决。法学博士王某两年法律维权路，终于看到一线曙光。

2010年底，因老家的房屋在未签署拆迁协议的情况下于凌晨被拆。老屋被强拆当日，王某写了一封给家乡市长的公开信。公开信在网上迅速流传，引起了官方重视。当地政府有关领导特地赶赴王某所在的大学和他沟通，承诺“依法依规，妥善处置此事”。公开信事件后，王某家乡的区长答复王某，称“某村村委会答复意见与你本人所提要求差距较大，可能你不能完全接受”“我们支持你通过法律渠道依法解决”。2011年7月15日，王某母亲诉某市住房和城乡建设局不履行查处违法拆迁一案在该市某区法院开庭审理。法院认定“非法拆迁”事实不存在，驳回诉讼请求。王某随即上诉，被市中级人民法院驳回。在寻求诉讼解决的同时，王某也向省政府行政复议办公室提起行政复议，要求省政府确认关于该城区城市建设用地的批复违法并予以撤销。2011年3月，省政府行政复议办公室召开听证会，只有王某一方提交相关证据，“政府说他们所有的行为都合法，没必要提交证据。”4月6日，省政府行政复议办公室下发行政复议决定书，驳回复议请求。随后，王某等人依法向国务院法制办提起行政裁决。

释解

拆迁户依法维权，先后通过行政手段和法律途径，终于为实践宪法明文规定的“公民的合法的私有财产不受侵犯。国家依照法律规定保护公民的私有财产权和继承权”迈出了关键的一步。

随着依法治国的不断推进、依法行政的不断深入，我国各级行政机关面临的行政诉讼的争议案件在逐步增多，当被告的几率在逐渐增大，这是一种正常的客观现象。当被告不被动，被动的是工作中存在着没有依法行政的瑕疵。情况表明，各级行政管理部门在工作中比较容易引起争议的，主要集中在行政主体不适格、行政行为越权、规范性文件与上位法相抵触、行政决定失当和行政不作为几个方面。因此，在全面推进依法治国的大背景下，在法律制度不断完备、监督渠道极大畅通的情况下，在公民依法维权意识不断增强的态势下，唯有依法决策、依法办事，努力实现与依法行政相适应的行政管理方式的转变，树立职权法定意识、程序法定意识和权责统一意识，切实提高依法行政的自觉性和工作水平，才能从根本上杜绝此类案件的发生。

第四节　行政监督法

行政权力是国家机关中权力最大、涉及人数最多，对国家和社会的发展最为重要、与人民群众关系最为密切的权力，因此行政监督是国家监督体系中的极为重要的组成部分。行政系统内部的监督，主要有行政系统内的专门监督和上级对下级的层级监督。

在我国，行政系统内的专门监督主要为审计监督和行政监察，并且已经制定了审计法和行政监察法。根据审计法的规定，在政府内部监督范围内，审计主要是对本级政府各部门和下级政府预算的执行情况和决算、预算外资金的管理和使用情况；政府部门管理和社会团体受政府委托管理的社会保障基金、社会捐献资金及其他有关基金、资金的财务收支等进行审计监督。审计部门在行使职权时，拥有要求报送权、检查权、调查权、制止并采取措施权、通报权及处理权等多方面的权限。根据行政监察法的规定，行政监察是监察部门对行政机关及其公务员的行政效能和清正廉洁两方面进行的监督。监察部门在行使监督权时拥有检查、调查权、建议处分权等较为广泛的权力。

层级监督方面，我国目前已建立了行政复议制度、行政诉讼制度和国家赔偿制度。并相应地颁布实施了行政复议法、行政诉讼法和国家赔偿法。其中，行政复议制度是指公民、法人或其他组织认为行政机关的行政行为侵犯其合法权益，向上级行政机关申请复议，由复议机关作出复议决定的制度，既属于上级行政机关对下级行政机关的监督，同时也是公民、法人或其他组织不服下级行政机关的具体行政行为要求复议机关作出公正裁判的一种救济行为。由于行政复议实际上是上级对下级的监督，因此行政复议的范围较为宽泛，在行政复议中，公民、法人或其他组织不仅可以对具体行政行为是否合法，要求进行审查，也可以对该具体行政行为是否合理，要求进行审查。而在行政诉讼中，人民法院对具体行政行为则只能进行合法性审查，除行政处罚外，原则上不作合理性、适当性审查。

一、行政复议法

行政复议是指公民、法人或者其他组织，认为行政机关的具体行政行为侵犯了其合法权益，依法向上级行政机关提出复议申请，上级行政机关依法对该具体行政行为进行合法性、适当性审查，并作出复议决定的行政行为。我国1999年颁布实施的行政复议法，对行政复议机关的职责、行政复议范围、行政复议申请、行政复议受理、行政复议决定和法律责任等作出具体规定。这部法律具体规定的内容主要包括：

（一）行政复议机关的职责

行政复议机关负责法制工作的机构具体办理行政复议事项，履行的职责包括受理行政复议申请；向有关组织和人员调查取证，查阅文件和资料；审查申请行政复议的具体行政行为是否合法与适当，拟订行政复议决定；处理或者转送法律规定的审查申请；依照规定的权限和程序对违法的具体行政行为提出处理建议；办理因不服行政复议决定提起行政诉讼的应诉事项；法律、法规规定的其他职责。行政复议机关履行行政复议职责时，应当遵循合法、公正、公开、及时、便民的原则，坚持有错必纠，保障法律、法规的正确实施。

（二）行政复议范围

公民、法人或者其他组织可以依法申请行政复议的情形包括对行政机关作出的警告、罚款、没收违法所得、没收非法财物、责令停产停业、暂扣或者吊销许可证、暂扣或者吊销执照、行政拘留等行政处罚决定不服的；对行政机关作出的限制人身自由或者查封、扣押、冻结财产等行政强制措施决定不服的；对行政机关作出的有关许可证、执照、资质证、资格证等证书变更、中止、撤销的决定不服的；对行政机关作出的关于确认土地、矿藏、水流、森林、山岭、草原、荒地、滩涂、海域等自然资源的所有权或者使用权的决定不服的；认为行政机关侵犯合法的经营自主权的；认为行政机关变更或者废止农业承包合同，侵犯其合法权益的；认为行政机关违法集资、征收财物、摊派费用或者违法要求履行其他义务的；认为符合法定条件，申请行政机关颁发许可证、执照、资质证、资格证等证书，或者申请行政机关审批、登记有关事项，行政机关没有依法办理的；申请行政机关履行保护人身权利、财产权利、受教育权利的法定职责，行政机关没有依法履行的；申请行政机关依法发放抚恤金、社会保险金或者最低生活保障费，行政机关没有依法发放的；认为行政机关的其他具体行政行为侵犯其合法权益的。

（三）行政复议申请

公民、法人或者其他组织认为具体行政行为侵犯其合法权益的，可以自知道该具体行政行为之日起六十日内提出行政复议申请；但是法律规定的申请期限超过六十日的除外。因不可抗力或者其他正当理由耽误法定申请期限的，申请期限自障碍消除之日起继续计算。同申请行政复议的具体行政行为有利害关系的其他公民、法人或者其他组织，可以作为第三人参加行政复议。公民、法人或者其他组织对行政机关的具体行政行为不服申请行政复议的，作出具体行政行为的行政机关是被申请人。申请人申请行政复议，可以书面申请，也可以口头申请；口头申请的，行政复议机关应当当场记录申请人的基本情况、行政复议请求、申请行政复议的主要事实、理由和时间。

（四）行政复议受理

行政复议机关收到行政复议申请后，应当在五日内进行审查，对不符合本法规定的行政复议申请，决定不予受理，并书面告知申请人；对符合行政复议法规定，但是不属于本机关受理的行政复议申请，应当告知申请人向有关行政复议机关提出。对行政复议决定不服再向人民法院提起行政诉讼的，行政复议机关决定不予受理或者受理后超过行政复议期限不作答复的，公民、法人或者其他组织可以自收到不予受理决定书之日起或者行政复议期满之日起十五日内，依法向人民法院提起行政诉讼。

（五）行政复议决定

行政复议原则上采取书面审查的办法，但是申请人提出要求或者行政复议机关负责法制工作的机构认为有必要时，可以向有关组织和人员调查情况，听取申请人、被申请人和第三人的意见。行政复议机关负责法制工作的机构应当对被申请人作出的具体行政行为进行审查，提出意见，经行政复议机关的负责人同意或者集体讨论通过后，按照具体行政行为认定事实清楚，证据确凿，适用依据正确，程序合法，内容适当的，决定维持；被申请人不履行法定职责的，决定其在一定期限内履行。对存在主要事实不清、证据不足的；适用依据错误的；违反法定程序的；超越或者滥用职权的；具体行政行为明显不当等情形之一的，决定撤销、变更或者确认该具体行政行为违法；决定撤销或者确认该具体行政行为违法的，可以责令被申请人在一定期限内重新作出具体行政行为。

（六）法律责任

行政复议机关违反规定，无正当理由不予受理依法提出的行政复议申请或者不按照规定转送行政复议申请的，或者在法定期限内不作出行政复议决定的，对直接负责的主管人员和其他直接责任人员依法给予警告、记过、记大过的行政处分；经责令受理仍不受理或者不按照规定转送行政复议申请，造成严重后果的，依法给予降级、撤职、开除的行政处分。行政复议机关工作人员在行政复议活动中，徇私舞弊或者有其他渎职、失职行为的，依法给予警告、记过、记大过的行政处分；情节严重的，依法给予降级、撤职、开除的行政处分；构成犯罪的，依法追究刑事责任。被申请人违反规定，不提出书面答复或者不提交作出具体行政行为的证据、依据和其他有关材料，或者阻挠、变相阻挠公民、法人或者其他组织依法申请行政复议的，对直接负责的主管人员和其他直接责任人员依法给予警告、记过、记大过的行政处分；进行报复陷害的，依法给予降级、撤职、开除的行政处分；构成犯罪的，依法追究刑事责任。行政复议机关受理行政复议申请，由本级财政予以保障，不得向申请人收取任何费用。

二、行政诉讼法

行政诉讼是指公民、法人或者其他组织认为行政机关和行政机关工作人员的行政行为侵犯其合法权益，依法向人民法院提起的诉讼。为保证人民法院公正、及时审理行政案件，解决行政争议，保护公民、法人和其他组织的合法权益，监督行政机关依法行使行政职权，我国于1989年制定、2014年修订了行政诉讼法，对行政诉讼的受案范围、管辖、诉讼参加人、证据、起诉和受理、审理和判决、审判监督程序、执行及涉外行政诉讼等作了相应规定，具体确立了行政行为合法与违法的标准，对协调行政机关与公民的关系，保护公民合法权益，督促行政机关依法行政，维护社会稳定发挥了重要作用。这部法律具体规定的内容主要包括：

（一）受案范围

行政诉讼受案范围包括，对行政拘留、暂扣或者吊销许可证和执照、责令停产停业、没收违法所得、没收非法财物、罚款、警告等行政处罚不服的；对限制人身自由或者对财产的查封、扣押、冻结等行政强制措施和行政强制执行不服的；申请行政许可，行政机关拒绝或者在法定期限内不予答复，或者对行政机关作出的有关行政许可的其他决定不服的；对行政机关作出的关于确认土地、矿藏、水流、森林、山岭、草原、荒地、滩涂、海域等自然资源的所有权或者使用权的决定不服的；对征收、征用决定及其补偿决定不服的；申请行政机关履行保护人身权、财产权等合法权益的法定职责，行政机关拒绝履行或者不予答复的；认为行政机关侵犯其经营自主权或者农村土地承包经营权、农村土地经营权的；认为行政机关滥用行政权力排除或者限制竞争的；认为行政机关违法集资、摊派费用或者违法要求履行其他义务的；认为行政机关没有依法支付抚恤金、最低生活保障待遇或者社会保险待遇的；认为行政机关不依法履行、未按照约定履行或者违法变更、解除政府特许经营协议、土地房屋征收补偿协议等协议的；认为行政机关侵犯其他人身权、财产权等合法权益的。

（二）管辖

基层人民法院管辖第一审行政案件。中级人民法院管辖的一审行政案件包括：对国务院部门或者县级以上地方人民政府所作的行政行为提起诉讼的案件；海关处理的案件；本辖区内重大、复杂的案件；其他法律规定由中级人民法院管辖的案件。高级人民法院管辖本辖区内重大、复杂的一审行政案件。最高人民法院管辖全国范围内重大、复杂的一审行政案件。经最高人民法院批准，高级人民法院可以根据审判工作的实际情况，确定若干人民法院跨行政区域管辖行政案件。

（三）诉讼参加人

行政行为的相对人以及其他与行政行为有利害关系的公民、法人或者其他组织，有权提起诉讼。公民、法人或者其他组织直接向人民法院提起诉讼的，作出行政行为的行政机关是被告。经复议的案件，复议机关决定维持原行政行为的，作出原行政行为的行政机关和复议机关是共同被告；复议机关改变原行政行为的，复议机关是被告。复议机关在法定期限内未作出复议决定，公民、法人或者其他组织起诉原行政行为的，作出原行政行为的行政机关是被告；起诉复议机关不作为的，复议机关是被告。两个以上行政机关作出同一行政行为的，共同作出行政行为的行政机关是共同被告。行政机关委托的组织所作的行政行为，委托的行政机关是被告。行政机关被撤销或者职权变更的，继续行使其职权的行政机关是被告。

（四）证据

经法庭审查属实，可作为认定案件事实的行政诉讼证据包括：书证；物证；视听资料；电子数据；证人证言；当事人的陈述；鉴定意见；勘验笔录、现场笔录。被告对作出的行政行为负有举证责任，应当提供作出该行政行为的证据和所依据的规范性文件。原告可以提供证明行政行为违法的证据。原告提供的证据不成立的，不免除被告的举证责任。对由国家机关保存而须由人民法院调取的证据；涉及国家秘密、商业秘密和个人隐私的证据；确因客观原因不能自行收集的其他证据，原告或者第三人不能自行收集的，可以申请人民法院调取。

（五）起诉和受理

公民、法人或者其他组织不服复议决定的，可以在收到复议决定书之日起十五日内向人民法院提起诉讼。复议机关逾期不作决定的，申请人可以在复议期满之日起十五日内向人民法院提起诉讼，法律另有规定的除外。公民、法人或者其他组织直接向人民法院提起诉讼的，应当自知道或者应当知道作出行政行为之日起六个月内提出。法律另有规定的除外。因不动产提起诉讼的案件自行政行为作出之日起超过二十年，其他案件自行政行为作出之日起超过五年提起诉讼的，人民法院不予受理。公民、法人或者其他组织申请行政机关履行保护其人身权、财产权等合法权益的法定职责，行政机关在接到申请之日起两个月内不履行的，公民、法人或者其他组织可以向人民法院提起诉讼。对人民法院既不立案，又不作出不予立案裁定的，当事人可以向上一级人民法院起诉。上一级人民法院认为符合起诉条件的，应当立案、审理，也可以指定其他下级人民法院立案、审理。

（六）审理和判决

1. 一审普通程序

人民法院应当在立案之日起五日内，将起诉状副本发送被告。被告应当在收到起诉状副本之日起十五日内向人民法院提交作出行政行为的证据和所依据的规范性文件，并提出答辩状。人民法院应当在立案之日起六个月内作出第一审判决。有特殊情况需要延长的，由高级人民法院批准，高级人民法院审理第一审案件需要延长的，由最高人民法院批准。

2. 简易程序

对被诉行政行为是依法当场作出的；案件涉及款额二千元以下的；属于政府信息公开案件的，或当事人各方同意适用简易程序的，人民法院审理时可以适用简易程序。适用简易程序审理的行政案件，由审判员一人独任审理，并应当在立案之日起四十五日内审结。

3. 二审程序

当事人不服人民法院一审判决的，有权在判决书送达之日起十五日内向上一级人民法院提起上诉。当事人不服人民法院一审裁定的，有权在裁定书送达之日起十日内向上一级人民法院提起上诉。逾期不提起上诉的，人民法院的一审判决或者裁定发生法律效力。人民法院审理上诉案件，应当在收到上诉状之日起三个月内作出终审判决。有特殊情况需要延长的，由高级人民法院批准，高级人民法院审理上诉案件需要延长的，由最高人民法院批准。原审人民法院对发回重审的案件作出判决后，当事人提起上诉的，二审人民法院不得再次发回重审。

（七）审判监督程序

当事人对已经发生法律效力的判决、裁定，认为确有错误的，可以向上一级人民法院申请再审，但判决、裁定不停止执行。对属于不予立案或者驳回起诉确有错误的；有新的证据，足以推翻原判决、裁定的；原判决、裁定认定事实的主要证据不足、未经质证或者系伪造的；原判决、裁定适用法律、法规确有错误的；违反法律规定的诉讼程序，可能影响公正审判的；原判决、裁定遗漏诉讼请求的；据以作出原判决、裁定的法律文书被撤销或者变更的；审判人员在审理该案件时有贪污受贿、徇私舞弊、枉法裁判行为的案件，当事人提出申请的，人民法院应当再审。

（八）执行

当事人必须履行人民法院发生法律效力的判决、裁定、调解书。公民、法人或者其他组织拒绝履行判决、裁定、调解书的，行政机关或者第三人可以向一审人民法院申请强制执行，或者由行政机关依法强制执行。行政机关拒绝履行判决、裁定、调解书的，一审人民法院可以对应当归还的罚款或者应当给付的款额，通知银行从该行政机关的账户内划拨；在规定期限内不履行的，从期满之日起，对该行政机关负责人按日处五十元至一百元的罚款；将行政机关拒绝履行的情况予以公告；向监察机关或者该行政机关的上一级行政机关提出司法建议。对拒不履行判决、裁定、调解书，社会影响恶劣的，可以对该行政机关直接负责的主管人员和其他直接责任人员予以拘留；情节严重，构成犯罪的，依法追究刑事责任。行政机关或者行政机关工作人员作出的行政行为侵犯公民、法人或者其他组织的合法权益造成损害的，由该行政机关或者该行政机关工作人员所在的行政机关负责赔偿。行政机关赔偿损失后，应当责令有故意或者重大过失的行政机关工作人员承担部分或者全部赔偿费用。

三、国家赔偿法

国家赔偿以监督行政机关的行政行为是否合法为主要任务。以违法为赔偿前提的归责原则，事实行为造成损害的赔偿责任等赔偿制度的建立，进一步强化了对行政机关依法行政的监督力度。我国于1994年制定，2010年、2012年修订的国家赔偿法，明确了行政赔偿的范围、赔偿请求人和赔偿义务机关、赔偿的程序及赔偿方式和计算标准，为保障公民、法人和其他组织享有依法取得国家赔偿的权利，促进国家机关依法行使职权，提供了基本的法律依据。这部法律就行政赔偿所具体规定的内容主要包括：

（一）行政赔偿的范围

行政机关及其工作人员在行使行政职权时，如存在违法拘留或者违法采取限制公民人身自由的行政强制措施的；非法拘禁或者以其他方法非法剥夺公民人身自由的；以殴打、虐待等行为或者唆使、放纵他人以殴打、虐待等行为造成公民身体伤害或者死亡的；违法使用武器、警械造成公民身体伤害或者死亡的；造成公民身体伤害或者死亡的其他违法行为的，受害人有取得赔偿的权利。行政机关及其工作人员在行使行政职权时，如存在违法实施罚款、吊销许可证和执照、责令停产停业、没收财物等行政处罚的；违法对财产采取查封、扣押、冻结等行政强制措施的；违法征收、征用财产的；造成财产损害的其他违法行为的，受害人有取得赔偿的权利。

如属于行政机关工作人员与行使职权无关的个人行为；因公民、法人和其他组织自己的行为致使损害发生的；法律规定的其他情形的，国家不承担赔偿责任。

（二）赔偿请求人和赔偿义务机关

受害的公民、法人和其他组织有权要求赔偿；受害的公民死亡，其继承人和其他有扶养关系的亲属有权要求赔偿；受害的法人或者其他组织终止的，其权利承受人有权要求赔偿。行政机关及其工作人员行使行政职权侵犯公民、法人和其他组织的合法权益造成损害的，该行政机关为赔偿义务机关；两个以上行政机关共同行使行政职权时侵犯公民、法人和其他组织的合法权益造成损害的，共同行使行政职权的行政机关为共同赔偿义务机关；法律、法规授权的组织在行使授予的行政权力时侵犯公民、法人和其他组织的合法权益造成损害的，被授权的组织为赔偿义务机关；受行政机关委托的组织或者个人在行使受委托的行政权力时侵犯公民、法人和其他组织的合法权益造成损害的，委托的行政机关为赔偿义务机关。赔偿义务机关被撤销的，继续行使其职权的行政机关为赔偿义务机关。没有继续行使其职权的行政机关的，撤销该赔偿义务机关的行政机关为赔偿义务机关。

（三）赔偿程序

赔偿请求人要求赔偿，应当先向赔偿义务机关提出，也可以在申请行政复议或者提起行政诉讼时一并提出；赔偿请求人可以向共同赔偿义务机关中的任何一个赔偿义务机关要求赔偿，该赔偿义务机关应当先予赔偿；赔偿请求人根据受到的不同损害，可以同时提出数项赔偿要求。赔偿义务机关应当自收到申请之日起两个月内，作出是否赔偿的决定。赔偿义务机关决定赔偿的，应当制作赔偿决定书，并自作出决定之日起十日内送达赔偿请求人。赔偿义务机关决定不予赔偿的，应当自作出决定之日起十日内书面通知赔偿请求人，并说明不予赔偿的理由。对赔偿作出赔偿或者不予赔偿决定有异议的，赔偿请求人可在三个月内向人民法院提起诉讼。

（四）赔偿方式和计算标准

国家赔偿以支付赔偿金为主要方式。能够返还财产或者恢复原状的，予以返还财产或者恢复原状。侵犯公民人身自由的，每日赔偿金按照国家上年度职工日平均工资计算。

以案释法 07

行政不作为被判败诉

2014年10月16日，李某向河南省某市国土资源局（以下简称市国土局）书面提出申请，请求该局依法查处其所在村的耕地被有关工程项目违法强行占用的行为，并向该局寄送了申请书。市国土局收到申请后，没有受理、立案、处理，也未告知李某，李某遂以市国土局不履行法定职责为由诉至法院，请求确认被告不履行法定职责的行政行为违法，并要求被告对该村土地被强占的违法行为进行查处。

该市某区人民法院一审认为，土地管理部门对上级交办、其他部门移送和群众举报的土地违法案件，应当受理。土地管理部门受理土地违法案件后，应当进行审查，凡符合立案条件的，应当及时立案查处；不符合立案条件的，应当告知交办、移送案件的单位或者举报人。本案原告向被告市国土局提出查处违法占地申请后，被告应当受理，被告既没有受理，也没有告知原告是否立案，故原告要求确认被告不履行法定职责违法，并限期履行法定职责的请求，有事实根据和法律依据，本院予以支持。遂判决：一、确认被告对原告要求查处违法占地申请未予受理的行为违法。二、限被告于本判决生效之日起按国土资源行政处罚办法的规定履行法定职责。

市国土局不服，提出上诉。该市中级人民法院二审认为，根据国土资源行政处罚办法规定，县级以上国土资源主管部门“应当依法立案查处，无正当理由未依法立案查处的”，应当承担相应责任。上诉人市国土局未及时将审查结果告知申请人，上诉人的行为未完全履行工作职责，违反了国土资源行政处罚办法第四十五条的相关规定。二审判决驳回上诉，维持原判。

释解

及时处理群众举报、切实履行查处违法占地相关法定职责，回应群众关切、保障土地资源的合法利用是有关土地管理部门的应尽职责。土地资源稀缺、人多地少的现状决定了我国必须实行最严格的土地管理制度，但长期以来土地资源浪费严重，违法违规用地现象普遍，这其中既有土地管理保护不力的原因，也有人民群众难以有效参与保护的因素。公众参与是及时发现和纠正土地违法行为的重要渠道，也是确保落实最严格的土地管理制度的有效手段。依法受理并及时查处人民群众对违法用地行为的举报，是土地管理部门的权力更是义务。对于在处理土地违法案件中，发现违法案件不属于本部门管辖的，也应及时做好相应的案件移送工作。国土资源行政处罚办法第十条明确规定：“国土资源主管部门发现违法案件不属于本部门管辖的，应当移送有管辖权的国土资源主管部门或者其他部门。”

第四章

我国民政法律制度

导读

民政，是国家行政事务的一部分，一般包括婚姻登记、救灾救济、优抚安置、拥政爱民、区划地名、老龄工作、低保、福利、慈善、殡葬、救助等。民政法律是指国家制定或认可的有关民政工作的规范性文件的总称。民政行政法律关系是指国家民政机关在民政行政管理活动中所发生的各种社会关系。民政法律制度作为上层建筑，决定于并适用于经济社会发展。从计划经济时代的管制型社会，到和谐社会建设时期的服务型社会，民政部门的工作理念和工作方法都需要不断建立新规则与新制度。现代社会对民政法制提出新的挑战与要求，各项民政业务的创新与发展，无不体现了法治在其中的突出作用，完善的民政法制已经成为民政工作创作与发展的保障。

第一节　我国民政法律制度的历史沿革

自1949年新中国成立以来，随着我国立法制度的完善和社会保障体系的构建，民政法律制度不断获得发展。根据时间的先后顺序、特定的历史背景和我国立法技术的发展情况，我国民政法律制度的历史沿革可分为民政立法的起步阶段、民政立法的初步发展阶段、民政立法的停止阶段和民政立法的规范发展阶段四个阶段。

一、新中国成立初期的民政法律制度

（一）民政立法的起步阶段（1949–1956）

1949年11月1日，国家内务部正式成立，主管民政工作，其内设机构有办公厅、干部司、民政司、社会司、地政司和优抚司。内务部先后召开了第一、第二次全国

民政会议，确定了新中国成立初期民政工作的范围和重点。从机构职能的划分可以看出，新中国成立之初民政工作主要注意力集中在了优抚、土地、褒奖、移民、疆界勘测和社会救济等方面，涵盖范围较广，从整体上满足了当时国家对于民政事业的需要。

该阶段民政立法重点明确，具有明显的时代风格，由于刚刚结束了反法西斯战争和国内革命战争，战后重建工作成为新中国工作的重心，以救灾和政权建设工作为重点，为巩固新生的人民政权，建立新社会的新秩序，做了大量的工作。

1950年3月3日，政务院第二十二次政务会议通过了我国第一部婚姻法。1950年12月11日，内务部颁布革命烈士家属革命军人家属优待暂行条例。同时，还制定了五个优抚方面的条例，即内务部关于革命烈士、革命军人家属优待范围问题的批复；革命工作人员伤亡褒奖条例；内务部、卫生部关于企业、团体、机关不享受公费医疗的革命残废军人伤口复发仍应享受公费医疗的批复；内务部、卫生部、财政部关于带病回乡军人治疗的规定；内务部关于中国红十字会工作人员抚恤问题的批复。此外，在婚姻家庭方面颁布了关于军人婚姻的内务部、最高人民法院、司法部、人民革命军事委员会关于多年无音讯之现役革命军人家属待遇及婚姻问题处理办法。

该阶段民政法律最明显的特点是抚恤制度在我国历史上的空前完善，为我国后来抚恤事业的发展奠定了基础。与抚恤制度内容的丰富形成鲜明对比的是，其他方面立法相对薄弱，如婚姻方面立法仅有一部部门规章，医疗方面没有相关法规，民政法律也尚不足以成为体系。理顺民政法律范畴，构建民政法律体系的任务有待于其后各个阶段的完善。

（二）民政立法的初步发展阶段（1956-1966）

这十年制定了较多的有关社会救济、自然灾害救助、社会福利方面的民政法规，与上一阶段相比，本阶段的民政立法在调整范围上趋于合理。在机构设置方面，将户口、统计、国籍等工作移交公安部等部门管理；内部方面，以优抚、复员安置、救灾、社会救济、社会福利为类别重新划定了内部机构的设置。

随着新中国成立后各项国家事业步入正轨，民政立法的特点由最初集中于战争善后相关事项逐步向和平年代公民生活保障方面发展。

1958年2月10日，劳动部、内务部发布劳动部、内务部关于询及经济建设工程民工负伤致残抚恤后生活困难和安装假腿问题的复函。1962年11月20日，劳动部、内务部发布劳动部、内务部关于经济建设民工因工负伤未愈返家或伤口复发的医疗费如何开支问题的批复。上述两个文件是我国最早规定民工伤残补助问题的规范文件，二者所指向的主体明显区别于第一阶段中战争善后类型的规范性文件，反映了社会主义建设对法律的需求。与此处于同一时期的还有内务部于1963年发布的内务部优抚局关于原在企业单位因公残废的职工调入国家机关工作后如何抚恤问题的复函。

该阶段是我国民政立法的初步发展阶段，民政法规在立法内容上得到了极大丰富，完善了民政法律体系的同时，也比前一阶段满足了更多的社会生活需求。但是与此同时，该阶段的民政立法也存在着法律层级过低，各方面民政立法发展速度不均衡等问题。

（三）民政立法的停止阶段（1966–1977）

十年文革，我国的法律制度遭受严重破坏，1970年6月22日主管民政工作的内务部被撤销，民政事业遭到最严重的挫折和损失，民政立法也处于停止和倒退状态。

二、民政立法的规范发展阶段

1978年至今，是民政事业立法的规范发展阶段。党的十一届三中全会以来，民政事业同各项事业一样，呈现蓬勃发展的崭新局面，民政工作的地位越来越突出，为了适应民政事业发展的需要，全国人民代表大会及其常务委员会、国务院、民政部、地方各级人民代表大会及县级以上人大常务委员会以及地方政府等加大了民政事业立法的力度，制定和颁布了多项民政法律、法规、规章等，有力地推动了民政工作的发展，为发展新时期的民政工作提供了法律保障。

（一）复苏和发展时期

20世纪80年代至90年代中后期，是我国民政法律制度的复苏时期，该时期民政工作体现了对传统民事工作的恢复和再次基础上的发展两方面内容，一方面重拾文化大革命之前我国民政工作所取得的经验，另一方面将民政立法工作与时代背景、社会需求相结合，不仅改善了立法技术，而且丰富了立法内容。

救灾救济、社会福利、优抚安置、基层政权、老年人权益保护、收养等方面相继出台了政策和法律法规。

1980年9月10日，五届全国人大三次会议修改了婚姻法。

1980年6月17日，民政部、财政部发布关于恢复结（离）婚证收费财务处理问题的通知。

1987年8月19日，民政部人事教育局发布民政部科学技术进步奖励试行办法。

1989年10月21日，民政部、劳动部发布民政系统实行技师聘任制的实施意见。

1990年6月30日，民政部人事教育司发布民政部属中等专业学校使用教材的规定。

1991年12月29日，七届全国人大常委会二十三次会议通过中华人民共和国收养法。

1993年8月30日，民政部发布社会福利业发展规划，系统阐述了社会福利发展方向与实现方法，既有对现实国情的审视，也有对发展前景的规划，体现了改革开放后我国民政立法技术的日臻成熟。

1996年4月24日，民政部发布社会团体年度检查暂行办法。

1997年3月18日，民政部发布农村敬老院管理暂行办法。

1997年7月11日，国务院通过殡葬管理条例。

（二）快速发展时期

20世纪90年代后期至进入21世纪，行政许可法颁布实施，全国进行行政审批制度改革，民政部门先后在优抚、社区建设、地名管理、民间组织、城乡低保、福利机构建设等方面出台3部法律、4部政府规章和100多个规范性文件。

1998年11月4日，九届全国人大常委会五次会议通过了关于修改收养法的决定，对原收养法予以修正。

1998年10月25日，国务院发布民办非企业单位登记管理暂行条例。

2003年6月20日，国务院发布城市生活无着的流浪乞讨人员救助管理办法。同年7月21日，民政部发布城市生活无着的流浪乞讨人员救助管理办法实施细则。

2005年3月14日，民政部、卫生部、劳动保障部、财政部发布关于建立城市医疗救助制度试点工作的意见。

2006年1月21日，国务院发布农村五保供养工作条例。

2007年6月29日，民政部发布福利企业资格认定办法。

2007年8月30日，十届全国人大常委会二十九次会议公布突发事件应对法。

2008年4月28日，民政部发布救灾捐赠管理办法。

2010年7月8日，国务院发布自然灾害救助条例。

2010年10月28日，十一届全国人大常委会十七次会议发布修订后的村民委员会组织法。

2011年7月29日，国务院、中央军委发布修订后的军人抚恤优待条例。

2011年10月29日，国务院、中央军委发布退役士兵安置条例。

2012年11月9日，国务院发布殡葬管理条例（2012年修正本）。

2013年12月7日，民政部根据国务院关于修改部分行政法规的决定修订了外国商会管理暂行规定。

2014年2月21日，国务院发布社会救助暂行办法。

2015年11月23日，国家档案局、民政部发布城市社区档案管理办法。

2016年3月16日，十二届全国人大四次会议公布慈善法。

本时期，我国民政立法发展速度迅猛，立法结构趋于合理化，法律、法规的数量大幅度增加，在更高层级上对民政各方面事项予以规制，且在各个领域内发展均衡，体现了进入21世纪后我国对于全面建设小康社会的壮志雄心和对人民生活环境改善作出的实际努力。

第二节　我国民政法律制度的现状

2010年以来，在党中央、国务院的正确领导下，在民政部党组的高度重视下，经过不懈努力，民政法律制度体系加快健全，法治实施体系加快完善，法治监督体系加快建立，法治保障体系加快发展，为新形势下全面推进民政法制建设奠定了重要基础。

一、法律体系逐渐完善

（一）民政法律制度体系加快健全

近年来，民政部配合全国人大、国务院，制定和修订了关于设立烈士纪念日的决定、老年人权益保障法、兵役法、村民委员会组织法等法律；推动制定、修订了社会救助暂行办法、退役士兵安置条例、军人抚恤优待条例、烈士褒扬条例、自然灾害救助条例等行政法规，这在同期国家立法出台项目数量占比中位居前列。同时，还储备了一些民政立法项目列入规划或计划。这些规章和规范性文件，细化了上位法实体性内容，严密了程序性规定，也为破解发展难题、推动工作落实发挥了重要作用。

民政部围绕民政重点领域和关键环节改革，加强政策创制，推动出台了一批高阶位政策性文件。国务院制定了关于全面建立临时救助制度的通知、关于加快发展养老服务业的若干意见和关于进一步加强和改进最低生活保障工作的意见；国务院、中央军委制定了关于加强退役士兵职业教育和技能培训工作的通知；中办、国办、军办制定了关于进一步加强烈士纪念工作的意见；中办、国办制定了关于党员干部带头推动殡葬改革的意见和关于加强和改进城市社区居民委员会建设工作的意见；国办制定了关于政府向社会力量购买服务的指导意见、关于加强孤儿保障工作的意见、关于加强和改进流浪未成年人救助保护工作的意见等政策性文件，其他相关部门还制定了特别重大自然灾害损失统计制度、关于进一步做好弃婴相关工作的通知、关于加强零散烈士纪念设施建设管理保护工作的通知、关于加强社会工作专业人才队伍建设的意见等规范性文件，有力推动和保障了民政工作发展。

（二）民政法治实施体系加快完善

近年来，民政部坚持职权法定，依法全面履行职能，努力推进机构、职能、权限、程序、责任法定化，确保民政法律制度得到长期实施和有效运行。为保障老年人合法权益，新修订的老年人权益保障法和国务院关于加快发展养老服务业的若干意见，将党中央关于发展养老服务的方针政策上升为国家意志，将发展养老服务的成功经验上升为法律制度，将各级政府部门保障老年人合法权益的各项任务上升为法定职责。

为做好烈士褒扬工作，新修订的烈士褒扬条例和军人抚恤优待条例，通过建立烈士褒扬金制度，统一烈士遗属一次性抚恤优待标准，将财政责任和保障标准法定化；中办、国办、军办印发的关于进一步加强烈士纪念工作的意见及系列配套文件，大力弘扬烈士精神，加强烈士纪念设施保护管理，落实烈属抚恤优待政策，在全社会营造了缅怀、崇尚、学习烈士的浓厚氛围。先后颁布的烈士安葬办法、烈士纪念设施保护管理办法和烈士公祭办法，虽然条文都只有十几条，字数都不超过两千字，但却在全国统一了纪念烈士的典制形式，规范了烈士纪念设施保护管理，为让烈士精神流布人心、永续传承、实现中国梦提供了强大精神动力。

为编密织牢基本民生安全网，国务院出台的关于进一步加强和改进最低生活保障工作的意见，完善了对象认定条件，规范了工作程序，加强了动态管理，标志着低保工作向前迈进一大步。去年，民政部以加强民政基层能力建设为抓手，把贯彻落实文件作为民政工作重点任务，集中用两个月时间对各省进行了调研督查，取得明显成效。

2014年新制定的社会救助暂行办法，首次明确民政部统筹全国社会救助体系建设的职责，首次将各项托底性救助制度统一在一部行政法规中。此外，自然灾害救助条例的颁布实施，从法律上确定了灾害救助工作多年形成的工作原则、制度和方法，确立了灾害救助工作在国家应急法律体系中的地位，使灾害救助工作纳入法治化轨道；中办、国办印发的关于党员干部带头推动殡葬改革的意见，让文明节俭、生态环保、移风易俗的殡葬新风尚“接地气”，聚集正能量；新制定的家庭寄养管理办法，为“折翼天使”的成长提供了更好的护佑；新颁布的社会组织评估管理办法，为衡量社会组织打造了一杆“好秤”。

二、现行民政相关法律规范

我国现行民政法律规范在类别上分为社会组织管理、优抚安置、救灾工作、社会救助、基层政权和社区建设、区划地名、社会福利和慈善事业以及社会事务。

在立法层级上，上述各类民政法律规范中有50%的类别拥有法律层级的规定，包括1998年11月4日九届全国人大常委会五次会议通过的《关于修改<中华人民共和国收养法〉的决定》，对原收养法予以修正；2007年9月3日十届全国人大常委会二十九次会议公布的突发事件应对法；2010年10月28日十一届全国人大常委会十七次会议公布的村民委员会组织法以及2016年3月16日十二届全国人大四次会议公布的慈善法。其余类别也均有行政法规作为其制度，主要包括1998年10月5日国务院发布的民办非企业单位登记管理暂行条例；2010年7月8日国务院发布的自然灾害救助条例；2011年7月29日国务院、中央军委发布的军人抚恤优待条例；2014年2月21日国务院发布的社会救助暂行办法；2015年11月23日国家档案局、民政部发布的城

市社区档案管理办法；2003年6月20日国务院发布的城市生活无着的流浪乞讨人员救助管理办法等。

2016年3月9日下午，十二届全国人大四次会议二次全体会议上，全国人大常委会副委员长向与会代表作了关于慈善法草案的说明。此时，距离民政部最早提出慈善法立法规划已经过去了11年的时间，而慈善法立法的11年，也是实现民主立法、科学立法、人民群众广泛参与高质量立法的11年。从徘徊踟蹰到突然提速，其间既有立法机关主导立法的直接作用，也与国家大政引领、社会各界推动、多方积极建言有着密不可分的关系。多种因素的合力，促进了意见的充分交换和共识的最终达成。如今审议通过的慈善法，对于数以十万计已登记或孕育中的慈善组织、数以千计投身慈善服务的志愿者以及数以亿计的捐赠人来说，都具有提振信心的作用，对于我国民政立法工作的进一步开展提供了良好的借鉴。

第三节　我国民政法律制度的发展与完善

十八届三中全会以来，依法治国理念深入人心，科学高效立法是各级各部门立法者的共同追求，民政部门在其立法规划中提出，力争到2020年形成立治有体、施治有序、监督有效、保障有力的民政法治建设新格局，为推动新形势下民政事业发展提供有力法治保障。

一、民政立法的完善

社会主义法律体系已经形成，今后立法的重点不仅要放在法律的制定方面，更要注重法律的修改和完善，以及配套立法的制定，民政法制亦不例外。完善我国的民政法制建设离不开社会经济的发展。民政法制建设的根本动力源于社会经济发展。作为上层建筑，民政法制决定于并适应于经济社会发展。随着科学发展观的落实，国家将以保障和改善民生为主的社会领域立法摆在了更加突出的位置，为民政法制建设提供了新的契机。

多年来，我国的法制建设从无到有，已形成社会主义法律体系。但在社会救助立法方面尚缺乏整体性、系统性和权威性。与“依法行政”的要求还有相当大的距离，特别是随着社会主义市场经济体制的建立与发展，原有的社会救助制度越来越暴露出其自身的严重缺陷。与此相应，社会救助的法制化、程序化、规范化的呼声也越来越高。确立一种既适合我国国情又适应市场经济要求的社会救助法律制度已成为历史的必然。社会救助法是社会救助领域的一部基本法，出台社会救助法是保障民生的重要依据。

我国在社会救助制度方面的城乡差别由来已久，从传统社会救济制度的以农村为重心（灾害救济、五保、扶贫）到新型社会救助制度的以城市为重心（最低生活保障）都是重此轻彼的政策。社会救助法应彻底改变我国现有的城乡分裂的救助制度，建立城乡统筹的一体化救助制度。出台社会救助法可以厘清现有诸多救助制度的关系，整合各项救助制度，对基本生活救助和专项救助的对象、范围、程序、方式等予以明确规定。对于社会比较关注的流浪儿童问题，相关部门应研究审议儿童福利条例、流浪未成年人救助保护条例。此外，对已出台的社会救助立法应及时进行修订，因“孙志刚事件”而仓促出台的城市生活无着的流浪乞讨人员救助管理办法条文粗陋，可操作性不强，亦到了修改的关键时刻。1999年实施的城市居民最低生活保障条例长期以来将农村居民排斥在制度化的低保范围以外，实行城乡一体化的救助制度已刻不容缓。

二、民政立法的展望

（一）立治有体

立治有体是指形成完备的民政法律制度体系。民政立法需要按照法律层级、要集中力量完成好四大任务。

第一，积极配合全国人大、国务院新法的制定、现法的修订任务，包括城市居民委员会组织法、慈善事业法、社会救助法、社会团体登记管理条例、民办非企业单位登记管理暂行条例、基金会管理条例、城市生活无着的流浪乞讨人员救助管理办法、殡葬管理条例、中国公民收养子女登记条例、地名管理条例、志愿服务条例、退休军官安置条例和社会工作专业人才管理条例等。

第二，加快规章制定步伐。未来几年，要主动适应民政事业发展需要，把实践证明行之有效的经验及时上升为规章，全面梳理民政法律法规授权制定规章的条款。

第三，大力推进政策创制。规范性文件偏少是民政部法律制度建设的“短板”之一。未来几年，对立法条件尚不成熟而实际工作又亟须规范的，民政部要根据需要和可能，争取以党委政府名义或联合有关部门制定具有引领意义、刚性措施的规范性文件。还要通过立改废释等多种措施，妥善解决上世纪80年代制定的已不合时宜的规范性文件。

第四，切实加强对地方民政立法工作的指导。民政部要充分利用地方立法权将由49个设区的市扩大至全部282个设区的市的有利契机，有效发挥部省（市）合作机制的牵引作用，将地方立法优势转变为民政重点领域的法律制度制定优势、发展优势，发挥中央和地方两个积极性。同时，要深入推进科学立法、民主立法，提高立法质量。

（二）施治有序

施治有序是指形成高效的民政法治实施体系。习近平总书记强调：“天下之事，不难于立法，而难于法之必行。”全面推进依法治国的重点应该是保证法律严格实施，在未来几年里，民政部要着力完善三个机制。

第一，建立职权法定工作机制。不得法外设定权力，没有法律法规依据不得作出减损公民、法人和其他组织合法权益或者增加其义务的决定。积极依法履行职责，切实落实依法作出的各项决策，坚决纠正不作为、乱作为。健全行政纠错机制和责任追究机制，做到权利与义务、职权与职责统一。建立和完善行政程序，对权力行使的程序、环节、过程、责任进行分解细化，并制定相应的权力行使标准、权力运行流程、权力监督制约制度，防止权力行使的随意、异化和滥用。

第二，健全重大决策审查机制。严格执行民政部工作规则，把公众参与、专家论证、风险评估、合法性审查、集体讨论决定确定为重大决策法定程序。未经上述环节审查或经审查不合法的重大决策，不提交部务会议或部长办公会研究。建立民政法治机构人员、专家和律师组成的法律顾问队伍。建立重大决策终身责任追究制度及责任倒查机制。

第三，完善行政执法工作机制。要按照规范公正文明执法的要求，规范执法主体，界定执法权限，减少执法层级，整合执法资源。要进一步完善行政执法程序，规范工作流程，重点规范行政许可、行政处罚、行政强制等执法行为。建立健全行政裁量权基准制度，细化、量化行政裁量标准，规范裁量范围、种类、幅度。要改进执法方式，不得粗暴对待当事人，不得侵害执法对象的人身权利和人格尊严。

以上三个机制，是法治实施的主要标志。

（三）监督有效

监督有效是指形成严密的民政法治监督体系，强化对行政权力的制约和监督，全面推进政务公开，健全社会矛盾纠纷预防化解机制。这些部署和要求，对形成严密的民政法治监督体系提出了新的重要任务。到2020年，民政部要加快健全四项制度。

第一，建立权力清单制度。民政部第十九次部长办公会议已审议通过了民政部权力清单制度建设实施方案。方案所列权力事项中，面向行政相对人的权力事项有34项，面向民政系统的权力事项有41项，面向机关内部的权力事项有14项，共有89项。经过一段试运行后，形成民政部权力清单表，做到法定职责必须为、法不授权不可为。同时，也要做好引导、带动地方各级民政部门依法建立相应的权力清单制度，推动民政权力在阳光下运行。

第二，建立检查监督和专项评估制度。未来几年，要把贯彻落实民政现行法律制度作为重中之重，这也是四中全会提出的明确要求。建立民政法律法规实施情况定期检查监督制度。比如，结合年度民政工作要点，民政部每年要对3-4部民政法律、行政法规实施情况开展检查监督。建立民政法律法规定期专项评估制度，明确评估的内容、方式、要求。根据民政法律法规规章立改废情况，借助第三方力量，运用现代科技手段，民政部每年要对2-3部民政法律、行政法规实施情况进行专项评估。力争到2020年，现行民政法律、行政法规、地方性法规和政府规章，都进行过一次全面“体检”。

第三，健全信息公开制度。重点做好民政部权力清单、预决算和“三公”经费的公开，进一步加大重点民生项目和社会公益事业经费使用信息公开。要重视和规范舆论监督，对涉及民政部门的群体性事件、社会稳定等方面的舆情信息，及时研判，妥善处理。规范媒体对案件的报道，实现媒体监督行政权力的积极功能。

第四，完善复议应诉制度。配合行政复议法修改，统筹做好民政部行政复议与行政应诉办法的修订工作。认真落实新修改的行政诉讼法，研究建立机关负责人出庭应诉制度。到2020年，四项制度全面建立后，监督合力和实效将明显增强。

（四）保障有力

保障有力是指形成有力的民政法治保障体系。深入开展法治宣传教育，建设高素质法治专门队伍，提高党员干部法治思维和依法办事能力。根据部署和要求，到2020年，民政部要狠抓四种能力建设。

第一，提高领导干部法治思维和依法办事能力。领导干部自觉养成办事依法、遇事找法、解决问题用法、化解矛盾靠法的法治美德，对全社会起示范带动作用。继续完善领导干部带头学法用法制度，把依法行政知识和新颁布的法律法规列入各级党组（党委）理论中心组学习内容。民政部党组及其成员要认知法治、崇尚法治、践行法治，要将能不能遵守法律、依法办事作为任用、考察干部的重要内容。把法治建设成效作为衡量机关领导班子和领导干部工作实绩重要内容、作为省级民政重点工作综合评估主要事项。

第二，提升民政部机关公职人员依法行政意识和能力。建立完善定期法制培训制度。民政部要用一年时间，对机关公务员和直属单位领导班子成员普遍轮训一次，集中学习民政领域的法律制度。一部新法律法规出台后，要集中进行专题培训。要把民政法制培训作为初任公务员和初任领导岗位培训必备内容。建立健全述职述廉述法“三位一体”的考核制度。要把依法行政能力的考核作为干部工作实绩考核的重要内容。同等条件下，优先提拔使用法治素养好、依法办事能力强的干部。健全表彰奖励制度。对在法治建设中有突出贡献的，予以立功和奖励。要采取法治讲座、报告会、研讨会、学习交流会等多种形式，不断强化机关公务员依法行政的意识和能力。

第三，进一步加强民政法治专门队伍履职能力。近年来，在民政部党组高度重视和各业务司局大力支持下，政策法规司在加强民政法治建设方面发挥了积极作用。未来几年，政策法规司要继续保持传统，勤奋工作，按照“想在各部门之上、干在各部门之前、融在各部门之中、乐在各部门之后”的要求，大力加强自身建设。目前全国还有8个省级民政部门尚未独立设置法治机构。机构建设一向难度很大，民政部要借力四中全会“东风”，着力推动这一问题有效解决。力争用一年左右时间，推动省级民政部门全部独立设置法治机构。在此基础上，力争用三年左右时间，推动市级民政部门基本设置法治机构。要切实发挥法治机构作用，实现重大决策和重要会议要有法治机构参与，重要文件要由法治机构审核把关，重点执法环节要由法治机构实施监督。

第四，深入推进民政执法信息化能力建设。加强网上执法办案系统建设，逐步实现执法信息网上录入、执法程序网上流转、执法活动网上监督、执法培训网上进行。完善信息共享机制，在确保信息安全的前提下，积极推进跨地区、跨部门执法信息共享、互联互通。健全执法办案信息查询系统，推行行政服务网上受理、网上审批、网上办公，努力让数据多跑腿、群众少跑腿。

第五章

社会组织管理

导读

社会组织是为了实现特定的目标而有意识地组合起来的社会群体，如企业、政府、学校、医院、社会团体等。

第一节　社会团体

一、我国社会团体的概念

社会团体是指由我国公民自愿组成，为实现会员共同意愿，按照其章程开展活动的非营利性的社会组织。具体包括行业协会、学术研究团体、社会公益团体、联谊性团体等。

二、社会团体的特征

（一）自愿性

自愿性是指社会团体的组成应当由公民在行使结社自由的基础上自愿集结而成，而且公民在这一过程中可以自由地决定进入或退出该组织。自愿性是社会团体的首要属性，是体现社会团体根本精神的属性，是社会团体成立的基础。

（二）非营利性

社会团体是典型的非营利性组织，不以营利为目的，服务于公共目的，非营利性是社会团体的本质特征，是社会团体区别于企业等以营利为目的的组织的重要标志。非营利不等于社会团体不能从事收费性活动，也不意味着非营利活动不能产生利润，而是强调社会团体不是把获取利润当作生存和发展的动力，不能把盈余当作红利分配给会员，而是把全部盈余继续投入到符合社会团体宗旨的事业之中。

（三）民间性

社会团体的民间性是其存在的合理基础。社会团体是公民自愿组成的，以实现会员共同愿望为宗旨的组织，在资金来源、人事制度等方面独立于政府体制之外，不受制于政府，是非官方机构，但并不意味着社会团体不能接受政府的援助和捐款。

（四）自治性

自治性是指社会团体的自我管理，具有自我管理的规章制度，享有自我管理的充分自主权，不受组织外管理程序的影响。社会团体享有政治上、管理上和财政上的充分自主权，在职能、机构设置、人员配置、运行规则等方面与国家分离，可以独立管理社会团体内部事务。

三、我国社会团体立法的构成

（一）宪法层面

宪法第三十五条规定："中华人民共和国公民有言论、出版、集会、结社、游行、示威的自由。"第四十七条规定："中华人民共和国公民有进行科学研究、文学艺术创作和其他文化活动的自由。国家对于从事教育、科学、技术、文学、艺术和其他文化事业的公民的有益于人民的创造性工作，给以鼓励和帮助。"

（二）法律层面

除了红十字会法、工会法这些针对重要社会团体的专门性法律之外，我国目前还没有社会团体的一般性法律，社会团体的一些原则规定散见于一些相关法律之中，具体有注册会计师法、律师法、证券法。

（三）行政法规层面

到目前为止，适用于我国社会团体的专门法规除了社会团体登记管理条例外，还有1989年颁布的外国商会管理暂行规定。其中，社会团体登记管理条例是最重要的法规，它所确立的管理体制是目前我国关于社会团体管理的核心制度，而后者调整的是特殊社会团体——外国商会的设立、职能、组织管理等问题。

一些相关行政法规也有类似规定，如广播电视管理条例、印刷业管理条例和出版管理条例等行政法规中关于有关社会团体在各自主管部门指导下实行自律管理等规定。

（四）部门规章层面

民政部、财政部等部门都有规章涉及社会团体管理，如取缔非法民间组织暂行办法、关于全国性社会团体专职工作人员人事管理问题的通知、关于重新确认社会团体业务主管单位的通知等。

四、社会团体的组织结构和管理

社会团体登记管理条例对社会团体的组织结构与管理作出详细的规定，在社会团体申请成立程序中和社会团体的筹备工作中涉及了会员大会或者会员代表大会、执行机构、负责人和法定代表人。

我国社会团体登记管理条例第十四条规定："社会团体的章程应当包括下列事项：（一）名称、住所；（二）宗旨、业务范围和活动地域；（三）会员资格及其权利、义务；（四）民主的组织管理制度，执行机构的产生程序；（五）负责人的条件和产生、罢免的程序；（六）资产管理和使用的原则；（七）章程的修改程序；（八）终止程序和终止后资产的处理；（九）应当由章程规定的其他事项。"

以案释法 08

某总工会诉某市卫生防疫站房地产转让合同纠纷案

某市卫生防疫站经上级批准决定迁址新建，以适应卫生防疫事业的发展，某总工会为解决直属单位住宿、办公用房，决定征用防疫站的旧站址建房，得到全国总工会的批准。双方就旧站址的房地产划拨转让进行了多次协商，在经该市政府及其土地管理局、城建局等有关部门办了手续后签订房地产有偿划拨转让协议书。双方约定，防疫站将该市民主西街8号6亩土地使用权及地上7259.9平方米房屋及其他附属设施的所有权，作价370万元划拨转让给总工会。协议还约定两项违约赔偿条款。

协议签订后，总工会按约定总共付给转让费370万元，防疫站向总工会移交了房屋档案材料，总工会向该市房屋产权监理处申请办理房屋产权证。在协议履行期间，防疫站经该市政府批准，在该市火星开发区征地12.9亩作为新站址，并开始动工建设。同年，防疫站以建筑材料价格上涨、建筑承包合同变更、资金严重缺短、工程难以继续、不能按期搬迁交房为由，先后6次致函总工会，要求增加转让费。总工会口头通知防疫站要严格执行协议，不同意增加转让费。防疫站未按约定向总工会交付3栋住宅楼，总工会遂向法院起诉，要求法院判令防疫站全面履行合同，承担违约赔偿责任。

释解

法院作出一审民事判决：一、双方当事人同意解除房地产转让合同，本院予以准许。二、防疫站退还总工会已付的转让费370万元及利息，利息按一般基建贷款月息7.5‰计算，自总工会付款之日起至收款之日止。三、卫生防疫站支付总工会赔偿金275万元。案件受理费51260元、财产保全费41770元全部由防疫站负担。以上应付款项，防疫站应在本判决生效后两个月内付清，逾期不付，将拍卖该站在该市火星开发区新站址的12.9亩土地及地上建筑物，以所得价款偿付总工会，多退少补。

第二节　民办非企业单位

一、民办非企业单位的概念

民办非企业单位是企业事业单位、社会团体和其他社会力量以及公民个人利用非国有资产举办的，从事非营利性社会服务活动的社会组织。

二、民办非企业单位的特征

民办非企业单位的法律特征主要有：不以营利为目的；从事社会服务；初始财产为非国有资产。举办者是党政机关以外的企业事业单位、社会团体和其他社会力量以及个人。民事主体地位包括个体、合伙和法人三种。

民办非企业单位分布在社会各行各业中，每个领域都会产生和存在民办非企业单位。但其主要分布在以下行业、事业中：

第一，教育事业，如民办幼儿园，民办小学、中学、学院、大学，民办专修（进修）学院或学校，民办培训（补习）学校或中心等。

第二，卫生事业，如民办门诊部（所）、医院、民办康复、保健、卫生、疗养院（所）等。

第三，文化事业，如民办艺术表演团体、文化馆（活动中心）、图书馆（室）、博物馆（院）、美术馆、画院、名人纪念馆、收藏馆、艺术研究院（所）等。

第四，科技事业，如民办科学研究院（所、中心），民办科技传播或普及中心、科技服务中心、技术评估所（中心）等。

第五，体育事业，如民办体育俱乐部，民办体育场、馆、院、社、学校等。

第六，劳动事业，如民办职业培训学校或中心，民办职业介绍所等。

第七，民政事业，如民办福利院、敬老院、托老所、老年公寓，民办婚姻介绍所，民办社区服务中心（站）等。

第八，社会中介服务业，如民办评估咨询服务中心（所），民办信息咨询调查中心（所），民办人才交流中心等。

第九，法律服务业。

第十，其他。

三、民办非企业单位的功能

（一）扩大公共服务供给和改善公共服务绩效

民办非企业单位通过向社会提供具体的服务，获得自身的存在和发展。在很大程度上，民办非企业单位兴起的原因就在于满足公众对社会服务的巨大需求。在政府职能盲区、事业单位效率低下、财政负担较重和公众需求多元化的背景下，允许和鼓励民办非企业单位等社会力量参与公共服务，极大地丰富和扩大了公共服务的供给数量，并且推动了科技、教育、文化、卫生、体育、扶贫和环境保护等社会事业和公益事业。

民办非企业单位参与公共服务，与政府公办事业相互竞争，促进了公共服务提供的竞争性和开放性，形成了多中心的公共服务供给体系。使该体系更具优势：一是可充分发挥个人和社会力量的优势和活力，其结果是调动公众参与社会建设、社会管理和社会服务的积极性和创造性；二是可有效减轻财政负担，改善公共服务绩效。这样，民办非企业单位实际上增加了工作的选择权，形成了推动事业单位改革的外在压力，促使公办社会服务机构在运行机制、内部管理、服务质量上进行改革，激发事业单位的活力，提高公共服务供给的绩效。

（二）吸纳社会就业和培育新的经济增长点

数量众多的民办非企业单位，在创造大量经济产值的同时，也为下岗失业和新增就业人口提供了工作岗位。民办非企业单位不仅扩大了就业和再就业渠道，而且是就业培训服务的重要基地，对缓解就业压力和缓和社会矛盾起到了积极作用。

（三）推动事业单位改革和政府职能转变

民办非企业单位具有广阔的发展空间，把承担具有一定公益性或者虽然具有很强公益性但政府不宜再继续介入的社会公共服务领域的事业单位，转变为民办非企业单位的模式，应该是事业单位改革的重要方向之一。在探索政府与市场、政府与非营利性组织的关系的过程中，政府、事业单位和民办非企业单位等社会组织要明晰各自的职能边界，民办非企业单位要承担起政府和事业单位改革释放的职能空间，并进一步推动事业单位改革和政府职能转变。

（四）促进社会资本培育和公民社会成长

民办非企业单位随着自身发展，逐步健全诚信和自律机制，对各种利益相关者承担了相应的诚信和自律的社会责任，并通过大量的公益项目和志愿者行动，向社会传播和扩散诚信和自律的文化组织，提升整个社会的诚信水平。而且，民办非企业单位在承接传统事业单位的部分公共服务职能和责任的同时，也负担起了培育公民参与和自愿精神的社会责任。事实上，由中国的一些社会精英、知识分子发起成立民办非企业单位，向政府提供政策倡议和法律建议，也吸引了大量的社会人士参与，培育了公民的参与意识，提升了我国公民的参与能力，推动了公民社会的发展。此外，民办非企业单位组织形式灵活，活动领域广泛，通过积极与海外非营利组织合作与交流，对于增进相互了解起到了非常大的作用，推动了我国改革开放进程。

四、民办非企业单位法规

1998年10月25日国务院第八次常务会议通过民办非企业单位登记管理暂行条例。该条例分为总则、管辖、登记、监督管理、罚则、附则共六部分。其中，对登记部分作出了具体详细的规定。

民办非企业单位登记管理暂行条例第八条规定：“申请登记民办非企业单位，应当具备下列条件：（一）经业务主管单位审查同意；（二）有规范的名称、必要的组织机构；（三）有与其业务活动相适应的从业人员；（四）有与其业务活动相适应的合法财产；（五）有必要的场所。民办非企业单位的名称应当符合国务院民政部门的规定，不得冠以“中国”、“全国”、“中华”等字样。”

近年来，随着深化改革的步伐，实施了近20年前的民办非企业单位登记管理暂行条例已明显落后于时代的步伐，修订该条例之呼声越来越高。

以案释法 09

王某与李某、某英语学校合伙协议纠纷案

2012年7月29日，王某与李某签订合作办学协议，该协议约定：一、自合作之日起，学校所有资产乙方（王某）享有40%权益，甲方（李某）享有60%，若学校需要购置新的物品设备，双方按各自入股比例出资；……八、从双方合作之日起，以三个月为过渡期，若专用账户收入不能满足学校开支时，差额部分由甲方补齐，三个月以后仍有亏空，双方按入股比例补齐；……十二、在合作过程中若有一方想退出学校或转让其股权，均需征得另一方书面同意，否则不得退出或转让；十三、若双方有一方在二个月内无故旷工，累计超过十天即视为自动放弃股权；……以上协议条款从乙方2012年7月29日入股后生效（乙方入股金额48000元整，占学校总股份40%），双方应严格执行。合同签订当日，王某交纳股金48000元，负责人李某为其出具收条，该收条载明：今收到王某入股费48000元整。

王某入股的英语学校是民办非企业单位，于2011年1月10日注册登记，注册资金为5万元，负责人为李某。该英语学校未变更过注册资金。庭审中，李某承认王某的入股费48000元未用于学校教学，而是用于其购买房屋。

释解

王某与李某签订的合作办学协议明确约定，王某在缴纳48000元股金后占学校40%股份，李某占60%股份，从合作之日起，学校设专用账户，双方均不得私用资金。李某将王某缴纳的48000元股金占为己有，且辩称是将其在该学校已有的40%股份出让给王某，王某缴纳的48000元股金应归其个人所有。但是合作办学协议中对李某所称并没有约定，而且王某也否认协议内容中包含该项约定。故法院确定双方在签订合作办学协议时对各自对方的真实意思表示存在重大误解，王某主张撤销

该协议应当予以支持。李某占为己有的48000元股金应当返还王某。王某要求支付利息的主张，因其未提供相关证据予以证实，故法院不予支持。

以案释法 10

某职业学院诉某技术学校租赁合同纠纷案

2010年5月8日，某职业学院与某技术学校签订协议书，协议书合作方式约定："甲方（某职业学院，下同）以租赁的形式为乙方（某技术学校，下同）教育教学和师生住宿提供一定数量的场所、设施、设备，乙方作为独立法人实体严格遵照国家法律法规要求依法办学；乙方的实验实训设施、设备编入甲方财产，由甲方统一管理，双方共同使用。"同时，乙方向甲方出具了欠条，欠条落款为"欠款人：某技术学校：柯某某"，落款处没有该技术学校盖章。

2012年5月3日，该省人力资源和社会保障厅出具同意技术学校变更校址的批复文件。2013年2月1日，该省人力资源和社会保障厅出具同意该技术学校更名的批复文件，同意该技术学校更名为鸿源技术学校，并要求校名变更后应及时到有关部门进行登记。2013年3月18日，省民政厅出具同意鸿源技术学校成立登记的批复文件，准予福鸿源技术学校成立登记。

鸿源技校的网址为"http：//www.fj93.com.cn"，该网址首页标题处显示为"鸿源技术学校（原某技术学校）"。

释解

鸿源技校与某技术学校是否系同一主体，鸿源技校是否需要承担某技术学校的债务。对此法院分析如下：

其一，根据民办非企业单位登记管理暂行条例第三条的规定："成立民办非企业单位，应当经其业务主管单位审查同意，并依照本条例的规定登记"。鸿源技校的业务主管单位为省人力资源和社会保障厅，省人力资源和社会保障厅于2013年2月1日出具同意某技术学校更名的批复文件，同意某技术学校更名为鸿源技术学校，并要求校名变更后应及时到有关部门进行登记。鸿源技校认为鸿源技校是重新发起设立，与某技术学校没有关联，但鸿源技校并未提供相关证据证明。法院认为鸿源技校是由业务主管部门省人力资源和社会保障厅同意某技术学校更名后成立的，并非重新发起设立，某技术学校系鸿源技校的前身。

其二，鸿源技校的校址与原某技术学校的校址存在一致性。

其三，鸿源技校的网址为"http：//www.fj93.com.cn"，该网址首页标题处显示为“鸿源技术学校（原某技术学校）”，鸿源技校并未提供相反的证据予以反驳，法院对此予以确认。从其宣传网页可见，某技术学校系鸿源技校的前身。

综上，法院认为鸿源技校系由某技术学校变更而来的，鸿源技校与某技术学校系同一主体，某技术学校的债务应由鸿源技校继受，鸿源技校是本案适格被告，原告要求鸿源技校偿还欠款189500元的诉求法院予以支持。

第三节　外国商会

一、商会和外国商会的概念

商会是指商人依法组建的、以维护会员合法权益、促进工商业繁荣为宗旨的社会团体法人。商会是在市场经济条件下实现资源优化配置不可或缺的重要环节，是实现政府与商人、商人与商人、商人与社会之间相互联系的重要纽带。商会一般具有以下四个法律特征：公益性、民间性、自律性、法人性。

外国商会是指外国在中国境内的商业机构及人员依照本规定在中国境内成立，不从事任何商业活动的非营利性团体。外国商会的活动以促进其会员同中国发展贸易和经济技术交往为宗旨，为其会员在研究和讨论促进国际贸易和经济技术交往方面提供便利。

二、外国商会成立的条件

《外国商会管理暂行规定》第四条对外国商会的成立作出如下规定：“成立外国商会，应当具备下列条件：（一）有反映其会员共同意志的章程；（二）有一定数量的发起会员和负责人；（三）有固定的办公地点；（四）有合法的经费来源。”

三、外国商会的组织形式

第一，外国商会应当按照国别成立，可以有团体会员和个人会员。

第二，团体会员是以商业机构名义加入的会员。商业机构是指外国公司、企业以及其他经济组织依法在中国境内设立的代表机构和分支机构。

第三，个人会员是商业机构和外商投资企业的非中国籍任职人员以本人名义加入的会员。

第四，外国商会的名称应当冠其本国国名加上“中国”二字。

第五，成立外国商会，应当向中华人民共和国民政部提出书面申请，依法办理登记。

四、申请成立外国商会的条件

《外国商会管理暂行规定》第八条对外国商会的申请条件也作出了一系列的规定：“成立外国商会的书面申请，应当由外国商会主要筹办人签署，并附具下列文件：（一）外国商会章程一式五份。章程应当包括下列内容：1. 名称和地址；2. 组织机构；3. 会长、副会长以及常务干事的姓名、身份；4. 会员的入会手续及会员的权利和义务；5. 活动内容；6. 财务情况。（二）发起会员名册一式五份。团体会员和个人会员，应当分别列册。团体会员名册应当分别载明商业机构的名称、地址、业务范围和负责人姓名；个人会员名册应当分别载明本人所属商业机构或者外商投资企业、职务、本人简历或者在中国境内从事商业活动的简历。（三）外国商会会长、副会长以及常务干事的姓名及其简历一式五份。”

以案释法 11

太湖公司与卡拉卡托公司、某银行保函欺诈纠纷案

太湖公司与卡拉卡托公司协议完成一项发电机组建设工程，双方合同明确约定如修改合同必须采用合同修正案形式，会议纪要、传真等不能产生合同变更的效力，如果太湖公司违约，卡拉卡托公司可以索付见索即付保函。后卡拉卡托公司以太湖公司违约为由要求保函出具方某银行兑付保函。太湖公司提起诉讼，称双方已经通过会议纪要修改了合同，卡拉卡托公司索付保函行为不符合合同约定，构成欺诈，请求止付保函。某市中级人民法院一审判决驳回太湖公司诉讼请求，太湖公司提起上诉。

某省高级人民法院审理认为，法院审查基础合同仅限于受益人是否存在明知基础交易债务人不存在违约事实或其他付款到期事实，仍然滥用索赔权恶意索赔的情形。未按合同约定的形式和程序作出修改合同的会议纪要不产生变更合同的效力。在基础合同中保函条款约定的性质、支付条件等存在争议的情形下，受益人按银行出具保函时的条件提出索付，不构成保函欺诈，应按“先赔付、后争议”规则兑付保函。某省高级人民法院作出终审判决，维持一审判决。

释解

人民法院在该案判决中，充分尊重当事人约定适用的国际交易惯例，按照国际商会关于见索即付保函“先赔付、后争议”的处理规则予以裁判，严格把握保函欺诈标准，保障受益人依据保函迅速得到偿付的合法权利，维护了国际金融秩序。同时，该案也反映出我国企业在“走出去”过程中，必须充分了解国际金融结算及担保工具的特点，不严格按照合同履行将产生巨大的法律风险。

第四节　基金会

一、基金会的概念

《基金会管理条例》第二条规定：“本条例所称基金会，是指利用自然人、法人或者其他组织捐赠的财产，以从事公益事业为目的，按照本条例的规定成立的非营利性法人。”

基金会分为面向公众募捐的基金会和不得面向公众募捐的基金会。公募基金会按照募捐的地域范围，分为全国性公募基金会和地方性公募基金会。根据基金会管理条例规定，基金会必须在民政部门登记方能合法运作，就其性质而言是一种民间非营利组织。

二、基金会的特征

基金会作为一种基本的社会组织和制度形态，不同于政府、企业，也有别于一般的非营利性组织，公益性、非营利性、非政府性和基金信托性是基金会的基本特征。

（一）公益性

基金会的公益性集中体现在三个方面：一是基金会的基金源于捐赠，是公益捐赠的制度化和组织化形式；二是基金会有明确的公益宗旨；三是基金会的基金有明确的公益用途，通过各种项目活动使特定群体和整个社会受益。公益性决定了基金会在本质上是一种社会公益组织。

（二）非营利性

非营利性体现在基金会的运作管理及其相应的制度规范中，表现在三个方面：一是存在非营利的分配与收入约束机制，要求基金会的捐赠人、实际受托管理者不得从基金会的财产及其运作中获得利益；二是存在非营利的组织运作和管理机制，要求基金会具备有效规避较高风险与较高回报的自我控制机制；三是存在非营利的财产保全机制，要求基金会不得以捐赠以外的其他方式变更财产及产权结构。

（三）非政府性

基金会的非政府性是其区别于政府的主要特征，表现在三方面：一是基金会在决策体制上不同于政府，是具有自主决策、自治的独立法人；二是基金会在治理结构上不同于政府，是民主治理、公开的社会组织；三是基金会在运作机制上不同于政府，是追求核心竞争力、在市场中优胜劣汰的组织。

（四）基金信托性

基金会是以捐赠为基础形成的公益财产的集合，是以基金形式存在的公益财产运作组织。基金的信托性有两层含义：一是基金会在本质上是一种信托关系，是捐赠人、受托人和受益人之间围绕公益财产达成的公益信托，良好的公信力是其核心价值所在；二是基金会是以公益财产形式存在的财产集合，通过有效的财产运作实现保值增值是其生命力的体现。

三、基金会的功能

第一，可用于以自愿的方式被聚集起来的大规模的社会福利。

第二，基金会的目的是为全人类的明天服务，为了实现更美好的社会愿景，基金会需要对自身进行思考，实现一种自身发展的创新。

第三，基金会是法人为主体的体系模式，能筹到的资金高于其他非营利机构，这使得现代基金会具有适应新的社会需要和时代变化的可持续发展能力。

第四，基金会是公民社会发育的推进器。公民社会强调每个人的独立行为能力。基金会改变了传统的社会结构和财富结构，不仅推动了在政府和企业部门之外的社会财富的聚集，而且通过基金会的公益运作将社会资源的支配权交给了公民的代表，将分散的公民意志、公民意愿集中起来，将公民的权利回归到公民手上，推动公民社会的发展。

四、我国基金会的发展与现状

我国基金会组织的发展起步相对较晚，1981年中国儿童少年基金会在北京成立，这是现代社会意义上的基金会组织在改革开放后的中国的发展开端。

1988年国务院发布基金会管理办法，开启了基金会的立法进程。与绝大多数社会事业的举办和发展一样，在政府主导慈善事业的大背景下，基金会本身的规模与能力并不突出，其在各项社会事业发展中的功能也并不显著。我国基金会大规模的发展主要得益于市场经济的启动和深化，以及民主与法治建设的发展促使政府不断加强其与社会的相对分离，社会对公益和慈善的需求不断增长，对专业性公益慈善组织的需求也不断增加。

2004年国务院发布基金会管理条例取代基金会管理办法，由此掀开了新一轮基金会立法的大幕。2004年财政部颁布民间非营利组织会计制度，2006年民政部颁布基金会年度检查办法、基金会信息公布办法，2008年财政部、国家税务总局、民政部发布关于公益性捐赠税前扣除有关问题的通知，2009年财政部、国家税务总局发布关于非营利组织企业所得税免税收入问题的通知、关于非营利组织免税资格认定管理有关问题的通知，2011年民政部发布公益慈善捐助信息披露指引（征求意见稿），2012年民政部发布关于规范基金会行为的若干规定（试行）。

以案释法 12

郭某某事件

2011年6月21日，新浪微博上一个名叫“郭某某baby”的20岁女孩自称“住大别墅，开玛莎拉蒂”，其认证身份为“中国红十字会商业总经理”。根据警方的调查和郭某某本人的供述：她以及她的资金来源都与中国红十字会毫无关系。

郭某某，微博昵称“郭某某baby”，湖南人。2011年6月20日，郭某某在网上炫耀其奢华生活，并称自己是中国红十字会商业总经理而在网络上引起轩然大波。2011年6月22日，中国红十字会总会称“郭某某”与红十字会无关，中国红十字会没有“红十字商会”机构，也未设有“商业总经理”的职位，更没有“郭某某”其人。2011年6月22日，新浪微博也对实名认证有误一事而致歉，取消了郭某某的身份认证（加“V”），并在中午12时左右由微博小秘书（新浪微博官方账号）发布消息称，因新浪微博身份认证过程中审核不严而造成负面影响表示歉意，就“郭某某”身份认证加“V”道歉。同日，郭某某在其新浪微博公开称“1. 我和红十字协会没有任何关系；2. 我不是红十字会会长或郭沫若先生的子孙。3. 我当时新浪认证是演员。……”2014年8月7日，针对公众关注的郭某某“红会炫富”事件，根据警方的调查和郭某某本人的供述：她以及她的资金来源都与中国红十字会毫无关系。

释解

红十字会需改革其现有体制和制度，进一步加强公开透明和公共传播上的专业能力。事实上，红十字会在“郭某某事件”后也开展了积极尝试，但无论推动信息公开、建立社会监督委员会，还是引入国际红十字会评估体系，多项改革措施都未能有效重建其公众信任。中国红十字会系统似乎进入了“无论做与不做，无论做得对还是错，做得好还是不好，都将饱受公众的质疑”的不利境地，其公众信任的重建任重道远。

第六章

优抚安置

导读

拥军优抚安置工作，是国家和社会依法对优抚安置对象的物质与精神生活提供服务的特殊社会保障，是构建社会主义和谐社会必须高度重视并努力做好的一项工作。多年来，我们始终把提高优抚安置对象的生活保障水平作为工作的出发点和落脚点，努力为全国数千万优抚安置对象服务，充分发挥拥军优抚安置工作在促进改革发展稳定中的特殊重要作用。

第一节　抚恤优待

一、抚恤优待的概念

抚恤优待制度可分为抚恤和优待。抚恤是指国家对伤残人员和牺牲、病故人员的家属所采取的物质抚慰形式。优待是指国家、社会、群众对现役的义务兵家属和抚恤补助对象给予优待金，以及在医疗、交通、住房、就业、入学、入托、生活困难、救济等方面提供的优厚待遇。

二、我国抚恤优待法律的主要内容

（一）对现役军人的优待

国家对军人的工资、津贴、福利、被装、给养、住房、医疗、交通、通信、税收、专业安置等实行优待，即：军人的工资水平高于国家相应的公务员的工资水平；军人津贴、生活补贴免交个人所得税；国家实行军人保险制度；军人享受住房优惠；军人享受免费医疗；军人出行优先购买车、船、机票；国家为符合条件的转业军人安排工作；保障离退休军人的生活福利待遇以及保护军婚等。

（二）对残疾军人的抚恤优待

我国宪法第四十五条规定，国家和社会保障残废军人的生活。

国防法第六十二条规定："国家和社会抚恤优待残疾军人，对残疾军人的生活和医疗依法给予特别保障。"残疾人保障法第十二条规定："国家和社会对残疾军人、因公致残人员以及其他为维护国家和人民利益致残的人员实行特别保障，给予抚恤和优待。"

军人抚恤优待条例对现役军人因战、因公、因病致残，由军队规定的审批机关在医疗终结后，根据其丧失劳动能力及影响生活能力程度，评定伤残等级，享受国家和社会的抚恤优待进行了规定。具体内容主要涉及到了生活优待、医疗优待、就业入学优待、交通优待等几个方面。

（三）对军人家属的优待

国家和社会对现役军人家属在随军、安置、就业、医疗、住房、生活补助、子女入托、入学等方面给予优待。对经过法定机关批准，取得革命烈士证明和革命军人病故证书的革命烈士家属、因公牺牲、病故的家属实行优待和抚恤。

具体包括：享受国家发放的抚恤金；同等条件下，享有就业、入学、入托、入伍、救济、贷款、分配住房的优先权；医疗费用的减免；家居农村的烈士家属符合招工条件的，当地人民政府应安排其中一人就业；享受规定的抚恤和补助待遇的家属和因公牺牲、病故军人的家属生活仍有困难的，由其所在地人民政府给予优待照顾等。

（四）义务兵享有的特别优待

义务兵是我国兵员体制的重要组成部分，法律法规对义务兵享有的抚恤优待有特殊规定，如义务兵入伍前是农业户口的，责任田和自留地（山、林）等继续保留；入伍前是企业事业单位职工的，其家属继续享受原有的劳保福利待遇；义务兵从部队发出的平信，免费邮递；义务兵退出现役后，报考高等院校和中等专业学校，在和其他考生同等条件下，优先录取；农村籍义务兵退役后，由乡、民族乡、镇的人民政府妥善安排他们的生产和生活；城镇籍义务兵退役后，由县、自治县、市、市辖区人民政府安排工作，入伍前是机关、团体、企业事业单位正式职工的，允许复工、复职；农村的义务兵家属，由乡、镇政府采取平衡负担的办法给予优待，发放定期优待金、口粮和其他实物，代耕土地，减免提留等；城镇的义务兵家属，生活困难时由县、市、区政府给予适当补助等。

以案释法 13

军人抚恤金纠纷案

严甲系海军某基地机关第三离职干部休养所副军职退休干部，于2011年6月22

日病故，姜某系严甲配偶。2011年11月17日，姜某至区民政局申请办理定期抚恤金。经查，姜某为部队后勤部招待所退休人员，退休工资为每月人民币（以下币种均为人民币）1590.7元，区民政局根据2004年8月1日公布的军人抚恤优待条例及沪民优发[2006]18号文等规定，认定姜某属定期抚恤对象。当时该市定期抚恤金标准为每月1910元，因姜某属于超过退休年龄且收入水平低于相应定期抚恤金标准的病故军人的配偶，姜某可享受的定期抚恤金差额补助为每月319.3元。区民政局遂于2011年12月起将钱款直接支付至姜某银行账户内，姜某业已收悉。后姜某认为区民政局拒绝发放定期抚恤金，侵犯其合法权益，遂诉至法院，要求判令区民政局履行职责，足额发放定期抚恤金及颁发定期抚恤金领取证。

释解

军人抚恤优待条例第五条规定，县级以上地方人民政府民政部门主管本行政区域内的军人抚恤优待工作。该区民政局具有认定定期抚恤对象以及核定、发放抚恤金的职权。军人抚恤优待条例第十六条规定："对符合下列条件之一的烈士遗属、因公牺牲军人遗属、病故军人遗属，发给定期抚恤金：……（一）父母（抚养人）、配偶无劳动能力、无生活费来源，或者收入水平低于当地居民平均生活水平的……"本案中，姜某属病故军人遗属，应认定为定期抚恤对象。该区民政局根据沪民优发[2006]18号文的规定，核定并向姜某发放差额补助，已履行相应的法定职责。定期抚恤金是民政部门给予符合条件的烈士遗属、军人遗属的抚恤优待措施，目的是保障抚恤优待对象的生活不低于当地的平均生活水平。发放定期抚恤金可有多种形式，发放差额补助也是定期抚恤的一种形式。沪民优发 [2006]18号文第二条规定并未违反军人抚恤优待条例的原则规定，既保障了优抚对象的生活水平不低于当地的平均生活水平，又体现了公平、合理的原则。对于姜某认为区民政局未履行向其颁发定期抚恤金领取证的法定职责的问题，定期抚恤金领取证是优抚对象领取定期抚恤金的凭据。现区民政局基于便民原则，主动通过银行划账的方式发放定期抚恤金等，不再向优抚对象颁发定期抚恤金领取证，该举措并未侵害姜某的合法权益。

第二节　烈士褒扬

一、烈士褒扬的概念

革命烈士褒扬是政府赋予民政部门的一项重要职能，既是优抚保障的重要内容，又是社会主义精神文明建设的重要组成部分。它对褒扬先烈们的丰功伟绩，抚慰烈士家属，激发人们献身革命事业，树立新的道德风尚，有着重要的政治意义。

《烈士褒扬条例》第三条规定：“国家对烈士遗属给予的抚恤优待应当随经济社会的发展逐步提高，保障烈士遗属的生活不低于当地居民的平均生活水平。全社会应当支持烈士褒扬工作，优待帮扶烈士遗属。国家鼓励公民、法人和其他组织为烈士褒扬和烈士遗属抚恤优待提供捐助。”

二、烈士褒扬的形式

（一）传统的烈士褒扬形式

传统的褒扬形式包括烈士批复和追认工作，国家相继推出了一些重大节日的扫祭活动，国庆纪念日向人民英雄纪念碑进行扫祭的活动被固定下来，多次修缮烈士纪念建筑物，将一些革命烈士墓列为文物保护对象，进行重点保护，加强零散烈士纪念设施抢救保护工作，编纂大量烈士事迹。

烈士褒扬金也是褒扬烈士的重要形式。《烈士褒扬条例》第十一条规定：“国家建立烈士褒扬金制度。烈士褒扬金标准为烈士牺牲时上一年度全国城镇居民人均可支配收入的30倍。战时，参战牺牲的烈士褒扬金标准可以适当提高。”

（二）新的烈士褒扬形式

随着互联网的发展，国家开始注重用网络褒扬和缅怀烈士，主要有在网上设立烈士纪念馆、举行悼念仪式等方式，而在这些网络褒扬方式中既有国家办理的，也有社会自发组织的。

现在建的网上烈士纪念馆比较多，包括爱国主义教育基地网上纪念馆、中国人民志愿军网上纪念堂、中国革命烈士网上纪念馆、抗冰救灾烈士纪念馆及对越自卫还击战烈士陵园等。这些烈士纪念馆主要分为两大类：一类是网友自发建立，包括对越自卫还击战烈士陵园等；另一类就是国家设立，例如爱国主义教育基地网上纪念馆。这些网上纪念馆都对设立纪念馆的原因、烈士名单等进行介绍，应当说，内容是比较丰富的。同样网上悼念的方式也是多样的，包括网上陵园、网上祭奠、在乡追悼会、网上纪念堂等。

以案释法 14

烈士纪念日国家领导人向人民英雄敬献花篮

2013年10月1日是中华人民共和国成立64周年纪念日。上午，党和国家领导人习近平、李克强、张德江、俞正声、刘云山、王岐山、张高丽等来到北京天安门广场，与首都各界代表一起，向人民英雄纪念碑敬献花篮，深切缅怀为民族独立、人民解放、国家富强、人民幸福英勇献身的革命先烈，表达全党全国各族人民继往开来、奋力推进中国特色社会主义伟大事业的坚定信念。

释解

“大力宣扬革命烈士的高尚品质”被视为褒扬制度建设的一项基本内容，而悼念扫祭则是对烈士精神宣扬、缅怀革命先烈英雄事迹的一种较好的方式。身处和平年代，仍不应忘记为争取民族独立和人民解放作出牺牲的革命先烈，这一方面是民族凝聚力的需要，另一方面也是对全面依法治国的回应。

第三节　军休安置

一、军休安置的概念

（一）军休安置的概念

军休安置是直接服务于军队和国防建设的一项重要工作。主要职能是对军休干部接收安置并实施服务管理。就工作而言，是指国家对军队干部退出现役，离休、退休后移交地方政府安置，政府对其晚年生活作出妥善安排的组织管理活动。就制度而言，是指以军休干部为对象，以国家和社会提供养老、福利、服务为主要内容的一种社会保障制度。

（二）军休干部的概念

军休干部是指达到法定或政策规定离退休年龄并符合离（退）休条件的军队干部。其内涵体现在两个方面：

第一，身份的限定。身份限定就是仅指符合离退休条件的军队干部或是符合一定条件作退休安置的退出现役的士官。

第二，年龄的界定。根据1982年1月4日《国务院、中央军事委员会关于军队干部离职休养的暂行规定》第一条的规定，符合离休条件的军队干部，离休的年龄为：师职以下干部年满五十五周岁，军职干部年满六十周岁，兵团职和大军区职干部年满六十五周岁。身体不能坚持正常工作的，可提前离休。因工作需要，身体又能坚持正常工作的，可推迟离休。已离队的退休干部，符合离休条件的，由地方组织、人事部门负责改办离休。

对军休服务管理工作而言，对军休干部的理解有广义和狭义两种说法：狭义的军休干部特指移交地方政府安置的军队离退休干部，广义的军休干部包括退休士官在内的所有移交政府安置的享受军队离退休待遇的人员。

二、军休安置制度的历史背景

我国于1958年建立军队干部离休退休制度，这是一项保障军队现代化建设的重要制度。国家不建立退休制度就会影响到整个国家的生气，军队不建立退休制度也就不能保持自己的生气。军队离休退休干部移交地方政府安置管理，也是我国军人社会保障制度的重要组成部分。

军人作为一个特殊的职业，其相比于其他职业的最大特点就在于高风险性和高付出性。军人既要面临战争时期的流血牺牲，又要面临和平时期的高强度的军事训练和特殊生存环境所带来的人身损害，退出现役时还将面临重新就业的选择和由此而致的失业风险。军人职业的特殊性决定了其权益保障的特殊性，对于军人合法权益的保障应优先于其他社会成员，以体现国家和社会对于军人职业风险和奉献价值的认同。

作为军人社会保障制度之一，军队干部离休退休后移交地方政府安置管理，规定了军人面临丧失劳动能力以及伤残、年老等情况时，以给付保障资金的方式给予一定的经济补偿，担当的是消除军人后顾之忧，维护经济社会稳定，提高军队战斗力的作用。对此，党中央和国务院始终给予高度重视。

三、军休安置服务管理机构的设置

军休所是军休服务管理的主要机构，因此军休所建设是军休安置管理工作的重要内容之一，它面临着双重任务：一是军休所的自身建设和管理；二是对军休干部的服务和管理。要做好服务管理工作，必须首先搞好军休所的自身建设，提高管理水平。

军休所建设涵盖了五个方面的内容：

（一）组织建设

军休所实行所长负责，党组织保证监督，军队离退休干部参与民主管理的制度。所长负责是指所长负责军休所的全面工作，既负责军休所的行政管理，又要领导全所做好军休干部的服务管理工作，并按规定实行民主管理，行使军休所人、财、物的管理权。党组织保证监督是指军休所的党组织要加强自身的思想建设和组织建设，发挥党的基层组织战斗堡垒作用和党员的先锋模范作用，保证、监督党和国家方针政策的贯彻执行，特别是保证有关军休干部的政策规定在军休所得到落实，保证办所的正确方向。离退休干部参与民主管理主要是通过在所内成立军队离退休干部管理委员会（以下简称管委会）来实现的，管委会支持和监督军休所建设，把工作做好。实践证明，健全的组织，协调的配合，是搞好军休所建设的可靠保证。

（二）制度建设

早在1985年安置工作会议就已经明确提出，不仅要建立服务管理机构，还要制订各项管理制度。在民政部3号令颁布之前，全国各地区的军休所都制订实行了方方面面的规章制度，对推动军休所工作的健康发展起到了非常重要的作用，为实现军休所工作规范化、管理科学化打下了坚实基础。1990年《军队离休退休干部休养所暂行规定》（现已失效）实施后，各地相应制订了贯彻该规定的实施办法，并进一步完善了原有的规章制度。实践证明，较为全面、完善的规章制度是实现规范化管理，提高服务管理水平的前提条件。

（三）职工队伍建设

端正的思想态度和过硬的基本功是做好服务管理工作的必要条件。军休所工作政策性强，要求军休所工作人员不仅要有强烈的事业心和责任感，还要有较高的思想素质和业务水平。在思想建设方面，要对职工进行宗旨教育，树立全心全意为军休干部服务的思想，把党和政府的关怀送到军休干部的心坎上。

在职业道德建设方面，要教育职工热爱本职工作，树立服务管理工作光荣感和荣誉感，要做到解答问题耐心细致，具体工作认真周到。在政策和业务教育方面，要教育职工认真学习党和政府对军休工作的大政方针及原则规定。在相应的知识教育方面，要教育职工注意学习老年学方面的知识，正确把握老年人的心理特征和特殊需求；注意学习党史和军史，进一步了解军休干部的光荣历史，增进相互了解和沟通；注意学习管理心理学，讲究工作艺术和方法；还要注意学习有关技能，提高服务质量和水平。

（四）军休所服务设施建设

军休所的服务设施是军休所服务网络的重要组成部分，它与社会服务网络相结合，有力保障了军休干部“两个待遇”的落实。按照有关规定，军休所的附属用房一般包括车库、医务室、活动室等，特别是医务室、活动室，都是直接为军休干部服务的。军休所医务室，具有心电图、透视、化验、理疗等功能，可以保证常见病的常规治疗。军休所的活动室是军休干部日常娱乐活动场所，一般备有各类棋牌、台球、乒乓球等。还有阅览室，订有多种报刊，供军休干部学习、阅读。其他诸如修整所内道路、绿化美化环境等，为老同志创造良好的休养环境。

在加强军休所建设的同时，各地民政部门还十分重视军休所管理问题，最大限度地发挥出军休所综合能力，创造出最佳的服务管理工作效益。从某种意义上说，管理就是在制度建设的基础上抓落实的问题。军休所的管理有以下几个特点：一是分工负责是军休所管理的主要组织形式。军休所除了党、政、群组织有明确的分工外，下设机构及具体工作人员都实行分工负责制，各类岗位责任制既增强了部门或职工的责任心，也提高了整体效率。二是人、财、物是军休所管理的主要内容。军休所是人、财、物等保障手段的载体，管好用好人、财、物，充分发挥其物质保障功能，始终是军休所管理的核心问题。三是行政和思想政治工作是军休所管理的主要方法。通过行政制度的约束和对人的思想政治工作来调整军休所职工的行为，并通过这种行为达到财、物的合理使用。四是制定目标和信息交流是军休所管理的主要过程。各地军休所普遍开展的达标活动、争先创优活动以及各种形式的经验交流活动，有力地促进和完善了军休所工作。

（五）军休所的军休干部管委会建设

军休所成立军队离退休干部管理委员会，是军休所服务管理模式的一个重要特点。《军队离休退休干部服务管理办法》中明确规定，干休所的军队离退休干部管理委员会，是所内军队离退休干部自我教育、自我服务、自我管理的组织。管理委员会成员由民主选举产生。其主要职能是：协助所长和党组织搞好军休所建设，发挥参谋、协调、监督作用；反映老干部的合理意见，维护老干部的合法权益。多年来，管委会在开展军休干部的思想政治工作、协调工休关系、支持和监督军休所工作方面发挥了不可缺少的积极作用，成为军休所服务管理模式的重要组成部分。

管委会的核心问题，是发挥军休干部作用以及如何发挥作用的问题：一是自我教育的示范作用。从政治上关心爱护老干部，做好他们的思想政治工作是党的老干部工作的一个重要方面。管委会在教育军休干部珍惜荣誉、发扬革命传统、保持革命晚节方面具有很强的感召力，对不良思想倾向敢于坚持原则，大胆批评，取得了很好的效果。二是自我服务的核心作用。管委会的整个工作和诸多方面的作用都属于自我服务范畴，是“三自我”的核心。三是自我管理的实践作用。军休所及其服务管理工作为军休干部提供了用武之地，管委会为军休干部施展才干规范了活动方式。军休干部对军休所工作的合理化建议以及维护自己的合法权益都是通过管委会来反映的，有些工作计划、改进措施、正常的监督也是由管委会组织实施的。四是工休团结的促进作用。工休人员同在军休所，把军休所办好是大家的共同心愿。管委会在军休干部之间、工休之间的协调、桥梁和纽带作用十分重要。

第四节　退休安置

一、退休制度的相关概念

（一）退休制度的概念

退休制度，即是关于退休行为的规则，是人们在退出劳动领域后也能够获得生存资料的规则。国务院关于工人退休、退职的暂行办法规定：“老年工人和因工、因病丧失劳动能力的工人，对社会主义革命和建设做出了应有的贡献。妥善安置他们的生活，使他们愉快地度过晚年，这是社会主义制度优越性的具体体现，同时也有利于工人队伍的精干，对实现我国的四个现代化，必将起促进作用。”

退休制度包括了退休的义务、权利和条件三方面的内容，退休的条件主要包括退休年龄、工作年龄、身体条件等；退休的义务主要指缴费义务；权利指的就是养老金的领取。

（二）退休年龄

退休年龄是退休制度中最为关键的一个概念。退休年龄，是指一个国家从社会经济发展的需要出发，根据人口的平均寿命及劳动力供应状况等因素，对劳动年龄所作的上限规定。

退休年龄有法定退休年龄和实际退休年龄之分。所谓法定退休年龄就是指由养老保险制度统一规定的理论退休年龄；实际退休年龄是指由个别情况决定的，劳动者事实上退出劳动领域的年龄。之所以提出这两个概念，是因为在下文中要提出的我国的提前退休现象。提前退休正如字面意思所讲，是指早于法定退休年龄，提早退出劳动领域，享受退休待遇的一种退休状态。

（三）工作年龄

工作年龄，也就是工龄，通常是与退休年龄相联系的，一般在退休制度中，指从参加工作起到退休之间的时间长短，表述为工作时间满一定年份之后，可以领取退休金。工作年龄的长短与退休金的额度也有联系，同类工作、相同年龄退休的人，工龄越高则退休金相应地也就高。

（四）身体条件

之所以列出这个概念，是因为在许多国家的退休制度中，列明了身体状况可以作为提前退休的条件。除了特殊的工种之外，身体条件就成了提前退休的必要条件，或表述为生理上有缺陷，或表述为经医院证明丧失劳动能力，这些人群可以提前退休，而不必达到制度所规定的退休年龄。

二、退休的条件

无论是干部还是工人退休，都必须符合法定条件，我国退休制度规定了退休者必须满足以下条件才可以从工作领域退出，享受退休待遇。

（一）年龄条件

一般情况下，党政机关、群众团体、企业、事业单位的干部，退休年龄男年满六十周岁，女年满五十五周岁，而全民所有制企业、事业单位和党政机关、群众团体的工人，退休年龄男年满六十周岁，女年满五十周岁。干部和工人的退休年龄，男的均为六十周岁，女干部则比工人延长了五年。

（二）工龄条件

干部和工人无论是按规定正常退休，还是因工作性质，劳动强度和身体状况提前退休，都必须是工作时间满十年的才符合退休条件。对干部和工人工作时间要求所不同的是，干部是参加工作年限，工人是连续工作时间。

（三）身体条件

干部经过医院证明，工人除由医院证明外并经劳动鉴定委员会确认，完全丧失工作能力的，凡男年满五十周岁，女年满四十五周岁，参加工作年限满十年或连续工龄满十年的，均可提前退休。

工残条件如下：因工致残，干部经过医院证明，工人除由医院证明外并经劳动鉴定委员会确认，完全丧失工作能力的，不受年龄、参加工作年限或连续工龄的限制，都可以提前办理退休。

（四）工作条件

工人从事井下、高空、高温、特别繁重体力劳动或者其他有害身体健康的工作，男年满五十五周岁，女年满四十五周岁，连续工龄满十年的，可以提前退休。这个条件主要是对工人作出的规定，但也适用于工作条件与这些工人相同的基层干部。

（五）职称条件

根据国务院关于高级专家离休退休若干问题的暂行规定，对于确因工作需要，身体健康能够坚持正常工作的少数高级专家，征得本人同意，并按干部管理权限，经任免机关批准后，其退休年龄可以适当延长。

三、退休年龄调整的意义

（一）退休年龄与养老金

退休年龄的调整，关乎养老金支付多寡的问题，关乎如何制定养老金支付的计划。一定时期内，养老保险的收入是一定的，所以养老金支付是影响一国养老保障体制存续和运转的主要因素。在给付水平一定的情况下，需要支付的养老金总额与领取养老金的人数和领取时期长短有关。领取养老金的人数又受到退休年龄和人口年龄结构的影响，也就是人口老龄化程度的影响。而领取时间的长短则与人口的平均预期寿命和退休年龄有关。

（二）退休年龄与经济竞争力

退休金无论是通过两代人间的转移支付或是同代人的积累方式进行分配，无论是雇主交费还是雇员交费，无论是作为工资的一部分还是作为利润的一部分，在经济过程中它总是表现为劳动力成本的一部分。假设其他条件均不变，那么退休年龄越早，劳动力成本愈高，竞争能力越弱。

（三）退休年龄与劳动力市场

退休年龄与劳动力市场紧密相关。劳动力市场每年都会有新的劳动力进入，同时也会有老的劳动力退出，新老劳动力的交替使得劳动力市场得以延续和正常运行。

每年进入劳动力市场的劳动力数量主要由当年到达劳动年龄的人口数量决定。而在人口年龄结构一定的情况下，到达劳动年龄的人口的数量是确定的。每年退出劳动力市场的劳动力数量则主要由当年到达退休年龄的人口数量决定。而决定退休年龄人口数量的指标就是退休年龄。因此，退休年龄可以通过决定每年退出劳动力市场的人口数量来影响劳动力市场。即在人口年龄结构既定的情况下，每年进入劳动力市场的劳动力数量是一定的，而退出劳动力市场的劳动力数量是可以根据退休年龄的制定来控制的。

提高退休年龄，则当年到达退休年龄的劳动力人口减少，从而退出劳动力市场的劳动力人口就减少，当年劳动力市场劳动力总量就增加，就业压力相对加大。反之，降低退休年龄，则当年到达退休年龄的劳动力人口增加，从而退出劳动力市场的劳动力人口就增加，当年劳动力市场劳动力总量就减少，就业压力相对减少。

以案释法 15

侯某诉某设备厂遗失人事档案索赔案

侯某1953年10月10日出生，1980年4月7日到某设备厂（集体企业）参加工作，后该厂改制为私企，更名为沈阳某设备厂。原告从事喷漆工作，1992年底下岗。下岗后单位不开工资，但养老保险、失业保险、工伤保险等保险费由单位缴纳。2008年，侯某因已到特殊工种退休年龄，向单位提出按特殊工种退休，单位在将侯某档案移交工业局的过程中遗失，致使侯某无法按特殊工种办理退休。

释解

人事档案是存在于人身之外，但能够为民事主体所支配和利用具有一定的经济价值并能满足人事档案当事人某种需要的物质财富。侯某是该设备厂职工，关于侯某要求被告补办档案一事，人事档案虽不是有价值的财产，却是特殊的种类物，是不可脱离人而存在的。该设备厂丢失侯某人事档案，已经侵犯侯某可能获得的合法权益。

关于侯某要求该设备厂赔偿因丢失原告档案造成侯某经济损失的经济赔偿金5万元的诉求，法院认为，因丢失档案造成侯某不能按特殊工种退休，使侯某可得的经济利益丧失，有损害就应该得到赔偿。该设备厂负有保管档案义务，故其应赔偿原告经济损失。其赔偿额依据法律、法规、相应政策及该市当地人均生活水平等情况综合确定。现经侯某咨询与其条件相当人员在2008年左右提前退休每月可得退休金1800元～2100元。按此计算，如果原告提前5年按特殊工种退休可以得到超出5万元的退休金，故其经济损失大于5万元，而侯某请求5万元，法院就其请求为限，对于侯某的5万元请求应予准许。

第七章

减灾救灾

导读

减灾救灾事业是中国共产党领导社会建设的重要内容。无论是在新民主主义革命时期，社会主义建设探索时期，还是在改革开放新时期，中国共产党一直高度重视救灾减灾事业，时刻把提高救灾减灾能力作为维护广大人民群众根本利益的重要保证，以及巩固党的执政地位和提高党的执政能力的重要标尺。改革开放以来，党和国家在借鉴历史经验的基础上，在实践中不断探索救灾减灾工作的新思路和新方法，形成了行之有效的救灾减灾体制与机制，并取得了显著成效。

第一节　灾情核查

一、突发事件应对法对灾情核查的规定

（一）责任与分工

突发事件应对法第四条规定：“国家建立统一领导、综合协调、分类管理、分级负责、属地管理为主的应急管理体制。”

国家建立有效的社会动员机制，增强全民的公共安全和防范风险的意识，提高全社会的避险救助能力。

县级人民政府对本行政区域内突发事件的应对工作负责；涉及两个以上行政区域的，由有关行政区域共同的上一级人民政府负责，或者由各有关行政区域的上一级人民政府共同负责。

突发事件应对法第八条规定：“国务院在总理领导下研究、决定和部署特别重大突发事件的应对工作；根据实际需要，设立国家突发事件应急指挥机构，负责突发

事件应对工作；必要时，国务院可以派出工作组指导有关工作。

县级以上地方各级人民政府设立由本级人民政府主要负责人、相关部门负责人、驻当地中国人民解放军和中国人民武装警察部队有关负责人组成的突发事件应急指挥机构，统一领导、协调本级人民政府各有关部门和下级人民政府开展突发事件应对工作；根据实际需要，设立相关类别突发事件应急指挥机构，组织、协调、指挥突发事件应对工作。

上级人民政府主管部门应当在各自职责范围内，指导、协助下级人民政府及其相应部门做好有关突发事件的应对工作。”

（二）灾情应急预案

国务院制定国家突发事件总体应急预案，组织制定国家突发事件专项应急预案；国务院有关部门根据各自的职责和国务院相关应急预案，制定国家突发事件部门应急预案。

地方各级人民政府和县级以上地方各级人民政府有关部门根据有关法律、法规、规章、上级人民政府及其有关部门的应急预案以及本地区的实际情况，制定相应的突发事件应急预案。

应急预案制定机关应当根据实际需要和情势变化，适时修订应急预案。应急预案的制定、修订程序由国务院规定。

应急预案应当根据突发事件应对法和其他有关法律、法规的规定，针对突发事件的性质、特点和可能造成的社会危害，具体规定突发事件应急管理工作的组织指挥体系与职责和突发事件的预防与预警机制、处置程序、应急保障措施以及事后恢复与重建措施等内容。

城乡规划应当符合预防、处置突发事件的需要，统筹安排应对突发事件所必需的设备和基础设施建设，合理确定应急避难场所。

县级人民政府应当对本行政区域内容易引发自然灾害、事故灾难和公共卫生事件的危险源、危险区域进行调查、登记、风险评估，定期进行检查、监控，并责令有关单位采取安全防范措施。

省级和设区的市级人民政府应当对本行政区域内容易引发特别重大、重大突发事件的危险源、危险区域进行调查、登记、风险评估，组织进行检查、监控，并责令有关单位采取安全防范措施。

县级以上地方各级人民政府按照突发事件应对法规定登记的危险源、危险区域，应当按照国家规定及时向社会公布。

县级人民政府及其有关部门、乡级人民政府、街道办事处、居民委员会、村民委员会应当及时调解处理可能引发社会安全事件的矛盾纠纷。

所有单位应当建立健全安全管理制度，定期检查本单位各项安全防范措施的落实情况，及时消除事故隐患；掌握并及时处理本单位存在的可能引发社会安全事件的问题，防止矛盾激化和事态扩大；对本单位可能发生的突发事件和采取安全防范措施的情况，应当按照规定及时向所在地人民政府或者人民政府有关部门报告。

（三）监测

国务院建立全国统一的突发事件信息系统。

县级以上地方各级人民政府应当建立或者确定本地区统一的突发事件信息系统，汇集、储存、分析、传输有关突发事件的信息，并与上级人民政府及其有关部门、下级人民政府及其有关部门、专业机构和监测网点的突发事件信息系统实现互联互通，加强跨部门、跨地区的信息交流与情报合作。

县级以上人民政府及其有关部门、专业机构应当通过多种途径收集突发事件信息。

县级人民政府应当在居民委员会、村民委员会和有关单位建立专职或者兼职信息报告员制度。

获悉突发事件信息的公民、法人或者其他组织，应当立即向所在地人民政府、有关主管部门或者指定的专业机构报告。

地方各级人民政府应当按照国家有关规定向上级人民政府报送突发事件信息。县级以上人民政府有关主管部门应当向本级人民政府相关部门通报突发事件信息。专业机构、监测网点和信息报告员应当及时向所在地人民政府及其有关主管部门报告突发事件信息。

有关单位和人员报送、报告突发事件信息，应当做到及时、客观、真实，不得迟报、谎报、瞒报、漏报。

（四）灾情预警

可以预警的自然灾害、事故灾难和公共卫生事件的预警级别，按照突发事件发生的紧急程度、发展势态和可能造成的危害程度分为一级、二级、三级和四级，分别用红色、橙色、黄色和蓝色标示，一级为最高级别。

预警级别的划分标准由国务院或者国务院确定的部门制定。

可以预警的自然灾害、事故灾难或者公共卫生事件即将发生或者发生的可能性增大时，县级以上地方各级人民政府应当根据有关法律、行政法规和国务院规定的权限和程序，发布相应级别的警报，决定并宣布有关地区进入预警期，同时向上一级人民政府报告，必要时可以越级上报，并向当地驻军和可能受到危害的毗邻或者相关地区的人民政府通报。

突发事件应对法第四十四条规定：“发布三级、四级警报，宣布进入预警期后，县级以上地方各级人民政府应当根据即将发生的突发事件的特点和可能造成的危害，采取下列措施：（一）启动应急预案；（二）责令有关部门、专业机构、监测网点和负有特定职责的人员及时收集、报告有关信息，向社会公布反映突发事件信息的渠道，加强对突发事件发生、发展情况的监测、预报和预警工作；（三）组织有关部门和机构、专业技术人员、有关专家学者，随时对突发事件信息进行分析评估，预测发生突发事件可能性的大小、影响范围和强度以及可能发生的突发事件的级别；（四）定时向社会发布与公众有关的突发事件预测信息和分析评估结果，并对相关信息的报道工作进行管理；（五）及时按照有关规定向社会发布可能受到突发事件危害的警告，宣传避免、减轻危害的常识，公布咨询电话。”

突发事件应对法第四十五条规定：“发布一级、二级警报，宣布进入预警期后，县级以上地方各级人民政府除采取本法第四十四条规定的措施外，还应当针对即将发生的突发事件的特点和可能造成的危害，采取下列一项或者多项措施：（一）责令应急救援队伍、负有特定职责的人员进入待命状态，并动员后备人员做好参加应急救援和处置工作的准备；（二）调集应急救援所需物资、设备、工具，准备应急设施和避难场所，并确保其处于良好状态、随时可以投入正常使用；（三）加强对重点单位、重要部位和重要基础设施的安全保卫，维护社会治安秩序；（四）采取必要措施，确保交通、通信、供水、排水、供电、供气、供热等公共设施的安全和正常运行；（五）及时向社会发布有关采取特定措施避免或者减轻危害的建议、劝告；（六）转移、疏散或者撤离易受突发事件危害的人员并予以妥善安置，转移重要财产；（七）关闭或者限制使用易受突发事件危害的场所，控制或者限制容易导致危害扩大的公共场所的活动；（八）法律、法规、规章规定的其他必要的防范性、保护性措施。”

以案释法 16

突发事件应对行为被诉案

万某在某村娄家湾社有一幢两层楼的居民建筑。2009年4月21日16时许，该楼发生爆炸事件（以下简称“4.21”爆炸事件），致使万某长子万华及其儿媳封某死亡。楼上的房屋全部被炸毁，一楼堂屋对应的二楼水泥浇铸地板损毁最为严重，全被击穿。爆炸发生后，镇政府组织成立善后处理领导小组并及时上报该区区委和区人民政府等相关单位。2009年4月21日，区政法委书记艾某、区政府副区长张某赶赴现场指挥处置工作。同日成立事件调查组和善后工作组。

区政府有关部门于2009年4月22日凌晨2时和上午两次用仪器对现场废墟内是否存在未爆炸的火药进行现场清理。为防止发生意外，公安机关要求现场一律手工作业，同时由市公安局治安总队及分局治安支队相关职业技术人员自始至终在现场进行监管。市公安局该区分局的调查结论认为，“4.21”爆炸事件是万华自制鞭炮不慎引起的爆炸事件。

后为防止次级灾害发生，区政府组织人员对万某毁损房屋进行了全面拆除。2011年4月7日，万某以特快专递方式首次向该区人民法院提交行政诉状，要求法院确认镇人民政府、市公安局该区分局在“4.21”爆炸事件处置中未履行法定职责违法。

释解

被诉行政主体向人民法院举示的证据能够证明万某的房屋经爆炸后，第二层房屋被全部炸毁，第一层房屋部分屋顶塌陷，房屋处于危险状态；万某被炸毁房屋内的财产在房屋被拆除前已经转移出来等事实。被诉行政主体在组织有关部门消除了爆炸隐患情况下，为防止次生灾害、疫情灾害的发生，对处于危险状态的房屋采取拆除的必要措施，并无不当。

对于万某认为《关于4.21受损情况申报》《住房补助申请》中关于房屋、屋内财产被炸毁的表述并非其真实意思表示的问题，因万某未对其签名的真实性提出异议，也未提交其他证据予以证明，该理由不能成立。

对于万某认为被诉行政主体拆除房屋程序违法的问题，因突发事件应对法并未对履行统一领导职责的人民政府所采取的应急处置措施作出具体的程序性规定，为此万某亦不能证明被诉行政主体在该应急处置突发事件中拆除房屋程序违法，该理由亦不能成立。

第二节　应急救助

一、我国应急救助思想演变的特点

（一）灾害管理理念从救灾抗灾为主转向防灾减灾为主

20世纪90年代以前，中国的救灾理念更为关注灾害来临之后的救灾和抗灾环节，虽然也有防救相结合的思想，但是从政府角度来说，却没有真正有计划地做好防灾减灾工作。1989年中国成立中国国际减灾十年委员会后，针对自然灾害的特点，进行减灾工程和非工程的建设，并在减灾领域开展了广泛的国际交流与合作，有效地促进了中国防灾减灾事业的发展。减灾是通过工程措施和非工程措施来防止和减少自然灾害的发生，降低灾害带给人类社会的损失。减灾包括减少自然灾害和减轻灾害带来的损失两个方面的含义。我国古代修筑了一系列的水利工程，对于水灾和旱灾具有一定的积极作用。所谓的非工程建设，是指通过政策、法规、方针、制度等，除工程措施以外的其他技术手段，有效防御降低灾害带来的损失；此外，及时有效的灾害救助措施，也能够减轻灾害带来的相关损失。

（二）灾害管理目标从减少经济损失转向以人为本

建国初期的计划经济体制下，国家的经济实力、社会物资条件等方面发展落后，党和政府提出了“以救人为第一”“不要饿死一个人”的救灾目标，但是仔细分析却不难发现，这些目标主要集中于灾害发生后的紧急生命救援。过去在抢险斗争中，为减少经济损失，出现了很多因抢救国家和集体的财产而牺牲个人生命的现象，媒体部门突出宣传为此作出牺牲的人和事。类似的做法事实上是以物为本理念的体现。

计划经济条件下，在很长一段时间内，提起救灾想到的便是救灾款、救灾物资的发放，并且将款物发放作为衡量救灾工作质量高低的重要标准。“以物为本”“以钱为本”的思想居于主导地位，随着以人为本执政理念的提出，客观上要求救灾工作的中心不能放在救灾款物的讨论上，“以人为本”全方位的救助指导思想才能顺应时代发展的要求。“以人为本”思想指导下的救灾行动，就是以灾民为本，从受灾地区人民的实际需求出发，制定救助预案、安排转移安置事项，努力确保人民群众的生命财产安全，救灾行动的重点落在确保人的生命安全上。

以“灾区人民生命与生活为第一位”的理念已经取代了“以国家荣誉为重，以灾区人民为次”的观念。政府将受灾群众的生活需求和艰难的处境作为救灾决策的重要参考依据，以群众的切身利益为重，甚至可以付出经济损失的代价。由于以人为本的救灾管理理念，才有抗震救灾活动中不惜一切代价千方百计救人的实际行动，人民生命高于一切是抗灾救灾的最高原则，尽最大可能和最大努力，不放弃任何希望。此外，以人为本理念也体现为更多的社会成员加入减灾救灾的行动，社会群体在救灾中担负了一定的责任，改变传统体制下救灾完全依靠政府自上而下依靠行政命令的指挥模式。

（三）灾害管理从经验模式转向制度化专门应对

自古以来，我国就有关于自然灾害、瘟疫、饥荒等灾难的记载，防灾、抗灾、救灾的指导思想和具体措施有着几千年的历史记录，反映了先民们对抗天灾的智慧。但是这些记载大多能够解决灾时的救助问题，却没能形成科学系统的管理体系，呈现分散化和临时化的特点。

新中国成立后，随着社会生产的不断发展和人类活动范围的不断扩大，包括自然灾害在内的很多突发性事件不断增加，并呈现愈演愈烈的趋势。在这种形势下，政府却没有建立起与之相适应的一套专门应对突发事件的应急管理体系，对于各种灾害的管理是经验型和临时性的应急机制。

2003年春夏之交，一场突如其来的非典事件，突出显示了我国传统的日常管理与危机管理体制建设的不足，非典斗争取得胜利后，我国将应急管理建设提上重要的议事日程，随后以“一案三制”建设为理论指导的应急管理体系建设在我国迅速展开。

2006年，国务院应急管理办公室的成立是灾害管理常态化和专门化的重要标志。2007年，灾害管理领域的重要法律突发事件应对法的颁布实施，标志着应急管理体系的基本建成。此后，在应对和处置2008年南方冰冻雨雪灾害、汶川地震、玉树地震、四川雅安地震中发挥了重要而显著的作用，与此同时也出台了包括恢复重建法律法规在内的政策措施，灾害管理实现了制度化专门化应对。

（四）救灾责任从中央政府包揽一切转向中央、地方分级负责、分级管理

一般来说，灾害管理模式可分为两种，即传统救灾模式和现代救灾模式。

计划经济条件下，政治上高度集权，国家发生的所有灾害，无论大灾还是小灾，中央政府统包统揽救灾的一切工作，灾害发生时的抢险救援、灾后灾民生活的恢复，中央政府负责救灾资金的发放和使用，地方政府由于没有独立的财政权，灾害发生过后只是负责灾情的统计和上报，以及救灾经费的分发。传统的救灾管理模式虽然使中央财政的救灾支出比例居高不下，中央政府背负了沉重的包袱，但在当时的历史条件下，仍然满足了救灾工作的需要，在稳定国家政权和社会安定方面起到了积极的作用，但是却形成了中央政府为唯一救灾管理主体的局面，灾民们“等、靠、要”的依赖心理在很长一段时间影响了救灾工作效率，“灾民找政府，下级找上级，全国找中央”的救灾局面在计划经济体制下长期存在。

与此不同，现代救灾工作的管理模式使救灾责任发生转移，中央和地方对灾害管理实行分级负责、分级管理的办法。针对传统灾害管理工作模式的不足之处，适应改革开放的新形势，全国上下、各行各业进入改革的阶段，为顺应这一历史发展趋势，国家对传统的救灾管理模式进行变革。围绕改变救灾款的使用办法，开展救灾经费包干、改变救灾款的无偿使用政策，救灾与扶贫相结合、救灾与保险相结合的办法，这些措施虽然没有改变救灾管理政府为唯一责任主体的局面，但是一定程度上调动了地方政府在救灾中的积极性和主动性。

1989年，为响应联合国的号召，中国国际减灾十年委员会成立，开展了减灾管理的实践，救灾管理改革也进入了新的阶段。1993年，民政部在全国救灾救济工作会议上提出了“实行救灾工作分级管理、救灾款分级承担的新思路”。随后在第十次全国民政工作会议上，将其作为“建立与经济发展水平相适应的社会保障制度”的重要措施，会议要求各级政策要从财政预算中划拨一定比例的救灾预备金，并且坚持专款专用，有灾救灾无灾积累。1993年以后，我国确立了救灾工作分级管理、救灾款分级承担的现代救灾工作模式，改变了传统救灾模式下中央政府负责一切自然灾害的局面，地方政府在救灾中有一定的责任，地方不再完全依赖于中央，也防止了地方政府在上报灾情时的瞒报或任意夸大的不良现象。救灾管理正朝着科学健康的良性方向发展。

二、突发事件应对法对应急救助的规定

（一）应急处置

突发事件应对法第四十九条规定："自然灾害、事故灾难或者公共卫生事件发生后，履行统一领导职责的人民政府可以采取下列一项或者多项应急处置措施：（一）组织营救和救治受害人员，疏散、撤离并妥善安置受到威胁的人员以及采取其他救助措施；（二）迅速控制危险源，标明危险区域，封锁危险场所，划定警戒区，实行交通管制以及其他控制措施；（三）立即抢修被损坏的交通、通信、供水、排水、供电、供气、供热等公共设施，向受到危害的人员提供避难场所和生活必需品，实施医疗救护和卫生防疫以及其他保障措施；（四）禁止或者限制使用有关设备、设施，关闭或者限制使用有关场所，中止人员密集的活动或者可能导致危害扩大的生产经营活动以及采取其他保护措施；（五）启用本级人民政府设置的财政预备费和储备的应急救援物资，必要时调用其他急需物资、设备、设施、工具；（六）组织公民参加应急救援和处置工作，要求具有特定专长的人员提供服务；（七）保障食品、饮用水、燃料等基本生活必需品的供应；（八）依法从严惩处囤积居奇、哄抬物价、制假售假等扰乱市场秩序的行为，稳定市场价格，维护市场秩序；（九）依法从严惩处哄抢财物、干扰破坏应急处置工作等扰乱社会秩序的行为，维护社会治安；（十）采取防止发生次生、衍生事件的必要措施。"

突发事件应对法第五十条规定："社会安全事件发生后，组织处置工作的人民政府应当立即组织有关部门并由公安机关针对事件的性质和特点，依照有关法律、行政法规和国家其他有关规定，采取下列一项或者多项应急处置措施：（一）强制隔离使用器械相互对抗或者以暴力行为参与冲突的当事人，妥善解决现场纠纷和争端，控制事态发展；（二）对特定区域内的建筑物、交通工具、设备、设施以及燃料、燃气、电力、水的供应进行控制；（三）封锁有关场所、道路，查验现场人员的身份证件，限制有关公共场所内的活动；（四）加强对易受冲击的核心机关和单位的警卫，在国家机关、军事机关、国家通讯社、广播电台、电视台、外国驻华使领馆等单位附近设置临时警戒线；（五）法律、行政法规和国务院规定的其他必要措施。

严重危害社会治安秩序的事件发生时，公安机关应当立即依法出动警力，根据现场情况依法采取相应的强制性措施，尽快使社会秩序恢复正常。"

（二）突发事件的救援

履行统一领导职责或者组织处置突发事件的人民政府，必要时可以向单位和个人征用应急救援所需设备、设施、场地、交通工具和其他物资，请求其他地方人民政府提供人力、物力、财力或者技术支援，要求生产、供应生活必需品和应急救援物资的企业组织生产、保证供给，要求提供医疗、交通等公共服务的组织提供相应的服务。

履行统一领导职责或者组织处置突发事件的人民政府，应当组织协调运输经营

单位，优先运送处置突发事件所需物资、设备、工具、应急救援人员和受到突发事件危害的人员。

履行统一领导职责或者组织处置突发事件的人民政府，应当按照有关规定统一、准确、及时发布有关突发事件事态发展和应急处置工作的信息。

任何单位和个人不得编造、传播有关突发事件事态发展或者应急处置工作的虚假信息。

突发事件发生地的居民委员会、村民委员会和其他组织应当按照当地人民政府的决定、命令，进行宣传动员，组织群众开展自救和互救，协助维护社会秩序。

受到自然灾害危害或者发生事故灾难、公共卫生事件的单位，应当立即组织本单位应急救援队伍和工作人员营救受害人员，疏散、撤离、安置受到威胁的人员，控制危险源，标明危险区域，封锁危险场所，并采取其他防止危害扩大的必要措施，同时向所在地县级人民政府报告；对因本单位的问题引发的或者主体是本单位人员的社会安全事件，有关单位应当按照规定上报情况，并迅速派出负责人赶赴现场开展劝解、疏导工作。

突发事件发生地的其他单位应当服从人民政府发布的决定、命令，配合人民政府采取的应急处置措施，做好本单位的应急救援工作，并积极组织人员参加所在地的应急救援和处置工作。

以案释法 17

2008年汶川大地震

2008年5月12日14时28分04秒，四川省汶川县发生8.0级地震，震中位于四川省汶川县映秀镇与漩口镇交界处。

据民政部报告，截至2008年9月25日12时，四川汶川地震已确认有69,227人遇难，374，644人受伤，17，923人失踪。

据卫生部报告，截至2008年9月22日12时，因地震受伤住院治疗累计96,544人（不包括灾区病员人数），已出院93，518人，仍有352人住院，其中四川转外省市伤员仍住院153人，共救治伤病员4，273，551人次。

据总参谋部报告，截至2008年9月25日，抢险救灾人员已累计解救和转移1，486，407人。

截至2008年9月4日，汶川地震造成的直接经济损失8452亿元人民币。四川损失最严重，占到总损失的91.3%，甘肃占到总损失的5.8%，陕西占总损失的2.9%。国家统计局将损失指标分三类，第一类是人员伤亡问题，第二类是财产损失问题，第三类是对自然环境的破坏问题。在财产损失中，房屋的损失很大，民房和城市居民住房的损失占总损失的27.4%。包括学校、医院和其他非住宅用房的损失占总损失的20.4%。

另外还有基础设施，道路、桥梁和其他城市基础设施的损失，占到总损失的21.9%，这三类是损失比例比较大的，70%以上的损失是由这三方面造成的。

释解

汶川发生8.0级大地震后的第一时间内，国务院成立了国家抗震救灾总指挥部，由温家宝总理任总指挥，副总理回良玉、李克强任副总指挥，迅速协调全国各地方政府展开灾区救援工作。温家宝总理在地震后两小时内就赶往都江堰进行现场指挥，使抗震救灾工作得以及时、有效展开。

地震发生后，全国各地的救灾物资、救助力量和救援设施都是在国家抗震救灾总指挥部的统一领导下，由各受灾省份的抗震救灾指挥部配合协调，交由具体受灾地区的县市级抗震救灾指挥部负责分配、接收和管理。整个救灾过程依照从中央到县市统一指挥、分工协作、各司其职、各尽其责的政府救灾模式运行，正是这一模式的良好运行，保证了抗震救灾的重大胜利。此次汶川地震灾害救助的成功证明了层层明晰、落实各级政府救助权责，自上而下从中央到地方的政府救助体制是正确、有效的，将之规范化、制度化将更有利于今后自然灾害救助工作的顺利、高效开展。

第三节　捐赠及款物管理

一、慈善捐赠的概念

慈善捐赠是指自然人、法人或者其他组织自愿无偿向依法成立的公益性社会团体和公益性非营利的事业单位捐赠财产，用于公益事业的社会现象。同时也对慈善捐赠的相关主体进行界定，慈善捐赠的主体包括捐赠人、受赠人和受益人。自愿向公益性社团和公益性非营利的事业单位捐赠财产的自然人、法人或者其他组织，法律称之为捐赠人；接受捐赠人所捐财产并对财产进行管理和分配的机构称之为受赠人；受益人是指捐赠财产的获益对象。

二、我国现有捐赠及款物管理法律体系

由于我国慈善事业长期以来的政府主导，对于民间捐赠并无过多的法律规制，大部分开始于20世纪90年代，时间较短，发展较晚，法制的不完善阻碍了中国慈善事业的发展。捐赠及款物管理法律体系主要是指现行的与捐赠及款物管理法律、行政法规、地方行政法规、部门规章、地方政府规章、司法解释以及对于这些法律法

规的修改和补充。主要包括以下内容：

（一）法律

我国跟慈善有关的法律有红十字会法和公益事业捐赠法，其他法律也有关于慈善问题的规定，但均不是专门针对慈善事业的法律，不是严格意义上的慈善法律。例如企业所得税法和个人所得税法中有关于企业和个人捐赠的税收优惠的规定；合同法关于不可撤销的公益慈善赠与合同的规定；民法通则关于社会团体法人资格和社团财产的规定等，都是关于慈善的法律条文，但不能把上述法律看作是慈善法律。

（二）行政法规

国务院制定的跟慈善相关的行政法规有社会团体登记管理条例、民办非企业单位登记管理暂行条例和基金会管理条例，这是与慈善组织关系最密切的社会组织三大条例，规定了慈善组织的大部分内容。

（三）行政规章

国务院职能部门颁布的部门规章包括民政部制定的社会福利机构管理暂行办法、救灾捐赠管理暂行办法，财政部联合国家税务总局和海关总署发布的扶贫、慈善性捐赠物资免征进口税暂行办法，财政部和国家税务总局及民政部发布的关于公益性捐赠税前扣除有关问题的通知等。

（四）地方性法规和规章

如江苏省慈善事业促进条例、湖南省募捐条例、上海红十字会条例、江苏省华侨捐赠条例、山西省关于接受华侨、港澳台同胞捐赠的管理办法等。

三、捐赠财产的使用

公益性社会团体应当将受赠财产用于资助符合其宗旨的活动和事业。对于接受的救助灾害的捐赠财产，应当及时用于救助活动。基金会每年用于资助公益事业的资金数额，不得低于国家规定的比例。

公益性社会团体应当严格遵守国家的有关规定，按照合法、安全、有效的原则，积极实现捐赠财产的保值增值。公益性非营利的事业单位应当将受赠财产用于发展本单位的公益事业，不得挪作他用。对于不易储存、运输和超过实际需要的受赠财产，受赠人可以变卖，所取得的全部收入，应当用于捐赠目的。

（一）公益性社会团体对捐赠财产的使用和保值增值

公益性社会团体具有广泛的社会性和公益性，并且属于非营利的社会组织，所以向公益性非营利社会团体进行捐赠和资助成为社会捐赠、资助的主要对象。实现公益性社会团体使用、管理受赠财产的法制化、规范化，能够使捐赠人放心，也有利于公益性社会团体的健康发展。

1. 捐赠财产的使用

（1）公益性社会团体应当将受赠财产用于资助符合其宗旨的活动和事业。公益性社会团体的宗旨包括两个方面：第一，法定宗旨。社会团体登记管理条例第四条规定："社会团体必须遵守宪法、法律、法规和国家政策，不得反对宪法确定的基本原则，不得危害国家的统一、安全和民族的团结，不得损害国家利益、社会公共利益以及其他组织和公民的合法权益，不得违背社会道德风尚。"第二，章程规定的宗旨。由于公益性社会团体形式多样，其具体宗旨也各不相同，所以公益性社会团体还应当在其章程中明确其宗旨。如中国残疾人福利基金会的章程中规定，本会旨在弘扬人道主义，动员社会力量，发展残疾人事业，促进残疾人平等参与社会活动。宋庆龄基金会在章程中规定，本会旨在增进国际友好，维护世界和平；促进祖国统一大业；发展少年儿童文教、福利事业。

（2）关于救助灾害的捐赠财产的使用。赈灾捐赠是特殊的捐赠，是指为救助因受地震、洪涝、火灾等自然灾害的侵袭陷入困难、无力自救的个人或群体而捐赠财产的行为。我国地域辽阔，自然灾害常有发生，并且有些自然灾害造成的损失大，具有广泛的社会影响性，如大兴安岭森林大火、1998年特大洪水灾害。因此法律对赈灾捐赠作了特别规定，赈灾捐款必须专款专用。

（3）基金会每年用于资助公益性事业的资金数额比例。基金会的活动宗旨是通过资金资助推进科学研究、文化教育、社会福利和其他公益事业的发展。资助公益事业是基金会财产使用的归宿，如果资金不用于公益事业，基金会便没有存在的意义。由于基金会要保持长期运作，并且每年资助的项目情况不同，基金会还要实现捐赠财产的保值增值、要保证有一定的风险基金，因此基金会每年可以留取一部分资金用于基金本金。为了避免基金会以公益性非营利为名，行非公益性营利之实，基金会每年必须有一定比例的资金用于资助公益性事业，最低的比例数额由国务院规定。

2. 捐赠财产的保值增值

公益性社会团体接受的捐赠财产往往不是一次性使用完毕，有的有一定的节余，有的则是直接捐入基金本金，靠捐赠财产的增值部分从事公益事业。因此，实现捐赠财产的保值增值，是公益性社会团体的重要职责。

根据法律规定，实现捐赠财产的保值增值应当遵循三个原则：

（1）合法性原则。合法性指公益性社会团体对捐赠财产进行保值增值的形式必须符合法律的规定。

（2）安全性原则。捐赠财产的安全使用通常被认为是不得从事高风险投资，但如何界定高风险，目前尚无这方面的法律规定，并且为了使捐赠财产增值而购买债券、股票等有价证券本身就具有相当的风险性，因此，怎样在财产增值的情况下使风险降至最低，才是安全性原则的核心问题。

（3）有效性原则。有效性是指受赠人应积极实现捐赠财产的保值增值。有效性原则首先体现在目的的有效性上，即达到了保值增值的目的，以最小的投入实现最大的产出；其次体现在手段的有效性上，即采用合理的方式实现保值增值的目的。

基金会基金的保值、增值可以委托金融机构进行。基金会基金的增值部分，应当按其章程的规定用于资助符合其宗旨的活动和事业，不得挪作他用。

公益性社会团体受赠的财产及其增值为社会公共财产，受国家法律保护，任何单位和个人不得侵占、挪用和损毁。

（二）公益性非营利的事业单位对捐赠财产的使用

公益性非营利的事业单位既是受赠人也是受益人，事业单位是受赠财产的所有权人。但和一般的所有权人不同，公益性非营利的事业单位对受赠财产的所有权要受到一定的限制。事业单位登记管理暂行条例第十五条规定："事业单位开展活动，按照国家有关规定取得的合法收入，必须用于符合其宗旨和业务范围的活动。"对于受赠财产来说，则必须用于发展本单位的公益事业，不得挪作他用。如果所捐赠的设备或其他财产不适宜于本单位使用，经取得捐赠人和有关主管部门同意，可以转赠其他公益性非营利的事业单位或作价出售。作价出售的，应依法补交有关税款，所得收入应用于公益目的。

（三）受赠财产的变卖

一般情况下，捐赠人捐赠的都是受益人所需或者可以直接使用的财产。但也有一些特殊情况，如在1998年特大洪水灾害的捐赠活动中，有的捐赠人捐赠了矿泉水、口红等，对于这部分捐赠财产可以采取变卖的方式处理。变卖是指以出卖物品的方式换取现金。但在条件允许的情况下，也可以采用拍卖等方式。捐赠法对此作出规定，捐赠财产变卖所得，必须全部用于捐赠目的，不得挪作他用。

（四）捐赠财产的协议使用

捐赠财产的使用应当尊重捐赠人的意愿。捐赠人可以与受赠人就捐赠财产的种类、质量、数量、用途等订立捐赠协议。捐赠人有权决定捐赠的数量、用途和方式。捐赠人捐赠财产兴建公益事业工程项目，应当与受赠人订立捐赠协议，对工程项目的资金、建设、管理和使用作出约定。事业单位接受捐赠、资助，必须符合事业单位的宗旨和业务范围，必须根据与捐赠人、资助人约定的期限、方式和合法用途使用。为了体现按捐赠人的意愿使用捐赠财产，有的基金章程规定，捐赠人可以具体参与基金会基金使用的议事会议，对基金的使用提出意见，并参与基金使用的审查和具体实施发放工作。

如果确需改变约定用途的，应当征得捐赠人的同意。未征得捐赠人同意的，该行为无效，由县级以上人民政府有关部门责令改正，给予警告。拒不改正的，经征求捐赠人的意见，由县级以上人民政府将捐赠财产交由与其宗旨相同或者相似的公益性社会团体或者公益性非营利的事业单位管理、使用。

需要注意的是，协议约定的用途，必须符合国家法律、法规的规定，必须有利于维护国家主权、统一、安全和尊严，促进民族团结和社会发展，改善社会道德风尚，凡不符合法律、法规规定的约定无效。

以案释法 18

赠与合同纠纷案

2010年5月17日，甲公司（甲方）与乙公司（乙方）签订捐赠协议一份，该协议载明：为支持某大学教育事业发展，甲公司自愿向乙公司捐赠人民币1000万元，捐赠用途为支持某大学建立“某大学金庭西校区”（暂定名），相关合作协议已签署；捐赠资金到账时间为2010年5月18日前；乙公司应按约定使用捐赠资金，甲公司有权查询捐赠资金的使用、管理情况，并提出意见和建议；甲公司享有《乙公司捐赠管理条例》规定的所有权利。甲公司、乙公司在该捐赠协议上加盖公章。2010年6月3日，甲公司将1000万元捐款汇入捐赠协议中指定的乙公司账户。

2009年2月25日，某大学与甲公司签订了《合作建设某大学金庭校区协议》，约定双方共同建设“某大学金庭校区”，校区最终学生规模4000人，一次性规划用地400亩，分期开发、办学；第一期办学用地100亩土地及预算1.5亿建设资金全部由甲公司筹措投入，用于建设一期学校教学、行政办公和后勤等附属用房；第一期形成的校园和建筑，是某大学金庭校区办学无偿使用资产，由某大学运营和管理；二期学校用地和建设投资仍由甲公司负责筹措投入，校区产业与教学配套设施原则上用于教学，产权及经营处分权由甲公司行使；第一期建设于2011年6月竣工并交付使用，9月入住1500-1800人（2011级新生）；双方本着有利于合作、符合国家规范的精神，继续磋商土地规划、建筑设计、移交使用等具体操作办法。

2010年7月2日，江苏省教育厅作出《关于某大学申请建设金庭校区的批复》，主要内容为：为支持某大学拓展办学空间，吸收社会资源改善办学条件，更好地服务地方经济社会需求，经研究，同意某大学接受甲公司的捐赠，与该市吴中区人民政府、甲公司合作建设金庭校区。各类教学科研用房、校区建设所需投资1.5亿及100亩土地费用由甲公司捐赠，建设工程由捐赠方负责实施，某大学应积极参与征地、规划、建设等工作，项目竣工后应及时将资产移交、登记至某大学名下。

释解

甲公司与乙公司之间的捐赠协议合法有效并已履行。甲公司主张捐赠协议明确的捐赠用途为支持某大学建立“某大学金庭西校区”，现该项目因客观原因而无法实施，遂请求撤销捐赠协议。因某大学金庭西校区系甲公司与某大学的合作建设项目，双方签订合作协议后已部分履行，至今尚未解除或明确终止履行。该合作关系与本案非同一法律关系，主体亦不同，本案中难以合并处理。在此情形下，甲公司行使捐赠协议撤销权的条件不成就。再者，合同法第一百九十二条规定，受赠人不履行赠与合同约定义务的，赠与人可以撤销赠与。公益事业捐赠法第十八条规定，受赠人与捐赠人订立了捐赠协议的，应当按照协议约定的用途使用捐赠财产。基金会管理条例规定，捐赠协议明确了具体使用方式的捐赠，根据捐赠协议约定使用；基金会违反协议使用捐赠财产的，捐赠人有权要求基金会遵守捐赠协议或者向人民法院申请撤销捐赠行为，解除捐赠协议。根据上述规定，甲公司亦未向法院提供充分证据证明乙公司未按约定使用捐赠从而导致捐赠协议应予撤销。综上，甲公司要求撤销捐赠协议、返还捐赠款并支付利息的诉讼请求，难以支持。

以案释法 19

返还捐赠余款纠纷案

黄甲、顾某系夫妻，其子黄乙生前是如皋师范学校附属小学（以下简称如师附小）的学生。1996年10月，黄乙被确诊为小儿急性淋巴细胞白血病。1997年3月，黄乙所在的少先队四（2）中队在全校发出了“让‘百灵鸟’重新歌唱”的募捐倡议，募得的捐款人民币20100元交给黄甲、顾某为黄乙治病。因黄乙换骨髓至少需20万元，1998年1月，如师附小在如皋市报上以全校少先队员的名义发出题为“为了挽救一棵生命的幼苗”的倡议，呼吁社会各界为黄乙治病进行捐款。经新闻媒体引导及社会各界的安排、策划，如师附小成立了募捐办公室对捐款进行管理，至1998年4月，共募捐人民币241783.65元（包含已给付黄甲、顾某的20100元）。在黄乙治病过程中，黄甲、顾某凭票到如师附小支取并使用捐款。1998年10月黄乙病故。1999年9月28日，黄甲、顾某到如师附小支取了用于黄乙治病及丧葬费的所有费用，并注明“结清所有账目”，合计支用捐助款人民币171049.71元，剩余70733.94元。2001年12月，黄甲、顾某诉至法院，要求如师附小返还剩余捐款，后又于2003年8月撤回起诉。2005年4月8日，如师附小与如皋市慈善会签订定向捐赠协议。5月13日，如师附小将捐款余额70733.94元捐给如皋市慈善会。2005年5月9日，黄甲、顾某再次诉至法院，要求如师附小返还捐赠余款人民币70733.94元。

释解

本案中涉及的是为第三人利益订立的合同中第三人的权利问题。不特定的社会公众作为捐赠人与募捐人之间形成募捐合同关系。本案中的募捐合同属为第三人利益订立的合同。捐赠款所有权应属学校，受赠人的继承人对捐赠款余额不享有继承权。

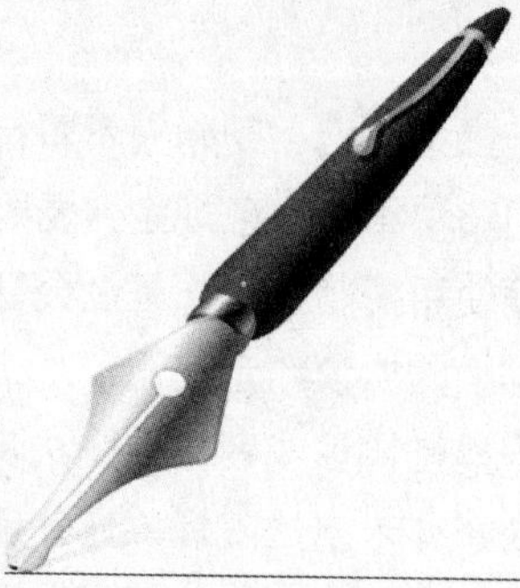

第八章

社会救助

导读

社会救助是指由政府承担责任，为城乡贫困家庭提供物质帮助，使这些家庭能够抵御生存危机，从而维持他们基本生活的一种社会保障制度。我国社会救助制度模式的选择及其发展，既与特定时期的社会条件、经济发展状况有关，也受到经济体制、用工方式以及社会保障制度的制约。

第一节　一般规定

为适应社会主义市场经济体制的变迁，我国传统社会救助制度逐步发展为以最低生活保障、农村五保供养为核心，以医疗救助、住房救助、教育救助等专项救助为辅助，以临时救助、社会帮扶为补充的覆盖城乡的新型社会救助体系。我国这样一个新型社会救助体系，不仅大大提升了社会救助的政治地位，强化了政府责任，而且从根本上改变了中国社会保障制度的理念，实现了从人性关爱到维护权利的转变，凸显了政府在维护公民基本生活安全方面的责任。在保障的功能上已经开始从“生存保障”向“生活保障”转变，在保障困难群众基本生活权益、维护基层社会稳定等方面发挥了重要作用，成为我国社会保障体系的重要组成部分。

一、社会救助的内在原因

社会救助是发展市场经济的内在要求。社会救助制度的目标是克服现实的贫困，它在公民因社会的或个人的、生理的或心理的原因致使其收入低于最低生活保障标准因而陷入生活困境时发生作用。因此，一般会有一套称为“家庭经济情况调查”

的法定工作程序来审核申请救助的公民的收入状况，主要包括：个人申请、机构受理、立案调查、社区证明、政府批准。

能否得到社会救助的关键在于申请者个人收入或家庭成员的人均收入是否低于政府事先确定了的最低生活保障标准，有的国家或地区还要调查申请者的家庭财产和工薪之外的其他经济来源。这种“选择性”原则是社会救助最为突出的特点，它能保证有限的社会救助经费切实地用到最需要的人身上。

社会救助制度提供的仅仅是满足最低生活需求的资金或实物，目的是在公平与效率之间寻求适度的平衡。它不问致贫原因，只看受助者是否真正贫困，是社会保障制度中的最后一道安全网。它的责任仅仅是使受助者的生活相当于或略高于最低生活需求，以避免产生依赖心理或者不劳而获的思想，只要受助者的收入超过最低生活标准，救助行动就相应中断。

二、我国社会救助制度的体系

（一）新型农村五保供养制度

为适应农村税费改革形势，切实保障五保对象的合法权益，农村五保供养工作条例把农村五保供养资金纳入财政预算，规定五保供养标准不得低于当地村民平均生活水平，并将五保供养服务机构建设纳入当地经济社会发展规划，从而建立起以财政供养为基础的新型农村五保供养制度，实现了农村五保由农村集体供养向国家财政供养的根本性转型。

（二）城乡医疗救助制度

2003年11月，民政部、卫生部、财政部联合下发关于实施农村医疗救助的意见，揭开了医疗救助制度建设的序幕。2005年3月，国务院办公厅转发民政部、财政部等关于建立城市医疗救助制度试点工作的意见，计划用2年时间进行试点，之后再用2—3年时间在全国建立起管理制度化、操作规范化的城市医疗救助制度。

城乡医疗救助主要采取两种方法：一是资助城乡低保对象及其他特殊困难群众参加新型农村合作医疗或城镇居民医疗保险；二是对新农合或城镇医保报销后，自付医疗费仍然困难的家庭，民政部门给予报销部分费用的二次救助。

（三）廉租住房救助制度

廉租住房是一种低租金或免租金的保障性住房，是住房救助的主要形式。1999年4月，建设部发布城镇廉租住房管理办法，初步规范、明确了城镇廉租住房的来源、供给、管理、审批和监督等有关问题。2003年12月，建设部、财政部、民政部等联合发布城镇最低收入家庭廉租住房管理办法，进一步明确和细化了城镇廉租住房制度的操作程序。这一时期的廉租住房主要提供给城镇低保家庭。为彻底解决城市低收入家庭住房困难，国务院于2007年8月发布关于解决城市低收入家庭住房困难的若干意见，将住房救助的范围扩大到城市低收入家庭，将住房救助的形式由单纯的实物配租扩大到发放租赁补贴和实物配租相结合。2008年10月，民政部等部委又联合发布城市低收入家庭认定办法，从而为住房救助的实施奠定了基础。

（四）教育救助制度

教育救助主要是指国家对义务教育阶段的家庭经济困难学生提供必要的学习、生活帮助；对家庭经济困难的寄宿生补助生活费。同时，各级政府还按照有关规定，对接受普通高中教育、普通高等教育和职业教育的家庭经济困难学生，通过减免学费、发放助学金、提供助学贷款、发放特殊困难补助、组织勤工助学等形式给予救助。

（五）临时救助制度

临时救助旨在解决低收入家庭遇到的临时性、突发性困难。2007年6月，民政部下发关于进一步建立健全临时救助制度的通知，对临时救助的对象、标准、程序等进行了规范。

三、我国社会救助现行法规

《社会救助暂行办法》于2014年2月21日以国务院令第649号发布，自2014年5月1日起施行。根据办法的规定，由国务院民政部门统筹全国社会救助体系建设。

《社会救助暂行办法》的出台，为社会救助事业发展提供了法律依据，有利于统筹社会救助体系建设，不断完善托底线、救急难、可持续的社会救助制度，形成保障困难群众基本生活的安全网，从下列方面完善了社会救助制度：

（一）构建了社会救助制度体系

最低生活保障、特困人员供养、受灾人员救助、医疗救助、教育救助、住房救助、就业救助、临时救助八项制度以及社会力量参与，这是我国第一次以法律制度形式明确社会救助制度体系的内容。

（二）加强了社会救助统筹协调

由国务院民政部门统筹全国社会救助体系建设，各部门按照各自职责做好相应的社会救助管理工作，并建立健全政府领导、民政部门牵头、有关部门配合、社会力量参与的社会救助工作协调机制，加强了社会救助统筹协调。

（三）坚持了社会救助城乡统筹发展

坚持城乡统筹发展的理念和要求，确保党和政府的关怀，广泛惠及城乡所有困难居民。长期以来，城镇低保制度的发展速度明显快于农村最低生活保障，《社会救助暂行办法》的出台有利于平衡城乡间社会救助事业的发展速度，体现了共同富裕的理念和人人平等的精神，是保持社会长期稳定发展所必不可少的措施。

（四）强化了社会救助家庭经济状况查询核对机制

建立信息核对平台，根据救助申请及获得救助家庭的请求、委托，由县级以上民政部门代为查核其收入状况、财产状况。这为今后科学、准确认定社会救助对象并完善退出机制，确保社会救助公平、公正实施奠定了基础。

四、社会救助的特点和主要作用

社会救助的特点：服务对象及救助类型的复杂性；工作过程的持续性；工作模式的融合性；工作方法的政策性。

社会救助的主要作用：协助服务对象申请合适的救助项目；协助服务对象制订最有利的反贫困策略；促进服务对象的社会融合；发现和解决服务对象的心理困扰。

以案释法 20

河北广宗县城镇居民医保和新农合实现“并轨”

2016年4月，广宗县城乡居民医疗保险信息管理系统上线，将原城镇居民医保和新农合参保人员统一转换到新的业务系统软件中。“并轨”后医保待遇就高不就低。广宗县城乡居民医保，每人每年享受到60元的普通门诊费；22种门诊特殊疾病，住院报销比例一级、二级医疗机构提高了10%，封顶线由原来的6万元提高到15万元；生育费用报销由原来的顺产400元、剖宫产600元，提高到单胎顺产500元、多胎顺产800元，单胎剖腹产2000元、多胎剖腹产2500元。

与“并轨”前新农合医保政策相比，转省外住院的报销起付线由原来的4000元降到2500元，封顶线由原来的13万元提高到15万元，附加大病保险封顶线由原来的20万元提高到30万元，医保诊疗、药品目录扩大了1200多项。该县的4家县级医院、8家乡镇卫生院、367家村卫生室，全部纳入城乡居民医保定点医疗机构范围，实现了县内医疗保险服务网络全覆盖，为参保居民提供看病、就医、报销一条龙服务，大大减轻了参保人员负担。

释解

广宗县城乡居民医疗保险信息管理系统上线，将原城镇居民医保和新农合参保人员统一转换到新的业务系统软件中，彻底打破了新农合和城镇居民医保界限，实现了基本医疗保障公共服务的均等化。真正实现了六个统一：即保障范围和项目统一、筹资标准统一、待遇水平统一、经办流程统一、基金管理统一、网络信息系统统一。标志着该县新型农村合作医疗与城镇居民医疗保险正式并轨，形成了城乡一体化医疗保障体系。

第二节 城市低保

城市居民最低生活保障，简称城市低保。城市居民最低生活保障制度，是国家为解决城市居民的生活困难而建立的一种社会救济制度，是目前条件下有中国特色社会保障体系的一项重要内容。实施城市居民最低生活保障制度后，由于救济标准统一、救济范围扩大、救济水平提高、救济行为规范，使我国的社会救济工作开始进入规范化、法制化管理轨道。

一、我国城市低保的制度框架

1999年颁布的《城市居民最低生活保障条例》，对城市低保的保障对象、保障标准、资金来源、保障管理、工作程序等主要内容作了原则性的规定，由此确立了我国城市低保制度的主体框架。

（一）保障对象

持有非农业户口的城市居民，凡共同生活的家庭成员人均收入低于当地城市居民最低生活保障标准的，均有从当地人民政府获得基本生活物质帮助的权利。

其中，收入是指共同生活的家庭成员的全部货币收入和实物收入，包括法定赡养人、抚养人或者扶养人应当给付的赡养费、抚养费或者扶养费，不包括优抚对象按照国家规定享受的抚恤金、补助金。

（二）资金来源

城市最低生活保障所需资金，由地方人民政府列入财政预算，纳入社会救济专项资金支出项目，专项管理，专款专用。国家鼓励社会组织和个人为城市最低生活保障提供捐赠、资助；所提供的捐赠、资助全部纳入当地城市居民最低生活保障资金。财政部门、审计部门依法监督城市居民最低生活保障资金的使用情况。

（三）保障管理

城市居民最低生活保障制度实行地方各级人民政府负责制。县级以上地方各级人民政府民政部门具体负责本行政区域内城市居民最低生活保障的管理工作；财政部门按照规定落实城市居民最低生活保障资金；统计、物价、审计、劳动保障和人事等部门分工负责，在各自的职责范围内负责城市居民最低生活保障的有关工作。

国务院民政部门负责全国城市居民最低生活保障的管理工作。县级人民政府民政部门以及街道办事处和镇政府负责城市居民最低生活保障的具体管理审批工作。居民委员会根据管理审批机关的委托，可以承担城市居民最低生活保障的日常管理、服务工作。

（四）工作程序

申请享受城市居民最低生活保障待遇，由户主向户籍所在地的街道办事处或者镇人民政府提出书面申请，并出具有关证明资料，填写城市居民最低生活保障审批表。城市居民最低生活保障待遇，由其所在地的街道办事处或者镇人民政府初审，并将有关资料和初审意见报送县级人民政府民政部门审批。管理审批机关为判断城市居民最低生活保障待遇的需要，可以通过入户调查、邻里访问以及信函索证等方式对申请人的家庭经济状况和实际生活水平进行调查核实。申请人及有关单位、组织或者个人应当接受调查，如实提供有关情况。

对经批准享受城市居民最低生活保障待遇的城市居民，由管理审批机关采取适当形式以户为单位予以公布，接受群众监督。任何人对不符合法定条件而享受城市居民最低生活保障待遇的，都有权向管理审批机关提出意见；管理审批机关经核查，对情况属实的，应当予以纠正。

管理审批机关应当对享受城市居民最低生活待遇的城市居民的家庭收入情况定期进行核查。享受城市居民最低生活保障待遇的城市居民家庭人均收入情况发生变化的，应当及时通过居民委员会告知管理审批机关，办理停发、减发或者增发城市最低生活保障待遇的手续。

二、城市最低生活保障标准

（一）标准制定的背景

城市居民最低生活保障制度的基本政策框架，是围绕最低生活保障标准来制定的。最低生活保障制度的具体规定以及保障工作的每个环节，均必须以最低生活保障标准为基础，无论是认定最低生活保障对象的资格，确定保障范围和保障人数，预算所需最低生活保障资金数量，还是最低生活保障工作的管理和运转，都必须围绕最低生活保障标准进行。

城市居民最低生活保障制度，是对传统社会救济制度进行改革而建立的一项新型社会救济制度。传统社会救济制度最主要的弊病，就是缺乏科学的统一的救济标准，钱多多救济，钱少少救济，工作随意性大。各地实施城市居民最低生活保障制度的实践证明，按照最低生活保障标准进行救济，既有章可循，又简便易行，基本做到了救济对象公平准确、救济金发放标准合理，大大提高了救济的效果，从而使社会救济工作走上了规范化和法制化管理的轨道。

（二）城市居民最低生活保障标准的特点

1. 科学性

保障标准是由政府有关部门按照一定程序，经过广泛调查研究和严谨的科学方法而制定。

2. 统一性

由于一个行政区域（市、县或区）只有一个保障标准，它适用于本区域内的全体居民，无论其就业与否、身份背景如何，在这个保障标准面前都一视同仁，这不仅较好地体现了社会救济的无歧视原则，也有效地克服了原来社会救济随意性大的弊病。

3. 权威性

最低生活保障标准是由政府组织制定和调整，并通过文件或法令形式向社会公布的一项政策规定，具有法规的效力和权威性，这使救济工作能够实行民主化的管理，并易于接受社会和群众的监督。

（三）城市最低生活保障标准的具体规定

城市居民最低生活保障标准，按照当地维持居民基本生活所必需的衣、食、住费用，并适当考虑水电燃煤费用以及未成年人的义务教育费用确定。

直辖市、设区的市的城市居民最低生活保障标准，由市人民政府民生部门会同财政、统计、物价等部门规定，报本级人民政府批准并公布执行；县（县级市）的城市居民最低生活保障标准，由县（县级市）人民政府民政部门会同财政、统计、物价部门指定，报本级人民政府批准并报上一级人民政府备案后公布执行。城市居民最低生活保障标准需要提高时，依照上述两项规定重新核定。

以案释法 21

纪某诉A区人民政府某街道办事处救助案

纪某与梁某甲是夫妻，梁某乙是其女儿。纪某家庭自2002年7月起享受本市城镇居民最低生活保障补助。此后 A 区人民政府某街道办事处依据该市社会救助办法的规定，对纪某家庭的就业状况、收入变动情况进行审核，查明梁某甲在该市保安服务公司的月收入为1130元（其中奖金100元），在原单位每月领取下岗工资290元；查明纪某在该市民防服务公司收入病假工资672元、其他补助200元。纪某家庭人均月收入已明显超过2008年2月本市城镇居民最低生活保障人均350元的标准。A 区人民政府某街道办事处据此于2008年2月20日作出停止对纪某家庭实施社会救助的决定。该停止社会救助决定于同月22日送达纪某。纪某不服，申请行政复议。复议机关于同年5月19日作出不予受理通知书，认为纪某的复议申请超过规定的期限，决定不予受理。后纪某经咨询有关起诉事项后，向法院提起行政诉讼，请求判决撤销被告于2008年2月20日作出的停止社会救助决定，并责令被告按规定发放自2008年2月起至今的社会救助金。

释解

依据该市社会救助办法的规定，A 区人民政府某街道办事处负责社会救助工作的具体实施，有依规定决定停止社会救助的行政职权。社会救助的标准应使社会救助的个人或家庭的生活水平不低于最低生活保障标准。本案中，A 区人民政府某街道办事处依照规定对纪某家庭的收入变动情况和实际生活水平进行审核，依照其提交的有效的证据，可以证明纪某家庭人均月收入明显超过当月本市城镇居民最低生活保障人均350元的标准，A区人民政府某街道办事处据此于2008年2月20日向纪某家庭作出停止社会救助决定符合相关规定。被诉具体行政行为认定事实清楚，程序合法，适用法律正确，依法应予以维持。纪某的诉讼请求缺乏事实根据和法律依据，法院不予支持。

第三节　农村低保与农村五保供养

农村居民最低生活保障制度指的是以保障农村特困群体最低生活需求为目的，对持农业户口的家庭，年人均收入低于当地农村最低生活保障标准的特困居民，由政府给予差额补助的一项社会救助制度。它是社会保障制度中最后一道保障基本民生的社会救济制度，是政府为维护农村特困群体基本生活权利作出的一项基础性制度安排。

五保供养制度是一种农村社会救助制度，它所针对的对象为生活在农村的特定群体。五保供养制度主要内容也基本覆盖该特定群体的日常生活。具体来说，老年、残疾或者未满18周岁的村民，无劳动能力、无生活来源又无法定赡养、抚养、扶养义务人，或者其法定赡养、抚养、扶养义务人无赡养、抚养、扶养能力的，享受在吃、穿、住、医、葬方面给予生活照顾和物质帮助的待遇。

一、农村低保

（一）我国农村低保立法概况

低保制度是社会保障制度中的重要组成部分，具有独特的缩小贫富差距、维护社会和谐稳定、促进社会经济发展的作用，由于我国长期实行“城乡二元分治的社会管理模式”，我国低保制度也被人为的分成城市居民最低生活保障制度和农村居民最低生活保障制度。

1999年《城市居民最低生活保障条例》的出台，表明我国城市低保制度正式迈入法制化的轨道，同时也结束了我国城市低保制度无法可依，仅靠政策推行的落后局面，在我国低保立法史上具有里程碑意义。

目前，我国关于农村最低生活保障方面主要以行政法规和部门规章为主，并没有进行法律层面的立法。

农村低保从1994年山西省民政厅在阳泉县试点农村低保制度开始，2007年国务院出台了关于在全国建立农村最低生活保障制度的通知，该项制度在全国34个省、自治区、直辖市全面推行。

2010年5月7日，国务院办公厅转发扶贫办等部门关于做好农村最低生活保障制度和扶贫开发政策有效衔接扩大试点工作意见的通知，2015年3月10日，民政部、国家统计局发布关于进一步加强农村最低生活保证申请家庭经济状况核查的工作意见。

（二）我国农村低保的主要内容

1. 建立农村低保制度的总目标和总要求

建立农村最低生活保障制度的目标是通过在全国范围建立农村最低生活保障制度，将符合条件的农村贫困人口全部纳入保障范围，稳定、持久、有效地解决全国农村贫困人口的温饱问题。

建立农村最低生活保障制度，实行地方人民政府负责制，按属地进行管理。各地要从当地农村经济社会发展水平和财力状况的实际出发，合理确定保障标准和对象范围。同时，要做到制度完善、程序明确、操作规范、方法简便，保证公开、公平、公正。要实行动态管理，做到保障对象有进有出，补助水平有升有降。要与扶贫开发、促进就业以及其他农村社会保障政策、生活性补助措施相衔接，坚持政府救济与家庭赡养扶养、社会互助、个人自立相结合，鼓励和支持有劳动能力的贫困人口生产自救，脱贫致富。

国务院关于进一步加强和改进最低生活保障工作的意见提出了农村最低生活保障工作的基本原则：

第一，坚持应保尽保。把保障困难群众基本生活放到更加突出的位置，落实政府责任，加大政府投入，加强部门协作，强化监督问责，确保把所有符合条件的困难群众全部纳入最低生活保障范围。

第二，坚持公平公正。健全最低生活保障法规制度，完善程序规定，畅通城乡居民的参与渠道，加大政策信息公开力度，做到审批过程公开透明，审批结果公平公正。

第三，坚持动态管理。采取最低生活保障对象定期报告和管理审批机关分类复核相结合等方法，加强对最低生活保障对象的日常管理和服务，切实做到保障对象有进有出、补助水平有升有降。

第四，坚持统筹兼顾。统筹城乡、区域和经济社会发展，做到最低生活保障标准与经济社会发展水平相适应，最低生活保障制度与其他社会保障制度相衔接，有效保障困难群众基本生活。

2. 农村医保的管理体制

（1）申请、审核和审批。申请农村最低生活保障，一般由户主本人向户籍所在地的乡（镇）人民政府提出申请；村民委员会受乡（镇）人民政府委托，也可受理申请。受乡（镇）人民政府委托，在村党组织的领导下，村民委员会对申请人开展家庭经济状况调查、组织村民会议或村民代表会议民主评议后提出初步意见，报乡（镇）人民政府；乡（镇）人民政府审核后，报县级人民政府民政部门审批。乡（镇）人民政府和县级人民政府民政部门要核查申请人的家庭收入，了解其家庭财产、劳动力状况和实际生活水平，并结合村民民主评议，提出审核、审批意见。在核算申请人家庭收入时，申请人家庭按国家规定所获得的优待抚恤金、计划生育奖励与扶助金以及教育、见义勇为等方面的奖励性补助，一般不计入家庭收入，具体核算办法由地方人民政府确定。

（2）民主公示。村民委员会、乡（镇）人民政府以及县级人民政府民政部门要及时向社会公布有关信息，接受群众监督。公示的内容重点为：最低生活保障对象的申请情况和对最低生活保障对象的民主评议意见，审核、审批意见，实际补助水平等情况。对公示没有异议的，要按程序及时落实申请人的最低生活保障待遇；对公示有异议的，要进行调查核实，认真处理。

（3）资金发放。最低生活保障金原则上按照申请人家庭年人均纯收入与保障标准的差额发放，也可以在核查申请人家庭收入的基础上，按照其家庭的困难程度和类别，分档发放。要加快推行国库集中支付方式，通过代理金融机构直接、及时地将最低生活保障金支付到最低生活保障对象账户。

（4）动态管理。乡（镇）人民政府和县级人民政府民政部门要采取多种形式，定期或不定期调查了解农村困难群众的生活状况，及时将符合条件的困难群众纳入保障范围；并根据其家庭经济状况的变化，及时按程序办理停发、减发或增发最低生活保障金的手续。保障对象和补助水平变动情况都要及时向社会公示。

3. 农村低保的资金来源

农村最低生活保障资金的筹集以地方为主，地方各级人民政府要将农村最低生活保障资金列入财政预算，省级人民政府要加大投入。地方各级人民政府民政部门要根据保障对象人数等提出资金需求，经同级财政部门审核后列入预算。中央财政对财政困难地区给予适当补助。

地方各级人民政府及其相关部门要统筹考虑农村各项社会救助制度，合理安排农村最低生活保障资金，提高资金使用效益。同时，鼓励和引导社会力量为农村最低生活保障提供捐赠和资助。农村最低生活保障资金实行专项管理，专账核算，专款专用，严禁挤占挪用。

（三）我国建立农村低保制度的意义

1. 有利于保障农民的基本生存权利，解决农村贫困人口问题

我国宪法明确规定，中华人民共和国公民在年老、疾病和丧失劳动能力的情况下，有从国家和社会获得物质帮助的权利。作为中华人民共和国的公民，农民应当享有基本生存保障的权利，而政府理应保障这种权利的实现。农村低保制度作为满足农民最低生活需求的公共产品是政府应当承担的责任和义务。在我国农村，贫困尤其是绝对贫困是对人的生存权的最大威胁，以保障贫困居民最低生活需求为目标的最低生活保障制度实质上就是一条保障特困居民生存的生命线。而且，我国农村贫困问题在相当

长的时间内都是一个比较突出的问题。作为一种重要的社会政策，农村最低生活保障制度的建立，将有利于从根本上解决农村贫困人口问题，维护农民的基本生存权利。

2. 有利于社会保障体系的建立和完善

长期以来，我国社会保障制度很大程度上主要是在城市地区实行。社会保障制度的基本特征之一是其普惠性。公正、完整的社会保障体系是没有城乡之分的，所以，必须同样在广大的农村地区建立社会保障制度。应当看到的是，目前中国农村的社会保障制度还处于刚刚起步的发展阶段，最迫切的任务是要解决农民“生有所靠、老有所养、病有所医”的问题，即办好最低生活保障制度、农村社会养老保险、农村合作医疗等三种保障项目。其中，农村最低生活保障制度的建立是农村社会保障制度的基础和关键，它所解决的是农民“生有所靠”的问题。因为在整个农村社会保障制度中，不管养老保险，还是医疗保障，或其他社会福利、优抚安置等，都是有条件的或是以部分特殊社会群体为保障对象，而农村最低生活保障制度是把针对某些特殊对象（如五保户、灾民等）的传统救济制度改变为覆盖所有农村贫困人口的新的救济制度，只要是达不到农村最低生活标准的农村贫困户，无论其是否属于“三无”，均可以获得救助。所以，较之传统的社会救济制度，农村最低生活保障制度能够更为直接、及时、最大限度地解决广大农民的生活困难问题。

3. 有利于解决三农问题，维护农村的稳定

三农问题是我国现代化建设中的一个关键问题。三农问题的解决有赖于从根本上解决农村的全面健康发展问题。由于农业本身属于受自然风险和市场风险交织影响的弱势产业，这种特殊性加上各种因素的影响，使得我国农民生产生活面临着各种各样的风险。近几年来，农民收入的增长极为缓慢，有时甚至会出现负增长，与其他迅猛发展的非农产业形成了鲜明的对比。这种情形不但导致城乡差距进一步拉大，而且使农村社会不稳定因素明显增多。农村贫困群众的生活困难是造成农村社会不稳定的重要根源。贫困问题不仅仅是经济问题，还有可能转化为社会问题、政治问题。农村贫困问题如果不及时予以解决，就可能形成社会不稳定的诱发因素，从而危及农村的社会稳定和经济发展。而全面建立农村最低生活保障制度，为农村低收入者提供必要的生活保障，可以增强农民抵御各种风险的能力，有助于解决农民的后顾之忧，促进农村经济的发展。这对于缓解社会矛盾、维护农村社会的稳定将起到十分积极的作用。

4. 有利于消除城乡二元结构

新中国成立以来，我国一直实行的是城乡分治的政策。长期的农业支持工业、工农产品“剪刀差”政策使中国出现巨大的城乡差距。虽然当前实行的取消农业税、工业反哺农业等政策措施有利于推动农村的发展，但是对于农民的支持力度仍然不够，城乡居民收入差距依然在扩大。改革开放以来，城乡居民的收入差距呈现出不断增大的趋势。如果扣除农民用于生产的费用，再把城镇居民享受的一些福利也考

虑进来，那么城乡差距将进一步拉大。在社会保障方面，我国城乡差距更是悬殊，在一些地方甚至超过了经济发展方面的差距。在全国范围内建立全面的最低生活保障制度，应该说是消除城乡二元结构、整合社会体系的重要举措。我国社会的二元结构有着深刻的制度背景，所以，要弥补这种裂痕，必须建立统一的制度基础。全国最低生活保障制度的建立，虽然离真正的制度统一还相差甚远，但对于消除城乡二元结构将起到非常积极的作用。

5.有利于社会主义市场经济体制的完善

发达国家的经验证明，完整的市场经济体制需要健全的社会保障体系。目前我国的社会保障体系主要面向的是城镇人口，远远达不到健全的社会保障体系的要求。而随着市场经济体制的逐步建立，农村社会经济关系发生了深刻变化，家庭联产承包责任制的实行，使得农村集体保障的功能弱化，农民作为独立的商品生产者和市场行为主体面临着各种竞争的压力，同时还必须独立承担生产经营中的各种风险。而随着市场经济体制的完善，当前农村正在推行的土地适度规模经营、农业产业化、城镇化建设等都对农村居民的基本生活保障提出了挑战。在这个过程中，部分农村弱势人群的收入会因自身的原因以及市场因素的冲击受到影响，甚至面临基本生活的困难。而建立农村最低生活保障制度，给处于弱势群体的农民以“兜底”的保障措施，减少他们的后顾之忧，则有利于减少市场因素的负面影响，帮助他们适应现代市场经济社会。这对于向社会主义市场经济体制的顺利转轨，实现市场经济的完善是必不可少的。

二、农村五保供养制度

（一）农村五保供养制度的主要内容

《农村五保供养工作条例》第九条规定：“农村五保供养包括下列供养内容：（一）供给粮油、副食品和生活用燃料；（二）供给服装、被褥等生活用品和零用钱；（三）提供符合基本居住条件的住房；（四）提供疾病治疗，对生活不能自理的给予照料；（五）办理丧葬事宜。”

（二）农村五保供养制度的审核方式

享受农村五保供养待遇，应当由村民本人向村民委员会提出申请；因年幼或者智力残疾无法表达意愿的，由村民小组或者其他村民代为提出申请。经村民委员会民主评议，对符合规定条件的，在本村范围内公告；无重大异议的，由村民委员会将评议意见和有关材料报送乡、民族乡、镇人民政府审核。

乡、民族乡、镇人民政府应当自收到评议意见之日起20日内提出审核意见，并将审核意见和有关材料报送县级人民政府民政部门审批。县级人民政府民政部门应当自收到审核意见和有关材料之日起20日内作出审批决定。对批准给予农村五保供养待遇的，发给农村五保供养证书；对不符合条件不予批准的，应当书面说明理由。

乡、民族乡、镇人民政府应当对申请人的家庭状况和经济条件进行调查核实；

必要时，县级人民政府民政部门可以进行复核。申请人、有关组织或者个人应当配合、接受调查，如实提供有关情况。

农村五保供养对象不再符合《农村五保供养工作条例》规定条件的，村民委员会或者敬老院等农村五保供养服务机构应当向乡、民族乡、镇人民政府报告，由乡、民族乡、镇人民政府审核并报县级人民政府民政部门核准后，核销其农村五保供养证书。

农村五保供养对象死亡，丧葬事宜办理完毕后，村民委员会或者农村五保供养服务机构应当向乡、民族乡、镇人民政府报告，由乡、民族乡、镇人民政府报县级人民政府民政部门核准后，核销其农村五保供养证书。

（三）五保供养制度的运行模式

农村五保模式的选择直接关系到选定区域五保政策适应形势的要求，特别是关系到最基本的需要，如衣食住行的满意度。《农村五保供养工作条例》中规定，有两种模式供供养对象选择，分别是集中供养模式和分散供养模式，因此这两种模式已经成为一种实用的模式在中国农村实行。

1. 集中供养

集中供养是指在经济状况比较好的市县一级兴办养老院，将五保对象集中在养老院生活的方式。由于大多数的地方政府支持、鼓励供养对象选择集中供养方式，所以从五保对象的日常生活标准和精神文化层面综合考虑，集中供养方式更适合五保对象。因为养老院通常按农村社会救助制度体系的基础设施设置标准建立了相应的配套硬件，增设了经过培训的医护人员和管理人员，使得保障五保对象的日常生活工作能够更加有效，满足他们被照顾的需求，同时兴办养老院也能带动经济发展，五保对象在形成新的社交圈后可以在生活上互相帮助。

集中供养模式的优势可归纳为：集中供养可以将五保政策的相关规定落实到位；统一为五保对象提供高标准和良好的服务质量；与分散供养相比较，实行集中供养可以聚集较多的五保供养对象，当供给对象的数量饱和或者达到一定数量后，可以节省大量额外支出，可将这部分经费补贴到五保对象自身，从侧面也提高了供养对象的生活水平。

2. 分散供养

分散供养是指以政府作为筹集五保对象生活费或日常生活物资的主体，在不改变五保对象住所和生活环境的前提下，维持其日常正常生活状态的供养方式。分散供养模式还可继续细化为四种运行方式：

一为全托于村。即供养对象的日常生活由村、组负责。

二为村供亲养。每年本村的五保对象都可以获得村、组提供的相应生活补助，主要形式为现金；五保对象可以自己耕种粮食，也可由其名下责任田中予以筹措，或交由其他人代种，抑或出租。

三为亲供亲养。有亲友代养和依田获保两种情况，亲友代养指若亲戚或者朋友对所有权属于五保对象的财产意欲继承，可与村集体针对代养五保对象的主观意愿签署协议；依田获保指责任田会按相关规定被划分给五保对象，而不论其是否具有耕种能力，保障均出自责任田。

四为临时救助制度。社会救助政策针对的对象为五保对象，物质生活主要来源于政府每年发放的补助金。

这四种形式随着新条例的颁布，发生了重大的变化，因为五保供养资金的担保资金纳入地方人民政府预算，对于财政困难的地区中央财政将给予适当补贴，同时五保对象自己拥有的耕地和个人私有财产由五保对象自主支配，五保对象可以支配将土地交由他人代耕所得到的收益。

三、农村低保制度和农村五保供养制度的关系

（一）五保供养制度与农村低保制度的共同点

适用对象的身份性质相同，都适用于农村居民；二者性质相同，都属于社会救助制度中的一种；保障标准都较低，目的均在于保障困难群体的基本生存权。

（二）五保供养制度与农村低保制度的不同点

第一，适用对象条件不尽相同。前者适用对象是农村“三无”人员，后者适用的对象条件包括积极条件即家庭人均收入低于法定标准的农村居民和消极条件即不具有法律规定不得享受低保待遇情形的农村居民。

第二，责任主体不尽相同，前者属于农村集体福利事业，后者是国家提供的社会救助。

第三，保障方式不同。前者对低保对象实行吃、穿、住、医、葬等方面所给予的生活照顾和物质帮助，即人们传统所说的，“保吃”“保穿”“保剩”“保留”和“保医”。后者对农村低保对象实行补差制度，具体救助措施包括现金补助与实物帮助。

以案释法 22

土地承包经营权确认纠纷案

1995年8月25日，李某作为砂子坳村集体经济组织成员之一从该村获得3.2亩承包地。地块名称、面积和等级分别为：向湾溶一块，1.1亩，属二类田；大塘湾三块，2.1亩，属三类田。2006年11月7日，李某与砂子坳村民委员会补签订了一份农村土地承包合同书，由李某承包3.2亩农田，承包期从1995年8月25日起至2025年8月25日止。2008年11月4日，李某因病医治无效死亡，因李某生前未结婚，无儿无女，其丧葬事宜由李某妹夫进行了操办。当月10日，李某妹夫将打印好的协议书先后让砂子坳村

民委员会的负责人及其村支书、村妇女主任签了名。2009年，李某妹夫耕种了李某生前所承包的耕地，2009年9月19日，砂子坳村下一组20户组民要求收回李某生前所承包的耕地，李某妹夫遂向法院提起诉讼。

释解

本案中，李某妹夫没有证据证实李某生前领取有农村五保供养证书，李某不属于农村五保供养对象，认为应由下一组全体组民承担李某丧葬事宜的理由不能成立。而李某妹夫未按规定程序履行土地的承包经营权变更手续，虽耕种了李某生前承包的土地，并不等于其实际取得了上述土地的承包经营权，所以诉讼请求理由不充分，法院不予支持。依照民事诉讼法、农村土地承包法的规定，判决驳回其对砂子坳村民委员会和下一组全体组民的诉讼请求。

第四节　公益慈善捐赠

随着我国经济实力的不断增强，广大人民群众的物质生活水平也有了较大改善，无论是名人、富人还是普通百姓，都有捐赠款物救助困难对象的美好意愿，但是在具体的行动过程中，却遇到了各种各样的问题，积极性受到很大打击。民间的慈善力量是对国家社会保障体系的有力补充，中国13亿民众是我国慈善事业发展的坚实后盾，但是目前在法律规制上尚有很大空白，尤其是针对为救助特定对象的社会募捐问题，现实状况要求我们尽快明确其法律地位，给予充分的制度保障。

一、公益慈善捐赠的含义

从字面意思来看，公益可以解释为为了公众的利益，但实质上可以说是社会财富的再次分配。慈善指的是对人关怀而富有同情心，在此处的慈善是说一种善举，指的是赠与行为。

公益活动是一定的组织或个人对社会捐赠财物、时间、精力和知识等的活动。公益活动的内容包括很多，如社区服务、环境保护等。

公益事业捐赠法第二条规定：“自然人、法人或者其他组织自愿无偿向依法成立的公益性社会团体和公益性非营利的事业单位捐赠财产，用于公益事业的，适用本法。”第三条则限定了公益慈善事业的范围：“本法所称公益事业是指非营利的下列事项：（一）救助灾害、救济贫困、扶助残疾人等困难的社会群体和个人的活动；（二）教育、科学、文化、卫生、体育事业；（三）环境保护、社会公共设施建设；（四）促进社会发展和进步的其他社会公共和福利事业。”

慈善法第三条规定："本法所称慈善活动，是指自然人、法人和其他组织以捐赠财产或者提供服务等方式，自愿开展的下列公益活动：（一）扶贫、济困；（二）扶老、救孤、恤病、助残、优抚；（三）救助自然灾害、事故灾难和公共卫生事件等突发事件造成的损害；（四）促进教育、科学、文化、卫生、体育等事业的发展；（五）防治污染和其他公害，保护和改善生态环境；（六）符合本法规定的其他公益活动。"

实际上，慈善与捐赠是密不可分的：一方面，捐赠是慈善事业生存与发展的经济基础，是慈善的具体表现形式之一；另一方面，慈善是捐赠的价值目标。但是，对于我国的公益慈善捐赠很难找到一个统一的定义，一般认为，公益慈善捐赠是指为了公益或者公共目的所为的无偿给予，需要注意的是，公益慈善捐赠是一种行为，更是一个完整的过程，包括捐赠人进行捐赠，受赠人接受、管理、使用获赠财物，然后分配给受益人等。

二、公益捐赠的类型

公益慈善捐赠的外延较大，不同的类型的捐赠需要相应的法律规则进行制约。

（一）一般目的的捐赠和特定目的的捐赠

依捐赠的目的可以将公益捐赠划分为一般目的的捐赠和特定目的的捐赠。

当捐赠人捐赠时，没有提出具体明确的捐赠目的，是一般目的的捐赠，之后受赠人可以将受赠的财产使用于非指定的公益目的。

特定目的的捐赠，是指捐赠人在捐赠时限定了捐赠的范围和使用目的，只能将捐赠财产使用于捐赠人指定的公益目的。

（二）附条件的捐赠、无条件的捐赠和为特定目的的募捐

从捐赠的内容与表现方式来看，公益捐赠的类型可以划分为附条件的捐赠、无条件的捐赠和为特定目的的募捐。

附条件的捐赠是指通过约定，赠与人设定使用条件，对赠与财产适用于什么对象、适用的范围等，受赠人需要受到制约。在附条件捐赠合同的履行过程中，赠与人也有权利监督赠与财产的使用情况，如果受赠人没按照约定使用，赠与人可以行使撤销权。所以，针对附条件的捐赠，因为捐赠标的的归属情形不一样，受赠人、受益人将会受到更为严格的法律监督。

无条件捐赠意味着受赠人可以自由支配被赠予的财产，相对于附条件捐赠，在参与人订立赠与合同时并没有附加设立任何条件。这与一般的赠与合同相似，可以用一般赠与合同的法律规则进行规范。

特定目的的募捐，是说捐赠人订立合同所提的条件就是募捐的目的。由募集人发起，捐赠人将捐赠物先交付于募集人，募集人再将捐赠物转交给特定的受益人。

（三）直接捐赠和间接捐赠

从受益人和受赠人是否同一的角度，可以将公益捐赠划分为直接捐赠和间接捐赠。

直接捐赠是指捐赠人将款物直接捐赠给受益人，受益人和受赠人相同。效率较高，行为透明，不足之处是缺少专业化和职业化，覆盖范围不广。

间接捐赠则比较符合公益慈善捐赠的基本特征，是指捐赠人首先将捐赠的款物先捐赠给公益组织，然后该组织机构按照公益目的再分给各受益人。这种资助比较具有普遍性，不仅仅局限在小范围内的有限的特定人群。公益事业捐赠法中调整的公益慈善捐赠是间接捐赠。

三、公益捐赠的具体制度

（一）捐赠协议

公益事业捐赠法第十二条规定："捐赠人可以与受赠人就捐赠财产的种类、质量、数量和用途等内容订立捐赠协议。捐赠人有权决定捐赠的数量、用途和方式。捐赠人应当依法履行捐赠协议，按照捐赠协议约定的期限和方式将捐赠财产转移给受赠人。"

1. 签订捐赠协议是捐赠人与受赠人之间的自愿行为

捐赠活动是捐赠人和受赠人双方的自愿行为，既不能强行摊派，也不能强迫受赠，捐赠程序应当体现捐赠人和受赠人双方的意愿。公民、法人或者其他组织在捐赠其合法财产时，不仅有权选择符合其意愿的受赠对象，也有权选择实施捐赠的形式，而捐赠协议是一种约定捐赠人和受赠人权利义务的好形式。但需要注意的是，是否签订捐赠协议应当取决于捐赠人与受赠人双方共同的意愿，任何单方特别是受赠一方不得强迫或者变相强迫捐赠人签订捐赠协议。

2. 捐赠协议的内容

捐赠协议实际就是民法意义上的合同。合同的内容由捐赠人和受赠人双方约定，主要内容包括当事人的名称或者姓名和住所、标的、数量、质量、价款或者报酬、履行期限、地点和方式、违约责任以及解决争议的办法等。捐赠协议的内容适用合同法有关合同内容的规定，主要包括捐赠财产的种类、质量、数量和用途等内容。

由于捐赠是一种自愿和无偿的行为，因而在订立捐赠协议时，捐赠人不得要求受赠人给付价款和报酬，也不得要求受赠人对捐赠人给予其他任何利益性质的回报。也就是说，捐赠协议基本上是一种单务合同，在一般情况下，只有捐赠人一方负有捐赠的义务。但在某些情况下，受赠人也负有义务，比如，受赠人有义务在约定的时间、地点接受捐赠，受赠人有义务按照捐赠人的意向和要求使用捐赠财产等。也由于捐赠协议基本上是一种单务合同，捐赠人是订立捐赠协议的主要一方，因而捐赠协议的主要内容应当由捐赠人决定。捐赠人有权决定捐赠财产的数量、用途以及捐赠的方式。在捐赠协议中，捐赠人捐赠什么即捐赠的种类不仅应当由捐赠人决定，也应当征得受赠人的同意。但在确定了捐赠种类后，对捐赠多少即捐赠的数量应当由捐赠人一方决定。捐赠人也有权决定谁是受益人以及捐赠财产的使用方式，即捐赠财产的用途。

3. 捐赠协议的效力

捐赠承诺的形式和法律效力，根据具体情况在适用公益事业捐赠法的同时还应当适用合同法的有关规定。

合同法第十条规定："当事人订立合同，有书面形式、口头形式和其他形式"。第一百八十五条规定："赠与合同是赠与人将自己的财产无偿给予受赠人，受赠人表示接受赠与的合同。"这说明，公益事业捐赠是赠与的一种，对捐赠承诺既可以采取书面形式，也可以采取口头形式。由于赠与合同特别是有关公益事业捐赠的合同具有一定的特殊性，不宜对捐赠承诺的形式作出统一规定，但遇有数额较大的捐赠财产时，应当提倡捐赠人与受赠人根据具体情况签订捐赠协议。实践中，在电视义演等公开场合口头承诺捐赠的，捐赠人一般都同时或者随后即与法定的受赠主体签订捐赠协议。

合同法第一百八十八条规定："具有救灾、扶贫等社会公益、道德义务性质的赠与合同或者经过公证的赠与合同，赠与人不交付赠与的财产的，受赠人可以要求交付。"第一百八十九条规定："因赠与人故意或者重大过失致使赠与的财产毁损、灭失的，赠与人应当承担损害赔偿责任。"这些规定要求，捐赠协议一旦签订，捐赠人就应当依法履行捐赠协议，按照协议约定的期限和方式将捐赠财产转移给受赠人，否则将要承担相应的法律责任。

针对捐赠协议，慈善法第四十一条也作出了具体规定："捐赠人应当按照捐赠协议履行捐赠义务。捐赠人违反捐赠协议逾期未交付捐赠财产，有下列情形之一的，慈善组织或者其他接受捐赠的人可以要求交付；捐赠人拒不交付的，慈善组织和其他接受捐赠的人可以依法向人民法院申请支付令或者提起诉讼：（一）捐赠人通过广播、电视、报刊、互联网等媒体公开承诺捐赠的；（二）捐赠财产用于本法第三条第一项至第三项规定的慈善活动，并签订书面捐赠协议的。"

（二）捐赠人的知悉真情权

公益事业捐赠法第二十一条规定："捐赠人有权向受赠人查询捐赠财产的使用、管理情况，并提出意见和建议。对于捐赠人的查询，受赠人应当如实答复。"

本条规定的捐赠人的监督权实际上是知悉真情权，它包括以下几层含义：

1. 捐赠人查询的对象是受赠人

捐赠人和受赠人是捐赠合同的当事人，享有权利，承担义务，捐赠合同通常在捐赠人和受赠人之间产生法律效力，因此，捐赠人不能向除受赠人以外的其他人或单位查询捐赠财产的使用和管理情况，如捐赠人不能直接查询受赠人的银行账户。

2. 捐赠人监督的形式是查询捐赠财产的使用和管理，并提出意见和建议

捐赠人查询的事项限于其捐赠财产的使用和管理，对于其他事项，受赠人可不予答复。捐赠人认为受赠人未合理使用和管理捐赠财产的，可以向受赠人提出意见和建议。

3. 对于捐赠人的查询，受赠人应当如实答复

受赠人未履行如实答复义务的，如捐赠人有理由认为受赠人没有依法使用或没有按约定使用捐赠财产，有权向有关主管机关反映情况和问题。

以案释法 23

捐赠助学协议纠纷案

某外语学院附设外国语学校是2003年7月经市教育局批准设立，国家承认学历的全日制、住宿制学校。2004年7月，王某见到该校的招生广告后与学校联系，同月2日，王某的法定代理人王锋代表王某与学校签订捐赠助学协议一份，约定王某法定代理人自愿送王某进入学校高中部就读，时间自2004年9月至2007年7月。为支持学校创建优良的教育教学条件，王某自愿一次性捐赠教育建设费22000元。同日，王某向学校交纳了捐资助学费22000元，学校给王某出具了收据一张。从9月开始，王某在该校就读高中一年级。2006年2月新学期开始后，王某认为学校不能正常教学，遂未在学校继续就读并起诉该校。

另查，该外语学院附设外国语学校是某实业有限公司出资设立。2002年4月8日，该公司与该外语学院签订联合办学协议一份，约定联合办学的学校名称为“某外语学院附设外国语学校”，办学期限为2002年4月8日至2005年4月8日，共三年。学院同意由公司投资创办某外语学院附设外国语学校，学院不承担联合办学的任何经费和风险。公司从2002年9月起，向学院缴纳管理费，每年10万元，每年10月15日前一次缴清。公司承担某外语学院附设外国语学校创办，延续和发展所需要的一切经费并独立承担任何风险。协议到期后，双方续签协议。

释解

民办教育促进法实施条例第八条第二款规定：“民办学校的举办者不得向学生、学生家长筹集资金举办民办学校，不得向社会公开募集资金举办民办学校。”第十六条规定：“申请正式设立民办学校有下列情形之一的，审批机关不予批准，并书面说明理由：……（二）向学生、学生家长筹集资金举办民办学校或者向社会公开募集资金举办民办学校的……”从上述规定可以看出，民办教育促进法实施条例第八条的这一禁止性规定仅适用于民办学校处于筹建阶段而尚未正式成立之前，因此在本案中，该外语学院附设外国语学校已经合法有效成立后，其接受学生家长捐助的行为不属于该条款的适用范围，王某的诉求不成立。

第九章

基层政权和社区建设

导读

基层政权是国家政权的一部分，它是相对于中央政权、中层政权而言的，是指设在最低一级行政区域内的国家政权。我国的基层政权包括农村基层政权和城市基层政权两部分。按照宪法和地方组织法的规定，在农村，是指乡、民族乡、镇一级；在城市，是指不设区的市、市辖区一级。为了便于行政管理，我国城市基层政权一般设有自己的派出机关——街道办事处。从组织机构上说，我国的基层政权是指乡、镇、民族乡人民代表大会和人民政府以及市（不设区的市）、市辖区人民代表大会和人民政府。

社区建设指的是一种社区工作，是指在党和政府的领导下，依靠社会力量，利用社会资源，强化社区功能，完善社区服务，解决社区问题，促进社区政治、经济、文化、环境协调和健康发展，不断提高社区成员的生活水平和生活质量的过程。社区建设是一项新的工作，大力推进社区建设，是我国城市经济和社会发展到一定阶段的必然要求，是面向新世纪我国城市现代化建设的重要途径。

第一节　街道办事处

街道办事处，习惯上简称为街道办、街办等，是我国大陆地区的市辖区和不设区的市政府的派出机关，街道办事处管辖区域称为街道，街道一般与乡和镇处同一行政区划层次，但本身不构成一级政权。具体工作有：指导、帮助社区居委会开展组织建设、制度建设和其他工作；负责辖区社区建设、管理和服务工作；做好社会救助和其他社会保障工作；执行辖区内经济和社会发展计划、财政预算，管理辖区内的社会事务、劳动和社会保障、计划生育、环境保护、文化、卫生、安全生产等。

一、街道办事处的职能的基本定位

（一）公共服务职能

随着行政体制改革的深化，建立服务型政府和面向市场的政府成为政府改革的新目标。服务型政府与传统的管制型政府相对，它改变了官本位和权力本位的传统政府的特征，它追求的是满足社会和公民的需要，本质上建立民本位和社会本位的政府，这是一种全新的政府管理理念和管理模式，是政府进行新的职能定位的依据。

街道办事处作为政府的派出机构，新时期改革的目标也是建立服务型政府管理模式，这将有助于政府职能的转变。从这个角度来说，政府及其派出机构的核心工作就是提高城市管理和服务水平，不断满足居民群众的需要。

我国社会主义市场经济日益深入，国家各个方面都处于转型时期，在建设过程中也出现了这样那样的问题，比如就业困难、居民住房难、看病难、社会贫富差距越来越大等问题，这些给社会稳定带来一定的威胁。另外，近年来自然灾害和公共突发事件频频发生，这些突发事件的处理进一步彰显了政府作用的重要性，要更好地应对突发事件，维护社会稳定，就要正确定位街道办事处的基本职能。街道办事处应该做好人民与政府的桥梁，及时地与人民沟通，并向上级政府及时反映居民的意见和要求，平时要积极宣传应对突发事件的知识，组织好居民应对突发事件，切实做好社会保障工作等，这些才是街道办事处在维护社会治安和应对突发事件时的职能。

（二）指导、协调、监督职能

街道办事处作为最基层的行政组织，它主要负责社区建设和居民服务。社区工作直接与居民生活密切相关。社区建设的成功，不仅能够提高居民的生活质量，而且能够促进社会的稳定，有助于构建和谐社会。因此，社区建设是政府最应该关注的重要工作之一。然而，社区居委会是群众性的自治组织，它们的工作多是事务性和技术性的工作，并且政府不能直接插手其中。因此，街道办事处作为区政府的派出机构就要承担起社区建设的指导责任，引导社区居民群众建设具有中国特色的社会主义新型社区。

街道办事处的协调监督职能主要体现在协调与居民群众密切相关的一些单位之间的关系，以及这些单位之间的关系，包括物业公司、街道辖区的驻地单位、业主委员会等。

街道办事处之所以能够担任上述工作，有两方面的原因：一方面，街道办事处成立以来，这方面的工作一直都是其应有的职责，而且近年来取得成果也是有目共睹的。另一方面，街道办事处是区政府的派出机构，作为上级部门政策的执行者，它的职权具有一定的权威性，并且对居民群众生活和相关单位有着很大的影响，更适合担任协调的角色。

二、街道办事处职能的基本内容

第一，贯彻执行党和国家的路线方针、政策以及市、区关于街道工作方面的指示，制订具体的管理办法并组织实施。

第二，指导、搞好辖区内居委会的工作，支持、帮助居民委员会加强思想、组织、制度建设，向上级人民政府和有关部门及时反映居民的意见、建议和要求。

第三，抓好社区文化建设，开展文明街道、文明单位，文明小区建设活动，组织居民开展经常性的文化、娱乐、体育活动。

第四，负责街道的人民调解、治安保卫工作，加强对违法青少年的帮教转化，保护老人、妇女、儿童的合法权益。

第五，协助有关部门做好辖区拥军优属、优抚安置、社会救济、殡葬改革、残疾人就业等工作；积极开展便民利民的社区服务和社区教育工作。

第六，会同有关部门做好辖区内常住和流动人口的管理及计划生育工作，完成区下达的各项计划生育指标任务。

第七，协助武装部门做好辖区民兵训练和公民服兵役工作。

第八，负责在辖区内开展普法教育工作，做好民事调解，开展法律咨询、服务等工作，维护居民的合法权益，搞好辖区内社会管理综合治理工作。

第九，负责本辖区的城市管理工作，发动群众开展爱国卫生运动，绿化、美化、净化城市环境，协助有关部门做好环境卫生、环境保护工作。

第十，负责本辖区的综合执法工作，维护辖区的良好秩序。

第十一，负责研究辖区经济发展的规划，协助有关部门抓好安全生产工作。

第十二，配合有关部门做好辖区内的三防、抢险救灾、安全生产检查、居民迁移等工作。

第十三，承办区委、区政府交办的其他工作。

三、街道办事处的权限

理顺街道与各方面的关系是街道机构改革的关键，要通过明确管理职能、工作程序和办事规程，合理划分职责权限，理顺三个关系。

（一）向下放权，理顺区街关系

街道办事处是城市行政管理体制中一个极其重要的基础管理层次。一方面要组织动员群众完成政府的各项工作任务；另一方面又要直接面对群众，听取反映群众的意见和要求，成为党和政府联系群众的中间环节。在这种情况下，从适应建立社会主义市场经济体制的要求出发，很有必要理顺区政府和街道办事处的关系，合理划分职责权限。要把区里管不好、管不了，而应由街道办事处管理的事情交由街道管理，并给予相应的工作和管理权力，做到权随事走，责权利相一致，以增强街道办事处综合协调和管理本区域政治、经济、社会的能力。

（二）合理划分事权，理顺条块关系

按照统一领导、分级负责、重心下移、强化基层的原则，要把条条延伸到街道的人、财、物。并明确以条为主的工作由条条负责，以块为主的由街道负责。一些专业性较强的机构和人员，可由街道和主管部门双重领导，以街道管理为主；公安、工商、税务等具有监督检查职能的机构和人员，以主管部门管理为主。

（三）健全充实居委会组织，理顺街居关系

要把便民利民、城管卫生、治安、文化娱乐、卫生保健、劳动就业再就业等社区服务工作落实到居委会。要改善居委会办公条件，提高居委会干部素质并落实政治经济待遇，使居委会成为名副其实的城市居民自治组织。可配备与工作需要相适应的事业编制，纳入财政拨款，主要用于设立居委会主任或党支部书记。人员可从机关分流的人员、军转干部、大中专毕业生、下岗职工中择优招聘。

以案释法 24

行政处罚纠纷案

2006年10月12日，某市规划局依据该市“12345”市政府市长热线受理交办件和中共市委、市人民政府信（访）事项转办函，经现场勘查测绘后以东华街道办事处在小龙路建设的建筑面积为14953. 44平方米的六层综合楼未经规划行政主管部门审批，违反城市规划法、城市规划管理条例的规定，属于违法建设为由，作出了违法建设行政处罚决定通知书，限东华街道办事处于2006年10月31日前自行拆除违法所建的综合楼工程。恒利公司不服，以小龙路综合楼是自己投资建设的，市规划局的处罚决定认定事实不清、程序违法且越权行政，侵犯了恒利公司的合法权益为由向法院提起行政诉讼。诉求依法撤销市规划局发出的《违法建设行政处罚决定书》，判令将处罚措施变更为罚款并补办手续，判令其承担全部诉讼费用。在诉讼过程中，市规划局于2007年10月11日撤销了被诉具体行政行为。

释解

根据行政处罚法的规定，行政机关在作出行政处罚决定之前，应当告知当事人作出行政处罚决定的事实、理由及依据，并告知当事人依法享有的权利。被诉行政主体市规划局作出行政处罚决定之前，没有告知东华街道办事处作出处罚决定的事实、理由及依据和东华街道办事处依法享有的权利，一审判决认定其行政行为程序违法。

根据城市规划法的规定，未取得建设工程规划许可证件或者违反建设工程规划许可证件的规定进行建设的处罚对象是违法建设的建设者，且只有在违法建设达到“严重影响城市规划”的情况下才能作出限期拆除的处罚决定。被诉行政主体市规划局提供的证据不足以证明小龙路综合楼的建设者是东华街道办事处及小龙路综合楼的建设已经达到“严重影响城市规划”的事实，一审判决认定作出被诉具体行政行为的主要证据不足，有事实和法律依据。

一审诉讼过程中，市规划局作出了撤销原具体行政行为的决定，恒利公司不撤诉，上诉人恒利公司要求判令市规划局将其处罚决定变更为罚款补办手续，因被诉具体行政行为在诉讼过程中已由市规划局自行撤销，一审判决驳回其该项诉讼请求，并无不妥，上诉人的上诉理由不能成立。

第二节　居民委员会

居民委员会是社区居民自我管理、自我教育、自我服务、自我监督的基层群众性自治组织。在城市基层设立居民委员会，实行居民自治，是我国的基本政治制度之一。政府社会服务社区化是实现基本公务服务直达基层、贴近居民的现实需要。居民委员会自诞生以来，以其独特的地位和优势在我国城市基层社会管理和服务中发挥着不可替代的重要作用。特别是近年来，随着城市社区建设的推进，社区居民委员会建设得到极大加强，在基层社会管理与服务中的地位越来越突出，发挥的作用越来越重要。

一、居民委员会的任务

城市居民委员会组织法第三条规定：“居民委员会的任务：（一）宣传宪法、法律、法规和国家的政策，维护居民的合法权益，教育居民履行依法应尽的义务，爱护公共财产，开展多种形式的社会主义精神文明建设活动；（二）办理本居住地区居民的公共事务的公益事业；（三）调解民间纠纷；（四）协助维护社会治安；（五）协助人民政府或者它的派出机关做好与居民利益有关的公共卫生、计划生育、优抚救济、青少年教育等项工作；（六）向人民政府或者它的派出机关反映居民的意见，要求和提出建议。”

二、居民委员会的工作制度

（一）居民委员会协调会议制度

宣传宪法、法律、法规和国家的政策，维护居民的合法权益，教育居民履行依法应尽的义务，爱护公共财产，开展多种形式的社会主义精神文明建设活动；办理本居住地区居民的公共事务的公益事业；调解民间纠纷；协助维护社会治安；协助人民政府或者它的派出机关做好与居民利益有关的公共卫生、计划生育、优抚救济、青少年教育等项工作；向人民政府或者它的派出机关反映居民的意见，要求和提出建议。

（二）听证会制度

在决定小区内重大事件前，居委会召集居民或居民代表举行听证，广泛听取各方面的意见，实行民主决策和民主监督，会议由居委会主任主持。

（三）评议会制度

每年二次，分别于6月份和12月份下旬召开。

（四）居民来访制度

每月二天，分别于15日、30日上午9：00—11：00由居委会成员值班，其余时间有社工成员值班，接待居民来访，并做好接待记录，做到每件事有接待、有落实、有结果。

（五）居委会报告工作制度

居委会每年召开两次居民代表大会，专题汇报居委会工作情况，商讨下半年的工作要点。

（六）居民委员会图章保管使用制度

居委会的图章保管，原则上由居委会保管使用。严格使用手续，建立登记制度。

以案释法 25

何某诉某居民委员会第四居民小组财产权属案

1984年，何某作为某居民委员会第四居民小组的社员承包责任田2.48亩。1991年，何某被判处无期徒刑，其承包的责任田由其母亲耕作。1993年，该市高新开发区征用包括何某承包的责任田在内的土地。2001年，该居民委员会第四居民小组转让20亩土地，获得土地转让款800万元，其中200万元留作返购临街商铺，余下600万元扣除缴纳的土地转让费税金33万元，后剩567万元。

2002年9月27日，该居民委员会第四居民小组作出的《某居民委员会第四居民小组关于集体资产经营管理股份量化的报告》明确1984年1月1日至2001年12月31日期间与本组有分配关系并且现在还健在的，是这次集体资产量化的股东；股份的设置为集体公益股、个人社龄股、个人现金股。个人社龄股的量化方法为从1984年1月1日至2001年12月31日期间户口没有迁出迁入情况，并且现在还健在的户口在本组的，按每在本组一年量化一股，应得18股；1984年1月1日至2001年12月31日期间，户口转出的，按转出的当年截止量化时间，截止时间前并且现在还健在的按一年一股量化社龄股。

2002年12月12日，该市西山区经济体制改革委员会同意第四居民小组成立该市西山区马街镇梁源第四股份合作社。2004年4月，该居民委员会第四居民小组经党员、居民代表、部分群众代表联席会及股东大会决定将土地转让费567万元按股份合作社量化个人股为依据，以每股400元分给股民，股民据此每人分得14400元。2005年4月16日，何某刑满释放。2005年5月2日，何某户口迁回该居委会。2005年6月14日，高新开发区补发原告征地生活安置费、企业发展基金共计13000元。2005年7月20日，该市西山区马街镇梁源第四股份合作社作出的《关于第四居民小组何某申请人现金股的复函》明确2005年7月12日召开居民代表、监、理事会成员联席会，就何某自愿参加股份合作社的申请和是否补发土地转让费进行反复讨论。会议决定按股份合作社章程，股份合作社不扩个人现金股，不同意何某交现金2600元后量化个人现金股，只能享受1984年至1991年个人社龄股每年1股计8股，取消何某1991年至2005年的一切分红和福利待遇（含土地转让费、个人社龄股份量化和参加2006年年终股红分配）。2005年9月21日，何某遂向法院提起诉讼。

释解

首先，关于何某要求被诉行政主体向其支付土地转让费分红款14400元的诉讼请求。由于包括何某服刑前所承包的责任田在内的土地已于1993年被该市高新开发区征用，而针对因该征用土地行为被诉行政主体所获得的土地转让费，被诉行政主体于2004年4月经党员、居民代表、部分群众代表联席会及股东大会决定将获得的土地转让费567万元按股份合作社量化个人股为依据，以每股400元分给股民，股民据此每人分得14400元；基于上述对何某集体经济组织成员资格认定的分析评判理由，何某一直享有被诉行政主体集体经济组织成员的资格，进而，何某即应享有获得该土地转让费分红款14400元的权利。因此，何某要求被诉行政主体向其支付土地转让费分红款14400元的诉讼请求有事实和法律依据，法院予以支持。

其次，关于何某要求被诉行政主体为其恢复集体财产量化的全部社龄股权36股及今后的股权分配权的诉讼请求。基于上述对何某集体经济组织成员资格认定的分析评判理由，何某一直享有被诉行政主体集体经济组织成员的资格，而根据被诉行政主体制定的“集体收益性资产量化方案”的规定，作为被诉行政主体集体经济组织成员的何某，即能够按照该量化方案的规定获得其应当享有的股权份额和股权分配权；但是，必须指出的是，根据最高人民法院《关于审理涉及农村土地承包纠纷案件适用法律问题的解释》的规定，集体经济组织资产股权的量化分配和份额确定不属于人民法院受理民事诉讼的受案范围。

第三节　村民委员会

村民委员会，为我国大陆地区乡（镇）所辖的行政村的村民选举产生的群众性自治组织，村民委员会是村民自我管理、自我教育、自我服务的基层群众性自治组织。

作为村民自治体系的核心，村民委员会在20世纪80年代初就产生了。经过三十多年的实践，村民自治在村民委员会成员的民主选举、村务的民主决策、民主管理以及民主监督等领域中都取得了令人可喜的成绩。

一、村民委员会的性质

（一）农村自治体系的构成

一是村民会议或村民代表会议（适用于人数较多或居住分散的村）是村民自治的最高权力机关，享有集体经济收益分配、公益事业兴办、征地补偿费用分配等重要事项的最终决定权。而村民（代表）会议也仅在有关重大事项决策时召开，并需要由村民委员会召集或是三分之一以上村民（十分之一以上村民代表）提议。

二是村委会，根据我国宪法的规定，村民委员会是基层群众性自治组织，村民委员会组织法更进一步地规定其为"自我管理、自我教育、自我服务"的基层群众性自治组织。由此可以看出，村民委员会也被法律界定为一个自治组织。村民委员会是一个常设组织，负责农村日常工作的管理与执行工作。此外村民委员会根据工作的需要，或下设调解、治安保卫、公共卫生与计划生育等委员会，或由村委会组成人员分工负责相应工作。

三是村民小组，即将全村划分为若干个村民小组，作为最低一级的组织，每一小组再设小组会议，选举小组长，负责传达村委会意见、反馈民意和小组的其他日常事宜。村民小组也是组织。

四是村民选举委员会，该委员会虽然是一个临时性机构，但却负责村委会成员的选举、监督、罢免工作，对于农村自治而言是一个非常关键的组织。

（二）村民委员会的性质

村民委员会的成员全部来自于村民选举，也即全体村民以选举的方式来选举出一部分人，组成一个自我管理、自我教育、自我服务的组织，从这点上来说，村民委员会本身就是一个管理组织。

同时，村民委员会也是一个执行组织，执行村民（代表）会议的决定，同时也要向村民（代表）会议汇报工作。而且村民委员会组织法还规定了乡镇政府对于村民委员会的工作只能是指导、支持和帮助，不得干预，这一点其实是在维护村民委员会这一组织的独立性，使其免受行政机关的干预，而这种独立性是出于实现村民自治这一目的，否则受到乡镇政府的干预，村民自治就无法真正实现。

无论村民委员会是管理组织，还是执行组织，村民委员会的组织性是不能被否定的，宪法和村民委员会组织法采用自治性组织的说法也是为了从法律的角度强调“自治”一词。因此村民委员会的性质就是一个基层群众自治性组织的性质，这点可以得到确定。

二、村民委员会的权利

（一）自治立法权

村民委员会可以制定和修改自治章程、村民规约，且这些章程、规约一旦通过村民会议的讨论之后，所有村民（包括村民委员会成员），都必须遵守其规定。而村民委员会按照章程、规约所作出的决定、行为等，在被撤销之前也应视为是有效的。这是实现基层自治的制度基础所在。

（二）自治财政权

自治财政权是指村民委员会有独立的经费来源且其对经费的管理、使用不受干涉。我国的政权体系只延伸到乡镇一级，因此广大农村是没有政府财政为其提供支持的（当然会有一些补贴）。而为了实现自治，村民委员会是需要必要的经费的来保障其职能的行使，这就要求村民委员会应当有必要的经费来源。在农村地区，村民委员会的经费最主要的来源是村民缴纳的村提留，其次在有集体经济组织的地区，集体经济组织的收益提取也是村民委员会经费的重要来源之一。而对于村民来说，缴纳村提留是村民的义务。从集体经济组织的收益中提取一部分作为村民委员会的管理经费也是必需的。因此自治财政权强调的是村民委员会对内获得并使用经费的权力，而这是保障村民委员会行使职能的经济基础。

（三）自治行政权

为了实现基层自治，通过居民委员会这一自治组织对农村的自治事务进行管理，如农村道路等基础设施建设、治安维护、公共卫生等问题，村民委员会本身就应当就这些事务进行管理，而这就必然要赋予村民委员会自治行政权，这是实现基层自治的手段和途径。

（四）自治组织权

自治组织权，是村民委员会可以确定自己组织的人员、构成不受干预。之前多数学者在论述相关问题时多将自治组织权视为村民委员会的一种权力。除了村民委员会根据工作需要设立计划生育、公共卫生与安全委员会之外，自治组织权应该被视为一种权利，而非权力。

村民委员会这一组织的产生，是经过全体村民的选举产生的，因此其成员是由全体村民决定的，在决定村民委员会这一组织的构成上，享有权力的是全体村民。

确定组织的人员、构成之后，其可能受到的干预主要是来自乡、镇政府，此时为了保证村民选举的村民委员会不会受到外来力量的干预，授予其自治组织权主要是对抗外部干扰，以确保其稳定性和独立性。

（五）自治经营权

村民委员会对集体财产（核心财产是土地）、集体经济组织、自然资源等的经营利用。我国土地管理法第十条规定，农民集体所有的土地由集体经济组织或村民委员会经营、管理。这是农村地区日常的生产、经营的一部分，同时是村民委员会得到了法律的授权而获得的一种权利。

三、村民委员会的职能

（一）管理自治事项的职能

如收取村提留；兴建本村的道路、水利、学校等基础设施；维护公共安全、公共卫生；农村宅基地的审批工作；向村民（代表）会议汇报工作；调解人民纠纷等。以上事项均为法律、法规、规章明确规定的由村委会负责的事项，并赋予了村委会管理这些事项的职能。这些事项所涉及的内容均为农村或村民内部的事情，与外界联系或受到政府部门或其他组织、个人的干涉极少，因此可以说是纯粹的村民自治的内部事务。在管理以上事项时，上级政府（主要是乡、镇政府）和其他组织、个人一般不得干预。

（二）管理交办事项的职能

此类事项是指本来不该由村委会来处理的事项，但是有相关法律明确规定交由村委会办理的事项，典型即为计划生育管理工作。计划生育管理工作实质上是一项国家事务，虽然发生在农村地区，但原本也应该由相应的上级机关来处理。但是考虑到我国农村地区范围极广、人口众多，且在推行基层自治的过程中又尊重基层群众的自治权，同时考虑到执行成本、效率等因素，因而由法律规定此类事项由村委会来处理。

（三）管理协助事项的职能

由于我国的国家行政机关只延伸至乡、镇一级，而传统上我国又是一个农业大国，农村人口众多，出于工作上的客观需求，很多工作，如征兵、征收公粮（现在已取消）、收缴乡镇统筹费等工作，都需要村委会的协助才能更好完成。而协助的主要方式，多为乡镇政府以委托的形式，委托村委会来处理这些工作。此时，村委会已不仅仅是一个基层群众性自治组织，而且同时是接受国家行政机关（乡镇政府）的委托而从事公务。此时的村委会实际上演变为国家的代理人，其居于与国家行政机关相似的地位，由此产生的法律责任最终也由国家承担。在处理此类事务的时候，村委会已经享有了国家行政权力，但因其是受委托的组织，因此责任是由委托方承担而不是由村民委员会承担。

以案释法 26

薛某与郇封村委会承包合同纠纷案

2009年12月30日，薛某与郇封村委会签订承包合同，承包郇封村北地工业区养狐场进行狐狸养殖，承包期限为六年。合同履行期间，因项目开发需要对薛某养狐场用地进行征迁。郇封村委会在双方对搬迁补偿费用未能达成一致意见且薛某不在场的情况下，于2011年3月5日对薛某养狐场进行了强制搬迁，造成薛某损失。

省高级人民法院二审认为，郇封村委会与薛某签订的承包合同约定，薛某在承包期内，如遇上级政策性项目，薛某应服从规划。依据该约定，薛某养狐场土地被纳入修武县产业聚集区整体规划范围内，符合双方约定的承包合同的解除条件，郇封村委会享有解除权。但郇封村委会应当通知薛某，并应根据养狐场正常养殖需要，给予薛某合理的搬迁时间。在双方未协商一致的情况下，郇封村委会未给薛某合理搬迁时间而擅自进行强制搬迁构成侵权，应当承担相应的侵权赔偿责任。二审判决郇封村委会赔偿薛某狐狸损失350余万元。郇封村委会不服，向最高人民法院申请再审。最高人民法院认为，郇封村委会即使享有承包合同约定的解除权，亦应依法行使，在双方未协商一致的情况下，郇封村委会没有给薛某合理搬迁时间，而是擅自进行强制拆迁，造成薛某的损失，应当予以赔偿。裁定驳回郇封村委会的再审申请。

释解

本案属于保护弱势被拆迁养殖户利益的案件。当前，采用暴力手段强制拆迁，侵害群众利益的事件在各地时有发生，而少数地方政府认为受害人维护自己的权利就是破坏稳定的大局，群众不配合拆迁就是影响发展。为了维稳而迁就不当行为人，为了一时的发展侵害群众利益，与习近平总书记“落实依法治国基本方略，加快建设社会主义法治国家”的讲话精神相背离。以丧失公平公正为代价换取的“稳定”是暂时的，必将引发新的不稳定；侵害群众利益带来的“发展”切断了党和人民群众的血肉联系，不利民、不惠民的发展不可持续。该案的审查过程中紧紧围绕“要依法公正对待人民群众的诉求，努力让人民群众在每一个司法案件中都感受到公平正义”这个目标，既保护弱势群体，又不搞反向歧视，积极探索拆迁侵权类案件举证责任分配规则，结合客观规律和经济规律审慎查明事实，讲科学，讲道理，讲法律，体现了只有公平公正才能维护社会大局稳定，只有坚定不移地贯彻落实群众路线才能可持续发展的理念。

第四节　社区建设

一、社区建设的概念

（一）社区的概念

社区是指由居住在一定范围内的人们所组成的社会生活共同体。城市社区是指在特定的城市区域内，由一定规模的、从事各种非农业劳动职业人群所组成的基层社会。城市社区建设指的是城市基层社会在党和政府的支持、指导下，通过调整、强化社区自治组织和其他社区组织，依靠社区力量，利用社区资源，整合社区功能，发展社区事业，改善社区经济、社会和文化环境，把社区与整个国家的社会生活融为一体。

（二）社区建设的概念

社区建设指的是一种社区工作，是指在党和政府的领导下，依靠社会力量，利用社会资源，强化社区功能，完善社区服务，解决社区问题，促进社区政治、经济、文化、环境协调和健康发展，不断提高社区成员的生活水平和生活质量的过程。社区建设是一项新的工作，大力推进社区建设，是我国城市经济和社会发展到一定阶段的必然要求，是面向新世纪我国城市现代化建设的重要途径。

二、社区建设的基本原则

（一）以人为本，服务居民

不断满足社区居民物质和文化生活需求，提高生活质量和文明程度，把为社区居民和单位服务作为社区建设的出发点和落脚点。

（二）扩大民主，社区自治

科学合理划分社区，实行民主选举、民主决策、民主管理、民主监督，实现社区居民的自我管理、自我教育、自我服务、自我监督。

（三）资源整合，共驻共建

整合社区资源，充分调动辖区单位和社会力量广泛参与，形成共驻社区、共建社区、共享社区资源的良好态势。

（四）责权统一，管理有序

健全社区组织，明确职责和权利，依法加强管理，寓管理于服务中，逐步增强社区凝聚力。

（五）因地制宜，循序渐进

坚持一切从实际出发，实事求是，勇于创新，培育特色，树立典型，有计划有步骤地实现社区建设的发展目标。

三、社区建设的基本任务

第一，健全社区组织体系。完成新型社区的构建；加强社区党组织建设；加强社区自治组织建设，积极发展社区服务性组织。

第二，加强社区工作者队伍建设。规范用人机制；树立先进典型；搞好业务培训；建立社区建设财力投入保障机制。

第三，拓展社区服务领域。深化改革，健全体系，规范管理，拓展服务，加快发展；引入市场机制，实现社区服务管理和作业相分离；广泛开展科技、文体、法律、卫生、计生进社区活动；积极推进社区信息化建设。

第四，加强社区基础设施建设。全面拉动社区配套设施建设；广泛集聚本地区社会资金；整合现有资源。

第五，繁荣社区文化、教育、体育事业。结合城市建设，积极创办市民学校，不断完善社区公益性文化体育设施；以社区党校、市民学校、家长学校为阵地，努力提高市民素质；广泛开展群众性文化体育活动；深入开展社区共建活动；深入开展以“讲文明、树新风”为主要内容的群众性精神文明创建活动。

第六，发展社区卫生服务、搞好社区计划生育工作。做好社区卫生服务机构规划，调整、利用现有卫生资源，实行行业管理；健全计划生育管理服务体系。

第七，加强社区治安，美化社区环境。规范社区警务运作机制，健全专群结合的社区安全防范体系；积极开展安全社区创建活动，提高创建水平；积极开展“美化人居环境，改善生活质量”活动，培养社区成员的环境意识、公德意识；加强市容、环境治理。

四、社区建设的主要特征

（一）综合性

社区建设是指整个社区的全方位建设，它包括社区服务、社区环境、社区秩序、社区治安、社区民主、社区法治、社区文化教育、社区体育、社区卫生和社区组织等方面的建设，具有极强的综合性；社区建设的方法和手段有经济手段、行政手段、社会手段等，也具有极强的综合性。

（二）社会性

我国社区建设是各类社区主体、各种社区力量共同参与的过程。

（三）地域性

社区是一种地域性的社会实体，因而具有明显突出的地域性特征。

（四）计划性

要系统有序地开展社区建设工作，需要从社区实际情况出发，制订切实可行的发展规划和工作计划，并按照计划开展活动。因此，计划性是社区建设的一个主要特征。

（五）群众性

从社区建设的对象看，不是指社区内的某一群体或几个群体，而是指社区内的所有群众。由此决定社区建设具有明显的群众性。

第十章
社会福利

导读

我国的社会福利事业是为维护处于特殊困难之中的老年人、孤儿和残疾人的生活、教育、医疗和康复等方面基本权利而设立的，主要包括孤残儿童事业、残疾人福利事业和老年人福利事业。随着我国社会经济的迅速发展和社会文明的进步，全国出现了多种多样的社会化发展社会福利服务的形式：一是福利事业单位的服务对象已普遍由传统的“三无”老人转到向全社会开放，目前国有福利事业单位自费收养人数已达到40%以上；二是一大批民办社会福利事业单位涌现出来；三是利用社区现有资源兴办福利事业，把闲置托儿所、幼儿园、企业等置换为养老、为老服务机构；四是兴办福利事业的资金单纯靠政府投入逐步向多元化发展，国家、集体、社团、外资、个人等一起出资，共同兴建。

第一节　福利机构管理

一、福利机构的概念

福利机构是指国家、社会组织和个人举办的，为老年人、残疾人、孤儿和弃婴提供养护、康复、托管等服务的机构。

二、社会福利机构的审批

县级以上地方人民政府民政部门应当根据本行政区域内社会福利事业发展需要，制定社会福利机构设置规划。

社会福利机构的设置应当符合社会福利机构的设置规划和社会福利机构设置的基本标准。

依法成立的组织或具有完全民事行为能力的个人凡具备相应的条件，可以依照社会福利机构管理暂行办法的规定，向社会福利机构所在地的县级以上人民政府民政部门提出举办社会福利机构的筹办申请。

申办人申请筹办社会福利机构时，应当提交下列材料：申请书、可行性研究报告；申办人的资格证明文件；拟办社会福利机构资金来源的说明；拟办社会福利机构固定场所的证明文件。

申办人应当持以上材料，向社会福利机构所在地的县级以上人民政府民政部门提出申请，由受理申请的民政部门进行审批。

香港、澳门、台湾地区的组织和个人，华侨以及国外的申办人采取合资、合作的形式举办社会福利机构、应当向省级人民政府民政部门提出筹办申请。并报省级人民政府外经贸部门审核。

民政部门应当自受理申请之日起30日内，根据当地社会福利机构设置规划和社会福利机构设置的基本标准进行审查，作出同意筹办或者不予同意筹办的决定，并将审批结果以书面形式通知申办人。

经同意筹办的社会福利机构具备开业条件时，应当向民政部门申请领取《社会福利机构设置批准证书》。

申请领取《社会福利机构设置批准证书》的机构，应当符合社会福利机构设置的下列基本标准：有固定的服务场所、必备的生活设施及室外活动场地；符合国家消防安全和卫生防疫标准，符合《老年人建筑设计规范》和《方便残疾人使用的城市道路和建筑物设计规范》；有与其服务内容和规模相适应的开办经费；有完善的章程，机构的名称应符合登记机关的规定和要求；有与开展服务相适应的管理和服务人员，医务人员应当符合卫生行政部门规定的资格条件，护理人员、工作人员应当符合有关部门规定的健康标准。

申请领取《社会福利机构设置批准证书》时，应当提交下列文件：申请《社会福利机构设置批准证书》的书面报告；民政部门发给的社会福利机构筹办批准书；服务场所的所有权证明或租用合同书；建设、消防、卫生防疫等有关部门的验收报告或者审查意见书；机构的章程和规章制度；管理人员、专业技术人员和护理人员的名单及有效证件的复印件以及工作人员的健康状况证明。

民政部门自受理申请之日起30日内、对所报文件进行审查，并根据社会福利机构设置的基本标准进行实地验收。合格的，发给《社会福利机构设置批准证书》；不合格的，将审查结果以书面形式通知申办人。

申办人取得《社会福利机构设置批准证书》后，应当到登记机关办理登记手续。

三、福利机构管理

社会福利机构应当与服务对象或者其家属（监护人）签订服务协议书，明确双方的责任、权利和义务。

社会组织和个人兴办以孤儿、弃婴为服务对象的社会福利机构，必须与当地县级以上人民政府民政部门共同举办；社会福利机构收养孤儿或者弃婴时，应当经民政业务主管部门逐一审核批准，并签订代养协议书。

社会福利机构应当建立健全各项规章制度和服务标准。各项规章制度和服务标准应当张榜公布，并报民政部门备案。

社会福利机构应当在每年3月31日前，提交本年度的工作报告和下一年度的工作计划。

社会福利机构中不具备上岗资格的护理人员、特教人员应当接受岗前培训，经考核合格后持证上岗。

社会福利机构应当加强财务管理，其收益应当按照国家的有关政策规定分配使用，自觉接受财政、审计、监察等部门的监督。

社会福利机构的资产受国家法律保护，任何组织和个人不得侵占。社会福利机构将其所属的固定资产租赁或者转让时，须经民政部门和登记机关同意后，办理有关手续。

社会福利机构应当严格按照公益事业捐赠法的规定开展捐赠活动。不得接受任何带有政治性等附加条件的捐赠。

社会福利机构在对外交往中应当遵守国家的有关法律、规定，严格履行报批手续。

社会福利机构变更章程、名称、服务项目和住所时，应当报民政部门审批。更换主要负责人，应当报民政部门备案。社会福利机构分立、合并或者解散，应当提前3个月向民政部门提出申请，报送有关部门确认的清算报告及相关材料，并由民政部门报请当地政府对其资产进行评估和处置后，办理有关手续。

县级以上人民政府民政部门应当定期对社会福利机构的工作进行年度检查。

第二节　福利彩票管理

彩票是国家为支持社会公益事业而特许专门机构垄断发行，供人们自愿选择和购买，并事前公布规则，取得中奖权利的有价凭证。参与者购买彩票的钱形成资金奖池，在组织者抽取一定比例的资金后，再以某种方式返还给部分参与者。彩票的发售，一般由政府或政府授权机构控制，筹得的资金用于支持公益事业发展。彩票及彩票发售的意义，从本质上讲彩票并不能创造价值，但作为一种社会资源重新配置的手段，彩票已成为政府筹集社会公益资金的一个重要渠道。

一、福利彩票的概念

福利彩票即博彩，又称为福利彩券，是指按照特定的规则购买，印有号码图形或文字的凭证，人们通过填写、选择、购买取得中奖权利。目前世界上发行彩票的国家有110多个。彩票按其特征可分为“福”字彩票、数字型彩票、乐透型彩票、传统型彩票和即开型彩票，前三者为主动型的，后两者为被动型的。

我国的福利彩票，是指国家特许发行、依法销售的中奖凭证。福利彩票发行和销售以筹集社会公益资金，促进社会公益事业发展为目的。福利彩票由自然人自愿购买，并按照既定的规则中奖。我国福利彩票既不计息，也不返本。

二、我国福利彩票的法律属性

（一）公益性

公益性，是彩票正当性的重要担保。彩票是博彩形式的一种，当然具有博彩的副作用，国家之所以能够认可这种形式的博彩而特许发行彩票，主要是基于筹集社会公益金的正当目的。彩票和赌博虽然在玩法上相似，但二者有本质的区别，即彩票发行目的具有公益性，其所筹集到的资金是用于社会福利公益事业。

（二）垄断性

国家垄断是彩票的公益性的逻辑延伸。彩票市场是一个有别于其他经营的特殊市场，如果国家对此不加以严格控制，允许经营者自由进入，必然导致激烈的竞争，将一定的市场份额瓜分得支离破碎，因无法达到规模效应而导致利润降低。彩票业的高替代性与发行销售主体强烈的利润驱动力的存在，使得彩票业的发展不以竞争为必要条件，完全垄断的市场结构仍可以是有效率的。国家垄断彩票发行包括国家对彩票审批权、管理权和经营权的垄断。

（三）诚实信用性

诚实信用是市场的黄金法则，市场经济说到底就是信用经济。彩票本身就是政府信用即公信力的表现，人们相信政府能够代表全民利益将彩票资金“取之于民，用之于民”，政府也应当加强监管，营造良好的竞争秩序，维护公信形象，增强人们对彩票的信赖。提高公信力必须从以下两个方面入手：保证彩票信息的公开，杜绝幕后交易、暗箱操作；建立健全彩票监督体制，强化内部管理，严厉打击损害彩票信誉的行为。

三、福利彩票机构

我国目前，国务院特许发行的彩票有体育彩票和福利彩票两种。全国的彩票监督管理工作由国务院财政部门负责。国务院民政部门负责全国福彩的管理工作，国务院体育行政部门负责全国体育彩票管理工作。

国家民政部门依法设立福彩发行机构，负责全国福利彩票的发行和组织销售。

（一）福利彩票发行机构的具体职责

1. 制订定发展规划

福利彩票发行机构从全国彩票市场的实际出发，结合福利彩票的具体情况，制订福利彩票发行销售的发展规划。

2. 统一彩票发行

彩票管理条例和彩票管理条例实施细则明确规定，彩票游戏应由彩票发行机构统一研发，由彩票管理和监管部门对彩票品种开设、变更、停止作出审批后发行。

3. 统一技术标准

在管理制度、工作规范和技术标准方面，福利彩票发行机构应当制定标准，实施统一管理。

4. 统一组织销售

组织销售职能由彩票发行机构履行，发行机构应建立相应的彩票发行销售系统，制定出彩票管理规范体系，包括销售统计数据、资金归集结算、设备和技术服务、销售渠道和场所规划、印制和物流、开奖兑奖、彩票销毁、形象建设、彩票代销、营销宣传、业务培训、人才队伍建设等各项工作。

（二）福利彩票销售机构的具体职责

省、自治区、直辖市人民政府民政部门依法设立福彩销售机构，负责本区域内的福彩销售。福利彩票销售机构的具体职责为：

1. 制定管理制度

福利彩票销售机构负责指定本地区的销售工作规范和管理办法等制度，全面负责本地区的福利彩票销售工作。

2. 建立销售网络

我国地域广阔，省级以下行政区域还有市、县、区。各省的福利彩票销售机构需要根据本省的实际情况，建立省级以下行政区域的销售网络。

3. 进行销售管理

福利彩票销售机构应承担起本省、自治区、直辖市的福利彩票销售系统建设、运营维护等工作的责任，全面负责销售系统数据、资金归集结算、开奖兑奖工作，不允许委托销售机构以外的单位或个人完成。同时，还要做好销售渠道和场所规划、物流管理、形象建设、福利彩票代销、营销宣传、业务培训、人才队伍建设等工作。

4. 彩票发行建议

福利彩票销售机构可根据当地福利彩票市场情况，向福利彩票发行机构提出变更或停止彩票品种的建议。

四、福利彩票资金

我国的福利彩票资金分为兑奖奖金、彩票发行费和彩票公益金三部分。福利彩票资金来源于彩民购买福利彩票而形成的全部资金。

（一）兑奖奖金

兑奖奖金是彩票发行机构和彩票销售机构按照事先公布的游戏规则，按照一定的比例在彩票资金中提取的，支付给中奖彩民的中奖资金。兑奖奖金专款专用，不可改变用途，只可用于支付中奖彩民。兑奖奖金依据不同的彩票品种而各不相同，各个彩票品种的最高单注奖金也不同。

发行机构和销售机构在开设或变更彩票品种时应向国务院财政部门提交书面申请，申请中要明确列示彩票单注奖金数额，国务院财政部门将根据国务院的规定以及彩票市场的发展情况作出最后决定。逾期未兑付的奖金，纳入彩票公益金管理和使用。

（二）彩票发行费

彩票发行费亦是专款专用，主要用于彩票发行机构、彩票销售机构的业务费支出，其中包括彩票代销者的销售费用支出，该项资金是依照规定在彩票资金中按比例提取。目前，我国彩票发行费全部实行分级管理。各级彩票发行机构、彩票销售机构务必于每月10日前，计提属于本级使用的上个月的发行费用，在扣除本级彩票代销者的费用后，将余额上缴同级财政部门专户，同时严格按规定的比例完成上缴上级和下拨下级发行费用工作。

彩票发行费实行“收支两条线”管理，具体的开支范围和开支标准严格执行国家有关规定，没有统一规定的，由彩票发行机构的行政主管部门提出具体方案，报同级财政主管部门批准。同时，彩票发行机构和销售机构应当严格执行相关财务制度，接受财政部门监督，正确、合理使用彩票发行费。

（三）彩票公益基金

彩票公益金专项用于社会福利等社会公益事业，不得用于平衡一般财政预算，该项资金在彩票资金中按照一定的比例提取。彩票公益金应该在法律规定的方向上使用，一旦偏离，将会影响社会公众对我国彩票发行合理性乃至合法性的认可，将受到社会公众的质疑。

福利彩票公益金的使用范围包括以下四个主要方面：

第一，用于社会福利事业，帮助有特殊困难的人，用于资助孤、老、残障以及革命伤残军人等特殊群体，支持社会福利企业、社区服务和其他社会公益、慈善事业的发展；

第二，适当资助老旧社会福利设施的维修和更新改造，其中包括社会福利事业单位的维修和更新改造；

第三，适当资助有利于体现扶弱济困宗旨、弘扬社会主义精神文明，被公众所关注的其他社会公益事业；

第四，同等条件下，社会福利基金要优先资助老、少、穷和灾区的社会福利事业。

以案释法 27

何某、何某某诉周某、陈某、周某某彩票案

2009年5月29日，原告何某、何某某和被告周某相约一起逛街、购物，费用主要由周某支付。玩至当晚8点半左右，三人途经一家体彩销售点买彩票。开始周某支付了9元买了3张鸽子彩票，每人刮了1张，其中1张中了8元，周某用中奖的8元买了其他彩票，没刮中奖，周某接着又买了1张10元的绿翡翠彩票刮，中了10元，周某用中奖的10元买了一张绿翡翠彩票刮，没中奖。这时被告周某征求二原告的意见说："要么再刮一张？"二原告表示同意说："刮嘛。"周某随即就买了一张10元的绿翡翠彩票，二原告在旁边教周某先把奖金部分刮开，彩票刮开后，三人发现其中的24号中了25万元大奖。此时，周某要求兑奖，经店主核实中奖彩票后，店主要求通知中奖孩子的父母来。于是周某便电话通知其父母周某某、陈某，待周某的父母赶到该店后，店主向其交代了兑奖事宜。随后，周某某、陈某租车将二原告及其子周某拉回自己家中，当晚二原告在被告家中留宿到第二天（5月30日）上午才回家。2009年5月31日，被告周某某持中奖25万元的绿翡翠彩票到省体育彩票管理中心兑奖，在扣缴了5万元的税金后，周某某实际领取了20万元的奖金。之后，二原告及其父母认为该奖金是三家小孩共同刮中，奖金应由三家共同享有。在双方就分奖事宜协商未果的情况下，二原告提起诉讼。

释解

民事法律行为是公民或者法人设立、变更、终止民事权利和民事义务的合法行为。两个以上的多方当事人共同意思表示一致成立的行为属多方民事法律行为，该行为能够设立共同共有法律关系。何某、何某某、周某是平时要好的小伙伴，中奖的当天，三人聚在一起玩耍、购物，并形成临时购买彩票的意思联络后，共同参与实施了购买彩票的行为，最终导致所购彩票中得25万元大奖。上述行为符合多方法律行为的法律特征，应认定何某、何某某、周某对奖金享有共有权利。在分割共有奖金时，一般应均等，但也应考虑共有人在共有中的作用及贡献予以适当多分；周某出资购买彩票，在先购买彩票未中奖时提议再买彩票等行为均能证实其在此次多方民事法律行为中起主要作用，何某、何某某参与购买彩票并在周某提议再购买彩票时给予响应、支持，是促成中奖的综合因素，判决考虑适当分割奖金，合法、合理。

第三节　老年人权益保障

目前全世界的老年人口有6亿多，也就是说平均每10个人中就有一位60岁以上的老人。人口老龄化加上出生率的下降带来了非常严重的社会问题。人口老龄化与社会经济和人文发展紧密相连，联合国和各个国家对老年人问题也非常注重，在1991年的联合国大会上制定了联合国老年人原则。通过立法来保障老年人权益，是社会进步和发展的必然要求。国家为老年人权益的实现提供各方面保障，使他们能够参与到社会活动中，有关老年人权益保障的法律制度也是逐步完善起来。

一、我国老年人权益保障的法律体系

在我国法律体系中，狭义的老年人权益保障法是指单行法老年人权益保障法，广义的老年人权益保障法是指老年人权益法律保障体系，不仅包括老年人权益保障法，还包括宪法、民法通则、婚姻法、社会保障法等中关于老年人权益保障的有关规定。

（一）宪法

宪法第四十四条规定："退休人员的生活受到国家和社会的保障。"第四十五条规定："中华人民共和国公民在年老、疾病或者丧失劳动能力的情况下，有从国家和社会获得物质帮助的权利。"第四十九条规定："禁止虐待老人、妇女和儿童。"

（二）法律

刑法第二百六十条规定："虐待家庭成员，情节恶劣的，处二年以下有期徒刑、拘役或者管制。"第二百六十一条规定："对于年老、年幼、患病或者其他没有独立生活能力的人，负有扶养义务而拒绝扶养，情节恶劣的，处五年以下有期徒刑、拘役或者管制。"

民法通则第一百零四条规定："婚姻、家庭、老人、母亲和儿童受法律保护。"婚姻法第四十四条规定："对遗弃家庭成员，受害人提出请求的，人民法院应当依法作出支付扶养费、抚养费、赡养费的判决。"

社会保险法第十八条规定："国家建立基本养老金正常调整机制。根据职工平均工资增长、物价上涨情况，适时提高基本养老保险待遇水平。"

老年人权益保障法是一部关于老年人的专门法，集中规定了老年人的保障措施和责任承担。

（三）司法解释

如关于充分发挥民事审判职能依法维护妇女、儿童和老年人合法权益的通知、关于适用《中华人民共和国婚姻法》若干问题的解释等。

（四）法规、规章

全国老龄工作委员会收录的实用老年法律法规汇编中，有190多项国务院行政法规、法规性文件和部委规章。如农村五保供养工作条例、城市居民最低生活保障条例、赡养协议公证细则、中共中央、国务院关于加强老龄工作的决定、企业年金试行办法等。我国每个地区发展状况不一样，多个省份根据本省的具体情况纷纷制定了老年人权益保障条例或者老年人权益保障法实施办法等地方性法规。

（五）习惯

尊老爱幼是中华民族的传统美德，具有五千年的文化历史，古人曰“孝子之至，莫大乎尊亲”。无论是城市还是农村，“百善孝为先”的思想已深入人心，孝道和亲情是人们生活中很重要的一部分。道德是约束公民行为的重要手段，当出现侵犯老年人权益的现象时，社会舆论也会给侵害者造成很大压力。

二、老年人权益保障的主要内容

（一）消除贫困

解决老年人的经济困难，是物质帮助权对老年人的首要目标。《农村五保供养工作条例》对农村五保供养对象、供养内容、供养形式及监督管理作了界定，农村符合五保条件的老年人在吃、穿、住、医、葬方面也有了国家保障。

（二）灾害救助

老年人受到地震、泥石流、火灾等灾害时，政府通过发放救助金和救助物资，提供医疗服务，开展救灾保险制度等方式，保障老年人的灾后基本生活。同时制定灾难预防机制，减少灾难的发生。

（三）医疗保健

老年人特殊的生理状况，需要国家提供完善的医疗健康服务。我国投入了大量的人力、物力、财力到老年人的医疗保健事业中，目前医疗保险已经覆盖全国大部分地区，享受国家的医药费报销政策。对符合条件的老年人患者可以享受“先住院，后交费”的优惠。国家应不断加强老年医学研究，建立专门的老年医院，对老年人看病实行更多的优惠政策，使老年人能看得起病，加大对社会的医学常识宣传，增强国民的健康意识。

（四）社会养老

国家有义务建立充足的养老机构和福利机构，让不方便依靠家庭养老的老年人和孤寡老人可以有地方安度晚年。开展护理工作的培训和考核，取得相关资质的人员才能从事专业的老年人护理工作。为老年人提供舒适的居住环境和良好的休闲娱乐场所，是国家对老年人的应有义务。

（五）赡养扶助

当赡养人不履行义务时须承担民事责任，违反赡养义务造成被赡养人权利受侵害，被赡养人可依法请求人民法院判决义务人承担民事责任，即承担支付必要的赡养费义务。依据民法通则规定的承担民事责任的方式中，违反赡养义务时，可以适用：停止侵害、返还财物、赔偿损失、赔礼道歉等。对于须及时支付费用而不支付时，可要求赡养人停止侵害，立即支付。

（六）财产权

我国老年人的个人财产来源主要直接为个人劳动所得。离退休金是老年人大半生为社会作贡献的返还。老年人的储蓄、房屋以及生活用品多为自己劳动所得购置的。在老年人退出工作岗位、丧失劳动能力的时候，这些长期积累下来的个人财产对于保障他们晚年生活是十分重要的，有些会直接影响到他们晚年的生存权。离退休金、劳动收入是城乡老年人晚年生活的主要经济来源，离开这些，老年人的晚年生活难以维持。因此老年人的个人合法财产不容任何人，包括子女、亲属侵犯。

（七）婚姻自由权

婚姻自由权是宪法明确规定公民享有的权利。很多老年人丧偶，生活难以自理，儿女也难以给他们精神上的抚慰，他们的再婚关系着本人的晚年生活是否幸福。在我国封建思想逐渐消除，自由精神渐入人心的新时代，婚姻自由愈来愈被人们普及和重视，公民的婚姻自由权也受到更明显的保护。老年人的婚姻自由更具特殊性，是因为现实生活中，很多子女为了财产、面子等因素不顾老人的处境而阻碍老人再婚，使得他们无法安度晚年。老年人权益保障法第七十五条规定：“干涉老年人婚姻自由，对老年人负有赡养义务、扶养义务而拒绝赡养、扶养，虐待老年人或者对老年人实施家庭暴力的，由有关单位给予批评教育；构成违反治安管理行为的，依法给予治安管理处罚；构成犯罪的，依法追究刑事责任。”

以案释法 28

韩某与金色夕阳老年公寓健康权责任纠纷案

2011年7月16日，韩某、韩某某母亲周某入住金色夕阳老年公寓。韩某某代表其母及周某子女与金色夕阳老年公寓签订《下关区金色夕阳老年公寓与住养人的入住协议书》。

周某入住期间，于2011年11月15日在武警南京医院就诊。门诊病历记载：4天前从楼梯摔落，左上肢着地。经诊断：左肱骨大结节骨折、建议住院治疗（拒）、随诊。

2011年12月底，周某在老年公寓再次摔伤，经金色夕阳老年公寓通知韩某某，韩某某在金色夕阳老年公寓工作人员陪同下，于2012年1月3日送周某至该省中西医结合医院就诊。门诊病历记载：CT示：右侧耻骨上下支、右侧坐骨骨折，右侧股骨大转子骨折。诊断：1. 建议卧床休息，2. 告知骨折移位可能，下肢血栓可能，卧床并发症危及生命可能，3. 加强护理，功能锻炼，4. 必要时住院治疗，5. 三日门诊复查，随诊……

就诊后，韩某某即将周某带回金色夕阳老年公寓继续居住，并代表其母与金色夕阳老年公寓另行签订《下关区金色夕阳老年公寓与住养人的入住协议书》。将护理级别变更为全护（全护理：日常生活行为依赖他人护理的老人）。丙方（监护人）变更为韩某某，协议其他内容同前，协议日期为2012年1月7日。韩某某在老年公寓照顾其母至1月20日离开。

因周某长期卧床，身体出现褥疮并加重，2012年3月，金色夕阳老年公寓通知韩某某，韩某某于2012年3月26日送周某去武警南京医院就诊，经诊断后收入院专科治疗。后周某分别于2012年3月26日至4月11日、4月11日至4月26日、4月26日至6月7日、6月8日至6月27日、6月29日至8月9日五次在武警南京医院住院治疗。住院期间，韩某某聘请万帮家政服务中心护工袁某帮助护理其母周某，其本人护理至5月中旬离开。

2012年8月23日，周某认为在其入住老年公寓期间，金色夕阳老年公寓侵害其健康权，向法院提起诉讼，请求法院判令金色夕阳老年公寓赔偿59052.38元。

释解

金色夕阳老年公寓系社会福利机构，其业务范围为是社会老人提供集中供养、日常生活起居，主业为康复护理。周某入住金色夕阳老年公寓时已96岁，入住期间两次因摔倒致身体多处骨折，其本人或子女应积极寻求以提供医疗护理服务为主要目的医疗机构进行诊疗或救治。同时，周某摔伤后在该省中西医结合医院就诊时，医院已对其本人或韩某某予以告知，老年人骨折后长期卧床易并发褥疮等病症，但韩某某或周某本人仍选择入住金色夕阳老年公寓，而未积极选择医疗护理，故法院认定对于周某人身损害的发生周某本人或其子女应负主要责任并无不妥。金色夕阳老年公寓在周某摔伤后入住期间身体已出现褥疮初期症状时，应积极与其子女进行沟通，寻求医治方式，在其子女未将其送医院诊治时，应先行将周某送医院诊治，以防止褥疮症状的加重，对此，金色夕阳老年公寓也存在一定的过错。

第四节　孤残儿童权益保障

一、孤残儿童的概念

民政部将孤残儿童定义为因不可抗力因素失去父母的儿童，因先天或后天原因难以康复的肢体残疾、智力残疾，非婚生或其他原因被父母遗弃找不到生父母的儿童。

根据上述孤残儿童界定，孤残儿童权益保障是对公民权、生存权、受教育权等受法律保护但无人抚养的孤儿、弃婴和残疾儿童的权益的保障。

二、孤残儿童权益保障的法律体系

我国现行的孤残儿童法律体系已经形成了以宪法为中心，相关法律、行政法规、部门规章和加入国际公约为主线的法律体系。我国的孤残儿童法律，按照法律的制定部门可以分为四个层面。

（一）宪法和法律

第一层次是国家根本大法中关于儿童的规定，主要规定于我国宪法中。婚姻法、义务教育法虽然并不是针对儿童所制定的法律，但儿童群体都被包含其中，部分条款完全称得上是儿童福利条款。在人大层次也有专门以儿童为对象的专门立法，如未成年人保护法、预防未成年人犯罪法、收养法，这些法律的受众为多为儿童，孤残儿童并未被单独列出。

（二）行政法规

第二层次是关于儿童养育救护和教育各个方面的行政法规，包括国务院颁布的残疾人教育条例，民政部颁布的家庭寄养管理办法、中国公民收养子女登记办法、关于进一步发展孤残儿童福利事业的通知、关于加强孤儿救助工作的意见、社会福利机构管理暂行办法、关于加强流浪未成年人工作的意见。

（三）国际公约

第三层次是国家层面。首先是政府签署的国际公约，比如世界人权宣言，儿童权利公约，其次是政府制定的儿童福利纲要性文件，比如1990年的中国儿童发展纲要（1990-2000），2011年颁发的中国儿童发展纲要（2011-2020），这些纲领性的文件具体了儿童保护的目标和实施方案，明确了儿童权利。

（四）救助计划

第四层次是针对特殊群体儿童的保护救助计划等，它们多是具体操作方案，是对国家政策和纲领性文件的细化和具体化。如民政部组织实施的“残疾孤儿手术康复明天计划”是专门对视力残障儿童提供救治和帮助、儿童福利院实施的“蓝天计划”是为了改善福利院儿童的生活境。

三、我国孤残儿童权益保障的管理体系

我国负责指导儿童福利工作的职能分散在行政体系内，全国人大、国务院及其下属部委、共青团、妇联和福利机构共同承担孤残儿童权益保障的任务。

（一）国家权力机构和行政机关的管理体系

在全国人大层面有全国人大内务司法委员会下设妇女儿童室，人大层面的儿童组织主要是负责儿童相关的立法工作，使儿童在最高权力机构中有一席之地。

在政府层面，国务院下设的部委中有六个与儿童福利相关：司法部设有少年法庭、少年教养所，负责未成年人的犯罪预防与教养；卫生部妇幼保健司负责婴幼儿的卫生免疫和妇女保健；教育部设基础教育司负责儿童的基础义务教育，使儿童的

受教育权不受侵害；民政部社会福利与社会事务司负责制定困境儿童的救助计划和指导下属儿童福利机构对困境儿童的救助；妇女儿童工作委员会则是定期对全国儿童工作进行研讨，把握儿童福利政策走向。

以上各部门的紧密合作保障了儿童福利工作的全方面开展。

（二）社会团体的管理体系

在社会团体中，共青团、妇联和各级政府兴办的福利机构主要事务都与孤残儿童相关。

在共青团中央设置有少年部，主要负责校内儿童的保护和教育。

妇联设有少年部，负责监督引导对儿童的家庭养护，各地市设立有未成年人保护委员会，保护未成年人的合法权益，为儿童提供法律帮助；为全面提高儿童素质，丰富儿童课外生活，全国各地市设有少年宫，少年体育场地和公共图书馆等，直接面向儿童。

各级政府还创办儿童福利机构和儿童救助保护中心，儿童福利机构为失依儿童提供暂时或长期的生活帮助，儿童救助中心为困境儿童提供暂时庇护。

群众团体是儿童福利发展重要的推动力量，它能弥补政府在人力、物力、财力等方面的不足，使社会力量在福利事业中发挥到最大功能。

四、孤残儿童专项立法

1950年婚姻法规定了养父母与养子女间适用父母子女间的权利和义务关系，但对于收养关系的成立、效力、终止等问题缺乏具体的规定。1980年婚姻法和2001年婚姻法进一步规定了养子女的法律地位以及养子女与养父母间的权利义务关系、养子女和生父母的关系。1991年12月29日我国颁布了收养法，该法规定了收养关系的成立、收养的效力、收养关系的解除、法律责任等内容，自此以后，收养法成为专门的部门法来调整收养关系。

（一）收养成立的要件

1. 实质要件

被收养人方面，被收养人一般是未满14周岁的儿童，主要包括：父母均已去世的不满14周岁的儿童，脱离了父母或其他监护人且找不到其亲生父母的不满14周岁的儿童，生父母确实因特殊困难而无力抚养的未成年子女。未满14周岁是被收养儿童必须满足的硬性条件，有利于被收养儿童心理和生理方面的健康成长。

此外还有两种特殊情况：一是亲属间的收养，被收养人如果是三代以内同辈旁系血亲的子女，那么被收养人的亲生父母无需满足有特殊困难无力抚养子女的条件，不受被收养人必须是不满14周岁的未成年人的限制，不受无配偶的男性收养女性应当相差40周岁的限制，收养人是华侨的，还可以不受收养人无子女的限制；二是继父或者继母收养继子女，条件也相对宽松，无需满足上述限制条件。

收养人方面，根据我国收养法的规定，收养人必须没有亲生子女或收养的子女；有能力养育被收养子女，例如有一定的经济基础，能够教育被收养子女等；没有医学上认为不应当收养子女的疾病；年满30周岁；并且只能收养一名儿童。由此可以看出，收养人的条件非常严格，充分体现了保护儿童最大利益的原则，通过对收养人的严格限制来保障被收养儿童日后的健康成长与全面发展，力求每名被收养儿童都能幸福生活。

送养人方面，丧失父母的未成年儿童的监护人、社会福利机构以及被收养子女的亲生父母可以作为送养人，亲生父母作为送养人是有条件的，亲生父母确实有特殊困难等客观原因而无法抚养该子女时，才能将子女送养。如果把儿童送养，能使被收养儿童过上更好的生活，受到良好的教育，上述公民或组织在满足条件时则可以将儿童送养，这是从保护儿童利益的角度出发，为了该儿童的未来。

2. 形式要件

收养关系的成立，登记是必经程序，县级以上民政部门负责登记的具体事项，按照我国收养法和中国公民收养子女登记办法办理登记的具体事项。收养协议和收养公证取决于当事人的意愿，法律不强加干涉。我国收养关系的成立采用行政程序，且是一元的收养登记主义，强化国家公权力对收养的干预，严格的登记程序更有利于保障被收养儿童的利益，避免不法分子趁机买卖儿童。

（二）收养关系的解除

我国对收养关系的解除持肯定态度，收养关系确实无法维持时可以解除收养关系来消灭收养人与被收养人之间的权利义务关系。

1. 解除方式

根据我国收养法的规定，解除收养关系主要通过以下两种方式：一是收养双方当事人自愿达成协议解除收养关系，被收养人为未成年人，收养人则与送养人达成协议来解除收养关系，被收养人成年后，如果其与收养人关系僵化，根本无法继续一起生活，双方都想解除收养关系，则双方达成协议即可。二是当事人一方要求解除收养关系，如果双方无法协商一致，则可以起诉到法院，由法院作出最终裁决。

收养关系解除后，养父母与被收养子女间不再有法律上的权利义务，但是被收养子女与其亲生父母间的关系能否自行恢复取决于该子女是否成年，如果该子女是未成年人，则其与亲生父母间自然血亲关系自行恢复，如果该子女已经成年，恢复其与亲生父母及近亲属间的关系需要双方协商并达成一致意见。

2. 收养关系解除后还会产生经济补偿问题

收养法第二十六条规定："收养人在被收养人成年以前，不得解除收养关系，但收养人、送养人双方协议解除的除外，养子女年满十周岁以上的，应当征得本人同意。收养人不履行抚养义务，有虐待、遗弃等侵害未成年养子女合法权益行为的，送养人有权要求解除养父母与养子女间的收养关系。送养人、收养人不能达成解除收养关系协议的，可以向人民法院起诉。"

如果送养人要求解除收养关系，在被收养子女未成年时，养父母则有权向送养人主张经济赔偿，但是养父母有虐待、遗弃该子女的除外；如果收养人要求解除收养关系，则无权主张经济补偿，但是送养人侵害收养人利益的除外。

另外，收养法第三十条规定：“收养关系解除后，经养父母抚养的成年养子女，对缺乏劳动能力又缺乏生活来源的养父母，应当给付生活费。”

以案释法 29

黎某诉赵某解除收养关系纠纷案

原告黎某与赵某某是夫妻关系，婚后只生育了一个女儿。赵某某同胞兄弟共有六个，经兄弟协商，赵某某的四弟于1972年将其2岁的儿子赵某（被告）过继给赵某某抚养。之后，赵某某将被告抚养长大成年。村中族人承认被告就是赵某某儿子，原告的户口、生产队分配的责任田也登记在赵某某户头名下。被告长大后，原告夫妇出钱帮被告操办了结婚事宜。1994年，因原告夫妇嫌被告吃饭太晚，原告夫妇便与被告分开居住及分炊。之后，被告夫妇每天帮被告煮早晚两餐，中午餐则由原告夫妇自行解决。2009年8月被告建楼房，原告丈夫赵某某还给了被告一些钱用于建房，后来房屋建成搬入新居时，因被告不请原告进新居及喝喜酒，原告对被告产生不满。2009年11月，原告丈夫赵某某患中风病，被送到医院住院治疗，在赵某某住院期间，因被告只派其十几岁的儿子去照顾赵某某，自己却没去照顾赵某某，引起原告夫妇的不满。2010年5月，原告患中风病在医院住院治疗十多天，被告也没有去照顾，亦引起原告对被告的不满。2010年，因原告夫妇需赡养问题，在被告叔伯兄弟及表兄在场主持下，被告与原告女儿协商了赡养原告夫妇的有关事宜，但后来两方均未按协商的意见执行。2010年11月5日，原告女儿将居住在大新镇安福村安二屯的原告夫妇接到平南县大安镇大安街家中居住。后来，原告女儿把原告夫妇送到平南县民政局福利院居住生活。2011年4月10日，赵某某在平南县福利院去世，被告认为，原告及其女儿隐着其及叔伯，私自办理了赵某某的殡葬事宜，此事引起了被告对原告的不满。之后，被告便阻止原告领取赵某某的抚恤金，原、被告双方又产生矛盾。自2011年5月起，原告便跟随其女儿生活至今。

释解

经被告父母同意，被告自幼便被原告夫妇收养，依当时的法律规定，原告夫妇与被告的收养关系成立。原告与被告之间形成养母子关系。在被告成年后的一段时期里，原告夫妇给钱用于被告娶妻生子，双方能和睦相处，关系还算不错。但自1994年起，因被告吃饭太晚，便与原告分吃分住，分炊期间，因被告对原告夫妇照顾不周，双方开始出现矛盾，后来原告夫妇分别患中风病住院治疗，被告对其夫妇不进行照料，进一步引起原告夫妇对被告的不满，双方关系进一步恶化。直到后来原告夫妇不愿跟随被告生活，自愿搬到平南县福利院生活。后来在赵某某去世后，原告仍不愿回到安福村自己的家中与被告一起生活。从以上事实，可以证明原、被告双方已无法再共同生活下去，原、被告之间已无法再维持养母子关系，因此，原告请求解除与被告的收养关系的事实与理由充分，法院依法予以支持。由于原告无法提供充分的证据证明被告成年后对原告存在遗弃、虐待行为，因此，对原告请求被告补偿收养期间的生活费50000元的主张，法院依法不予支持。

第五节　残疾人权益保障

一、残疾人权益保障法律的基本框架

随着我国残疾人事业从无到有、从小到大，残疾人法律独立性也逐渐增强，系统性也逐步建立。目前我国已初步形成了以宪法为指导、以残疾人保障法为核心、以相关法律法规为基础、以地方规范性文件为补充的残疾人社会保障法律体系。

（一）宪法层面

在宪法层面，宪法第四十五条构成了具有最高效力的残疾人权益保障法律渊源，国家负有建设相应制度的宪法义务以及关于残疾人社会保障事业的直接规范。这一条款，为建立我国残疾人社会保障法律体系提供了立法指导。

（二）法律层面

在法律层面，主要是残疾人保障法，这是我国首部保护残疾人社会保障等合法权益的专门法律。该法规定了我国开展残疾人事业的原则、方针、途径和举措等，成为主要的法律渊源。

此外，我国有50多部法律直接涉及残疾人的某些特别事务，或作出特殊规定，我国的民事、刑事以及劳动和社会保障等众多法律中都有关于残疾人不同方面的规定，分别在不同领域为残疾人提供了法律保障。义务教育法、高等教育法、婚姻法、劳动法、收养法、就业促进法、母婴保健法、未成年人保护法、公益事业捐赠法等30余部法律涉及残疾人的教育、就业、医疗卫生、文化生活等各个方面，都对与残疾人社会保障密切相关的权利作出规定。

（三）行政法规层面

在行政法规层面，为保证残疾人接受教育权利和就业权利，国务院专门制定了残疾人教育条例和残疾人就业条例。

1994年8月23日，残疾人教育条例的颁布是残疾人教育史上具有重要意义的事

件，该条例是我国第一部保护残疾人教育权利的专门行政法规，明确指出“残疾人教育是国家教育事业的组成部分”。

2007年2月14日，国务院通过残疾人就业条例，确立了政府在促进残疾人就业工作中居于主导地位，并对机关、团体、企业、事业单位和民办非企业单位吸纳残疾人就业的责任和义务作出了严格规定，并较为系统地明确了详细的保障措施。其他涉及残疾人社会保障的行政法规，比较重要的有工伤保险条例、城市居民最低生活保障条例、农村五保供养工作条例等。同时自“八五”计划开始，国务院已连续制定了四个中国残疾人事业五年规划纲要。

（四）部门规章层面

在部门规章层面，国务院各部门制定的涉及残疾人社会保障相关内容的“办法”和“规定”等种类繁杂、数量较多，民政、教育、劳动、财政、税务、建设、司法、残联等部门都依据各自的职责，单独或联合制定发布了部门规章或规范性文件。

（五）地方立法层面

在地方立法层面，各地结合本行政区域实际，对残疾人社会保障相关内容的规定和安排不胜枚举，并呈现立法加快加强、规定更细更实的态势。各省、自治区、直辖市人大均制定了实施残疾人保障法办法；各省、自治区、直辖市人民政府制定了按比例安排残疾人就业的相关规定；县级以上地方人民政府根据中央政府制定的残疾人事业五年规划纲要，普遍制定了本行政区域的规划纲要及其配套实施方案。

二、残疾人的基本权利保障

（一）参与社会事务管理权利

残疾人保障法第六条规定：“国家采取措施，保障残疾人依照法律规定，通过各种途径和形式，管理国家事务，管理经济和文化事业，管理社会事务。制定法律、法规、规章和公共政策，对涉及残疾人权益和残疾人事业的重大问题，应当听取残疾人和残疾人组织的意见。残疾人和残疾人组织有权向各级国家机关提出残疾人权益保障、残疾人事业发展等方面的意见和建议。”

（二）康复服务权利

残疾人保障法第十五条规定：“国家保障残疾人享有康复服务的权利。各级人民政府和有关部门应当采取措施，为残疾人康复创造条件，建立和完善残疾人康复服务体系，并分阶段实施重点康复项目，帮助残疾人恢复或者补偿功能，增强其参与社会生活的能力。”

（三）平等接受教育权利

为了加强和保障残疾人的教育，新的残疾人保障法在教育一章中增加了以下内容：

1. 明确政府责任

强调各级人民政府将残疾人教育作为国家教育事业的组成部分，统一规划，为残疾人接受教育创造条件。

2. 帮助残疾人完成义务教育

规定政府、社会、学校应当采取有效措施，解决残疾儿童、少年就学存在的实际困难，帮助其完成义务教育；各级人民政府对接受义务教育的残疾学生、贫困残疾人家庭的学生提供免费教科书，并给予寄宿生活费等费用补助。

3. 资助残疾学生

对接受义务教育以外其他教育的残疾学生、贫困残疾人家庭的学生，按照国家规定给予资助。

4. 合理设置残疾人教育机构

特别增加规定，县级以上人民政府应当根据残疾人的数量、分布状况和残疾类别等因素，合理设置残疾人教育机构。

5. 改善教育环境

规定提供特殊教育的机构应当具备适合残疾人学习、康复、生活特点的场所和设施。

（四）劳动权利

残疾人保障法以平等、参与、共享为宗旨，明确规定了残疾人的劳动就业权利，提出了实行集中与分散相结合的方针，要求采取优惠政策和扶持保护等援助措施，通过多渠道、多层次、多形式，使残疾人劳动就业逐步普及、稳定、合理。

（五）参与文化生活权利

为丰富残疾人精神文化生活，残疾人保障法规定通过广播、电影、电视、报刊、图书、网络等形式，及时宣传报道残疾人的工作、生活等情况，为残疾人服务；组织和扶持盲文读物、盲人有声读物及其他残疾人读物的编写和出版；根据盲人的实际需要，在公共图书馆设立盲文读物、盲人有声读物图书室；开办电视手语节目，开办残疾人专题广播栏目，影视作品加配字幕，解说。

三、残疾人就业保障

（一）关于残疾人集中就业

通过税收优惠是促进残疾人集中就业的主要措施。促进残疾人集中就业税收优惠政策分为两个方面：一是促进残疾人个人就业的税收优惠政策；二是鼓励企业安置残疾人就业的税收优惠政策。

关于残疾人个人就业的税收优惠政策，主要有以下措施：一是对残疾人个人为社会提供的劳务免征营业税；二是对残疾人个人提供的加工、修理修配劳务免征增值税；三是对残疾人个人取得的工资薪金所得、个体工商户的生产经营所得、对企事业单位的承包经营承租经营所得、劳务报酬所得、稿酬所得、特许权使用费所得，可以按照省（不含计划单列市）人民政府规定的减征幅度和期限减征个人所得税。

残疾人保障法对残疾人集中就业的措施除税收减免之外，还包括确定某些产品专产、政府采购以及技术、资金和场地等方面的内容。关于政府采购优先权。由于政府采购对产品和服务等方面的需求具有长期稳定性、需求多样性以及鲜明的政府色彩的特点，进入政府采购市场有助于企业稳定发展。为了扶持和稳定发展残疾人集中就业，我国的残疾人保障法、残疾人就业条例等法律、法规都将“在同等条件下，优先购买残疾人福利性单位的产品或者服务”作为扶持残疾人就业的一项重要内容。

（二）关于残疾人按比例就业

残疾人保障法第三十三条规定：“国家实行按比例安排残疾人就业制度。国家机关、社会团体、企业事业单位、民办非企业单位应当按照规定的比例安排残疾人就业，并为其选择适当的工种和岗位。达不到规定比例的，按照国家有关规定履行保障残疾人就业义务。国家鼓励用人单位超过规定比例安排残疾人就业。残疾人就业的具体办法由国务院规定。”

按比例就业是指国家机关、社会团体、企业事业单位、民办非企业单位按照单位职工总数的一定比例为残疾人预留就业岗位，并安排残疾人就业。按比例安排残疾人就业是目前许多国家和地区为解决残疾人就业问题采取的普遍做法，通过立法对按比例安排残疾人就业实行保护政策，其比例在1.5%至7%之间。

（三）关于个体就业

自主创业、个体经营具有就业容量大、就业领域广等特点，在我国就业形势持续严峻的情况下，这一渠道也是实现残疾人就业的主要形式。目前，个体就业在残疾人总体就业人数中所占有的比重接近45%。残疾人保障法第三十四条规定：“国家鼓励和扶持残疾人自主择业、自主创业。”同时，为鼓励和保护残疾人个体就业的发展，还对残疾人个体就业的税收减免、免除行政事业性收费以及在一定期限内给予小额信贷扶持措施以及对申请从事个体经营的残疾人，有关部门应当优先核发营业执照等作出规定。

（四）社区就业和公益性岗位

由于社区服务具有容量大、需求广、用工灵活、就业便捷、吸纳力强的特点，而且对职业技能要求不高，门槛较低，比较适合残疾人就近实现就业。残疾人保障法规定，地方各级人民政府应当开发适合残疾人就业的公益性岗位。残疾人就业条例第十五条规定：“县级以上地方人民政府发展社区服务事业，应当优先考虑残疾人就业。”近年来，伴随着我国社区服务业的蓬勃发展，社区就业日渐成为缓解城乡就业压力，特别是解决就业困难群体的重要方面。

2000年，民政部、教育部、劳动保障部、全国总工会、共青团中央、全国妇联、中国残联等联合发布关于加强社区残疾人工作的意见，要求基层人民政府和社区组织、服务机构，针对残疾人的实际需求，为其提供切实服务。目前，通过岗位补贴，已帮助近70万残疾人在社区实现就业，通过公益性岗位和社区就业的残疾人超过百万。

以案释法 30

徐某与被吴某侵权经营纠纷案

上世纪90年代，有关部门在驻马店市风光路中段北京商场以南路西、门面房以东划定部分经商地段，并划分为若干摊位，供残疾人经商时无偿使用。原告徐某作为残疾人，使用其中的一处摊位经商，有关部门于1997年4月22日向原告发放了驻地残联字（驻市）292号优惠证书，载明的经营地点是风光路摊位，经营范围是冷饮，没有注明需要年检。1999年9月16日，驻马店市（现为驿城区）残联为其发放了3018号残疾人摊位证，经营项目是百货，没有载明经营地点。由于原告年高体弱，加之原被告双方有姻亲关系，相处融洽，原告把该摊位给被告吴某使用，被告吴某同是残疾人，有关部门为被告吴某发放了豫残优字41280399号优惠证，载明的经营地点为驻马店市风光路中段，经营范围是服装修理，同时注明，该证需年检，否则无效。该证一直没有年检。原被告均没有办理营业执照。2009年4月3日，双方因争夺该摊位的使用权发生争执。另查明，双方没有其他经营地址，双方优惠证载明的经营地点实为前述同一处摊位。

释解

作为侵害对象的经营权或经营主体明确，是人民法院确定侵犯经营权纠纷案件的重要前提和基础，但双方争执的核心焦点却是摊位经营权归属事宜，而且缘于下列事实和理由，法院亦无法查明何方对该摊位拥有明确的经营权：1. 营业执照是确定经营主体资格的权威凭证，残疾人从事个体经营仍应申领营业执照，由于双方均无营业执照，法院无法从经营执照的角度认定该摊位的经营主体和经营地点；2. 本案涉及的摊位实为经营时所占用的土地，但双方均没有土地使用或占用手续；3. 残联等部门先后向原被告发放了优惠证，被告的优惠证因未年检而失效，但在失效前与之前发放给原告的优惠证，摊位证载明的经营地点实为同一摊位，显然两证自相矛盾。综上，本案双方当事人的核心争议焦点是摊位经营权归属问题，由于法院亦无法查明何方对该摊位拥有明确的经营权，因此，本案名为侵犯经营权纠纷，实为摊位经营权归属纠纷，即经营主体资格确认纠纷，该纠纷不是平等主体之间的人身权益和财产权益纠纷，不属于人民法院民事案件的受案范围。

第十一章
社会事务

导读

社会事务工作是政府社会行政管理和公共服务职能的重要组成部分，代表了社会管理和公共服务水平，也是社会文明程度的重要标志之一。婚姻登记服务进一步规范，实现了由婚姻登记管理到婚姻登记服务的转变。殡葬管理的深化，推动了绿色殡葬，促进了人与自然的和谐相处。强制性的收容遣送改为关爱性的救助管理。儿童收养工作努力促进孤残儿童回归家庭、获得妥善安置。

第一节　婚姻登记

一、婚姻与婚姻家庭的概念

婚姻，是为一定的社会制度所普遍认可的两性结合形式，婚姻家庭作为整个社会的基石，担负着人口繁衍、经济生产、教育和文化传承、精神慰藉等重要的社会职能，不论对于个人还是国家，均意义重大。

婚姻家庭制度的设立，在于通过规范、固定人们两性结合行为的方法，形成社会所需要的两性结合秩序，实现人类的繁衍和发展。婚姻登记制度作为目前我国婚姻成立和解除的必要形式要件，是国家对婚姻行为进行审查和监管的工具，为公权力介入婚姻家庭领域提供了途径。

二、婚姻登记的特征

（一）婚姻登记是行政机关依法实施婚姻管理职能的行为

婚姻法第八条规定：“要求结婚的男女双方必须亲自到婚姻登记机关进行结婚登记。符合本法规定的，予以登记，发给结婚证。取得结婚证，即确立夫妻关系。未办理结婚登记的，应当补办登记。”

婚姻登记是法律规定的程序。婚姻登记是婚姻登记机关依据婚姻法和婚姻登记条例的授权实施的管理行为，是具有法律意义的登记行为。这使婚姻登记与其他非法律意义上的登记，如住宿登记、会员登记相区别。婚姻关系因结婚登记而确立，因离婚登记而解除。这里所说的管理，不是对婚姻当事人及其婚姻关系进行行政管理，而是国家通过对婚姻家庭领域动向的掌握，制定和修改婚姻家庭的法律法规，发挥法律对婚姻家庭的保护职能。

（二）婚姻登记具有公法的属性

根据国务院婚姻登记条例的规定，办理婚姻登记的机关是各级人民政府民政部门，在农村地区是乡（镇）人民政府。无论是民政部门，还是乡（镇）人民政府，无疑都是行政机关。作出婚姻登记行为的主体是行政机关，使婚姻登记具有了公法的属性。

（三）婚姻登记具有私法的属性

虽然办理婚姻登记的机关是行政机关，但是婚姻登记本身是作为确立和解除婚姻关系的程序，作为民事法律行为成立和生效的法定形式而设定的。因此，在这个意义上，婚姻登记同时又具有了私法的属性。

（四）婚姻登记是依申请而为的单方行政行为

婚姻登记程序的启动必须依靠婚姻当事人的申请。没有婚姻当事人的申请行为，婚姻登记机关不得主动办理登记。因此，对于婚姻登记机关来说，婚姻登记属于一种被动的行使行政职权的行为。但即使如此，在双方当事人申请结婚或者离婚登记后，是否登记的决定权限仍然是婚姻登记机关单方行使的权限，不存在婚姻登记机关与婚姻当事人合意决定的可能。

（五）婚姻登记是羁束行政行为

尽管是否予以登记是婚姻登记机关单方决定的，但是是否予以登记的单方性只表明由婚姻登记机关单方依法判断。并不是说婚姻登记机关可以任意为之。是否给予登记，行政机关无自由裁量权。婚姻登记机关只能依据婚姻法和婚姻登记条例等法律法规的规定决定是否予以登记。对于符合法定条件的结婚或者离婚申请，婚姻登记机关必须受理并予以登记。反之，对于不符合法定条件的结婚或者离婚申请，婚姻登记机关应当不予登记。

三、婚姻登记的意义

（一）婚姻登记制度通过法律形式，确立了公民结婚和离婚行为的合法性，保护了当事人的婚姻权益

男女双方当事人通过婚姻登记，使彼此的身份关系得到法律的认可和保护，通过法律形式确定夫妻之间的权利义务，有利于保护妇女、未成年子女等弱势群体的

合法权益，也有利于婚姻关系的稳定性。婚姻登记不仅确立双方之间的权利义务关系，同时通过登记，便于第三人识别当事人的婚姻状况，有利于第三人履行尊重他人婚姻权利的义务。

（二）婚姻登记制度具有公示公信力，有利于保护第三人的利益

婚姻登记具有社会的公示公信力，通过对他人婚姻登记信息的了解，第三人可以识别他人的婚姻状况，确保自己不被假象所迷惑。例如，夫妻闹矛盾，但是只要没有履行离婚手续，第三人通过查询了解他们的婚姻登记信息，就可以不和其中一方结婚，避免重婚。

（三）有利于国家对婚姻秩序进行监督管理

婚姻家庭的幸福和睦，直接关系到社会的和谐稳定。我国实行婚姻登记制度，规定结婚登记是成立婚姻关系的形式要件和必经程序。婚姻登记机关通过婚姻登记，审查查明男女双方是否自愿结婚、是否已达婚龄、是否买卖婚姻、是否合乎一夫一妻制，有无禁止结婚的亲属关系和疾病等情况，保护合法的婚姻关系；将包办、强迫、买卖婚姻、重婚、早婚、近亲结婚和疾病婚消灭在萌芽状态，保障社会主义婚姻家庭制度的落实，从而实现婚姻秩序的和谐。同时，婚姻登记也是户籍管理、人口计划生育管理的重要辅助手段，也有利于婚姻领域的社会建设。

四、婚姻登记的效力

（一）婚姻登记的确定力

婚姻登记的确定力是指婚姻登记行为成立和生效后，其内容具有确定性，一经作出，即在形式意义上推定合法并生效，非经法定程序不可随意变更和撤销。婚姻登记的确定力是具体行政行为确定力在婚姻登记中的体现，是维持婚姻登记行为公信力，保障相对人和第三人利益，维持国家行政管理秩序的要求。

（二）婚姻登记的拘束力

婚姻登记的拘束力是指婚姻登记行为成立和生效后，其内容对所有人具有法律上的约束性，所有人都必须承担相应的遵守义务。行政确认一经成立，即具有法律效力，无论对行政机关自身，还是对当事人都有拘束力。婚姻登记的拘束力对婚姻当事人来说，就是要履行婚姻登记所产生的权利义务，结婚当事人要享有夫妻权利，履行夫妻义务，离婚当事人享有再婚的权利，履行不干涉对方婚姻权的义务。对于婚姻登记机关来说，必须依法办理婚姻登记，否则要承担行政违法的法律责任。对于第三人来说，享有知晓权，不得干涉他人的婚姻自由。

（三）婚姻登记的执行力

婚姻登记的执行力是指婚姻登记行为成立和生效后，义务人有责任适当地履行婚姻登记所产生的义务。结婚登记后，丈夫应当履行扶养妻子的义务。离婚登记后，双方应当履行离婚协议的约定；否则，有权机关可以强制其履行职责。其内容对所

有人具有法律上的约束性，所有人都必须承担相应的遵守义务，否则要承担一定的法律后果。

（四）婚姻登记的对内效力

婚姻登记的对内效力是婚姻登记在当事人之间产生的法律效力，即结婚双方确立夫妻关系，离婚双方解除夫妻关系。结婚登记后，当事人婚后所得财产共同所有，夫妻有互相扶养的义务，夫妻有相互继承遗产的权利等。离婚登记后，双方所得财产不再共同所有，夫妻双方之间不再有互相扶养的义务，双方之间不再有相互继承遗产的权利等。

（五）婚姻登记的对外效力

婚姻登记的对外效力是婚姻登记对第三人产生的法律效力。即第三人尊重当事人确立或者解除夫妻关系的权利。

以案释法 31

刘某诉王某房屋买卖合同纠纷案

位于南京市栖霞区百水芊城某室房屋所有权人为被告王某。梁某某与王某于1995年7月1日结婚。2009年8月26日，梁某某以王某的名义与原告刘某签订协议书一份，协议约定：1. 经双方友好协商，王某自愿将百水芊城某室转让给刘某，价格人民币26万元整。2. 房子是经济适用房，从2007年6月1日到2012年五年上市才能过到刘某名下，到期时王某全面负责过户，解决户口等事宜。3. 刘某前期付款10万元，余款到手续办清时一次性付清。4. 此协议一式两份，双方各执一份，如有一方违约则按前期款一半赔偿损失。

2010年6月25日，王某向刘某出具借条一份，内容为：今借刘某人民币壹拾玖万壹仟贰佰元整。审理中，刘某陈述，梁某某在签订协议前与其丈夫陈某某曾有经济往来。截至2009年，梁某某陆续向陈某某借款八、九万。协议书中约定的前期付款10万元即为上述借款。协议签订后，王某夫妇又陆续向其借款。包括协议中约定的10万元，借款合计191200元。

释解

本案争议房屋是被告王某与梁某某结婚后，因婚前个人房产被拆迁取得的经济适用住房，仍应当认定是王某的个人财产，并非王某与梁某某的夫妻共同财产。因此，梁某某以王某的名义与原告刘某签订买卖协议，转让王某的个人财产，是无权代理行为。

合同法第四十八条规定："行为人没有代理权、超越代理权或者代理权终止后以被代理人名义订立的合同，未经被代理人追认，对被代理人不发生效力，由行为人承担责任。相对人可以催告被代理人在一个月内予以追认。被代理人未作表示的，视为拒绝追认。合同被追认之前，善意相对人有撤销的权利。撤销应当以通知的方式作出。"刘某明知本案协议系梁某某以王某的名义签订，其事后多次借款给王某，并要求王某出具借条，却一直未催告王某予以追认。梁某某未经王某授权，以王某的名义与刘某签订协议书，王某对梁某某的行为不予追认。因此，本案协议书对王某不发生效力。刘某要求王某办理百水芊城某室所有权证、土地使用证转移登记手续缺乏事实依据，法院不予支持。

第二节　收养登记

一、收养的概念

从法律事实的角度，收养是公民领养他人的子女为己之子女，使本无亲子关系的当事人之间发生法律拟制的亲子关系的民事法律行为。在收养行为中，当事人是收养人、被收养人和送养人。收养人为养父母，被收养人为养子女，送养人为被收养人的生父母或其他监护人。需要指出的是被收养人也是收养行为的主体，而不是收养行为的标的。基于收养行为的特征和宗旨，只能将设定法律拟制亲子关系作为行为的标的。

二、收养的特征

（一）收养是一种要式民事法律行为

收养行为是通过收养关系的当事人的意思表示一致，在收养人和被收养人之间创设法律拟制亲子关系的民事法律行为。因此，它属于确立民事法律关系的行为，其目的在于产生拟制的父母子女之间的民事权利义务关系，终止原有的父母子女关系。收养行为不仅涉及到收养关系当事人的人身关系和财产关系的变化，而且也关系到社会的整体利益。各国法律对于收养行为都规定了一定的条件和程序，收养人、被收养人、送养人只有符合法定条件，履行法定手续，才能产生收养行为的预期法律效果。

（二）收养是变更亲属身份和权利、义务关系的民事法律行为

通过收养行为，收养人和被收养人之间发生法律拟制的亲子关系，双方具有与自然血亲的父母子女相同的权利和义务。与此同时，被收养人与其生父母之间的权利和义务则因收养关系的成立而消除。但是，被收养人与其生父母及其亲属间的血缘关系依然存在。因此，与自然血亲有关的法律规定，如直系血亲和三代以内旁系

血亲禁止结婚等，对他们仍有约束力。

（三）收养只能发生在没有直系血亲关系的自然人之间

收养的结果是收养人与被收养人间形成最近的直系血亲关系即父母子女关系。原来就具有直系血亲关系的人之间，不存在收养问题。旁系血亲间可以通过收养形成直系血亲关系，如叔将侄收养而使其成为自己的子女，这样叔侄之间的旁系血亲关系，便因收养而形成为直系血亲关系，即父母子女关系。收养只能限于长辈对晚辈，否则，会违背亲子关系的正常秩序。

（四）收养行为创设的是一种拟制血亲关系，可以依法设立或解除

基于收养的效力而发生的亲子关系，既可在符合法定条件时依照法定程序成立，亦可在出现法定事由时通过法定方式而解除。这一点是由收养行为的性质决定的，也是拟制血亲的父母子女关系与自然血亲的父母子女关系相区别的重要特征。

三、收养当事人的范围

收养法律关系涉及到被收养人、送养人和收养人三方当事人，基于保护被收养人的利益，维护收养关系稳定之考量，我国现行收养法对之作出如下规定：

（一）被收养人

收养法第四条规定："下列不满十四周岁的未成年人可以被收养：（一）丧失父母的孤儿；（二）查找不到生父母的弃婴和儿童；（三）生父母有特殊困难无力抚养的子女。"

（二）送养人

收养法第五条规定："下列公民、组织可以作送养人：（一）孤儿的监护人；（二）社会福利机构；（三）有特殊困难无力抚养子女的生父母。"

（三）收养人

收养法第六条规定："收养人应当同时具备下列条件：（一）无子女；（二）有抚养教育被收养人的能力；（三）未患有在医学上认为不应当收养子女的疾病；（四）年满三十周岁。"

此外，收养法对收养人的条件还作了以下具体的规定：

第一，收养人只能收养一名子女。收养孤儿、残疾儿童或者社会福利机构抚养的查找不到生父母的弃婴和儿童，可以不受收养人无子女和收养一名的限制。其立法目的是为了响应国家计划生育政策，同时也为了保证收养人对被收养人有足够的抚养教育条件。

第二，有配偶者收养子女须夫妻共同收养。收养关系的成立是为了产生法律拟制的父母子女关系。因此，夫妻共同收养可以使养子女生活在一个完整的家庭里，更加有利于养子女的身心健康。

第三，无配偶男性收养女性的，收养人与被收养人的年龄应当相差40周岁以上。

这样规定的目的是出于伦理道德上的考虑和保护被收养人的需要。

四、收养的法定程序的规定

收养法第十五条规定："收养应当向县级以上人民政府民政部门登记。收养关系自登记之日起成立。收养查找不到生父母的弃婴和儿童的，办理登记的民政部门应当在登记前予以公告。收养关系当事人愿意订立收养协议的，可以订立收养协议。收养关系当事人各方或者一方要求办理收养公证的，应当办理收养公证。"

收养当事人应履行法定的程序，才能建立有效的收养关系。根据我国现行收养法的规定，经县级以上人民政府民政部门登记的收养关系才合法有效。收养关系自登记之日起成立。收养查找不到生父母的弃婴和儿童的，办理登记的民政部门应当在登记前予以公告。在当事人自愿或要求的情况下，也可以进行收养协议和收养公证。

（一）收养登记程序

收养采用收养登记主义的一元化立法模式。只有进行收养登记，收养当事人的合法权益才能受到法律的保护。收养登记机关在收到收养当事人提交的有关材料后，应当自次日起30日内进行审查。对符合收养法规定的条件的，应当为其办理收养登记，发给收养证。收养关系自登记之日起成立。对不符合收养法规定条件的，不予登记，并向当事人说明理由。收养查找不到生父母的弃婴、儿童的，收养登记机关应当在登记前公告查找其生父母；自公告之日起满60日，弃婴、儿童的生父母或其他监护人未认领的，视为查找不到生父母的弃婴、儿童。公告期间不计算在登记办理期限内。

（二）收养协议

收养协议，是收养关系当事人之间，依照法律规定的条件订立的，关于同意成立收养关系的协议。我国现行收养法准许收养关系当事人自愿选择订立收养协议。可见，书面协议不是收养关系成立的必经程序，当事人可以自由选择是否签订书面协议。订立收养协议应当符合如下法律要求：订立收养协议的当事人均须符合收养法规定的收养成立的条件；协议意思表示要真实；协议的内容不得违反法律和社会公共利益；协议必须采用书面形式。

（三）收养公证

收养公证，是根据收养关系当事人各方或者一方的要求，由公证机关对其订立的收养协议依法作出的公证证明。办理收养公证并非收养成立的必经程序，它是依收养人、送养人双方或者一方的要求而办理的。尽管收养公证不是收养的必经程序，办理收养公证仍然有现实意义。通过公证可以证明收养行为、收养事实的真实性和合法性，以避免日后发生纠纷，因此国家提倡通过公证的形式办理收养程序。

以案释法 32

确认收养关系纠纷案

吴某甲、吴某乙系夫妻关系，双方于1998年9月16日生育吴某丁。彼时因吴某甲、吴某乙未达法定婚龄，故将吴某丁寄养于吴某丙、张某名下，并经公安机关户籍登记。2002年1月18日，吴某甲与吴某乙补办结婚登记手续，欲将吴某丁接回抚养。吴某丙、张某拒绝送回孩子，称吴某甲夫妻已将孩子送养，不得要回。

2013年6月3日吴某甲、吴某乙委托某司法鉴定所对其与吴某丁之间进行亲权鉴定。鉴定所于2013年6月7日出具司法鉴定意见书，鉴定意见：支持吴某甲、吴某乙与吴某丁之间存在亲生血缘关系。

又查明：吴某丙、张某收养吴某丁时并未与吴某甲、吴某乙订立收养协议，亦未至县级以上人民政府民政部门登记；且吴某丙、张某收养吴某丁时，其已经生育二子，时年张某亦未满三十周岁。

释解

收养人吴某丙、张某收养吴某丁时，其并不具备法律规定的收养人条件，且收养后亦未至县级以上人民政府民政部门登记。故吴某丙、张某与吴某丁之间的收养关系不符合法律规定，应予解除。吴某丙、张某应将吴某丁交还其生父母吴某甲、吴某乙。

第三节　殡葬管理

为了加强殡葬管理，推进殡葬改革，促进社会主义精神文明建设，我国制定了殡葬管理条例。

一、规定了各级政府的职责

针对当时我国殡葬改革力度不大的实际，殡葬管理条例规定了各级政府以及政府各有关部门的职责，以加强对殡葬工作的领导，同时，纳入发展规划，逐步增加投入，加强管理和宣传教育工作，引导公民文明节俭办丧事。

二、授权各省自行规定火葬区和土葬区的划定原则和程序

为了推进殡葬改革，做好殡葬基础工作，殡葬管理条例中规定了对火葬区和土葬区划定原则和程序的授权。实行火葬和允许土葬的地区，由省、自治区、直辖市人民政府划定，并由本级人民政府民政部门报国务院民政部门备案。

三、笼统规定了对殡葬服务的管理

殡葬服务单位应当加强对殡葬服务设施的管理，更新、改造陈旧的火化设备。殡仪服务人员应当遵守操作规程和职业道德，实现规范化的文明服务，不得利用工作之便索取财物。

四、大致规定了遗体处理必须遵守的规定

运输遗体必须进行必要的技术处理，确保卫生，防止污染环境。火化遗体必须凭公安机关或者国务院卫生行政部门规定的医疗机构出具的死亡证明。

以案释法 33

郭某甲、郭某乙诉郭某某侵权纠纷案

原告郭某甲、郭某乙与被告郭某某是颍阳镇刘寨村村民，原告父亲于2012年农历2月去世，二原告在未与被告协商的情况下，将其父亲的遗体安葬在同村刘某某的责任田内，被告郭某某的责任田与刘某某的责任田相邻，二原告父亲坟墓的供台和部分附土占用了被告郭某某的部分责任田，后被告将占用其责任田的供台及附土清除，原、被告为此发生纠纷，原告诉至法院。

释解

公民对依法承包的土地享有使用权和经营权，其承包经营权受法律保护，任何组织和个人都无权进行侵害，被告依法取得与刘某某相邻土地的承包经营权。二原告在未取得土地使用权，也未经被告同意的情况下，将其父亲坟墓的供台和部分附土建在被告的承包地上，其行为违反了殡葬管理条例“禁止在耕地建造坟墓”、农村土地承包法“国家保护承包方的土地经营权”的规定，侵犯了被告的合法权益，构成侵权，二原告要求被告停止侵权，赔礼道歉，赔偿损失1000元的诉讼请求没有法律依据，法院不予支持；关于精神损害赔偿问题，二原告要求被告赔偿精神损害9000元的诉讼请求不符合法律规定，法院不予支持。

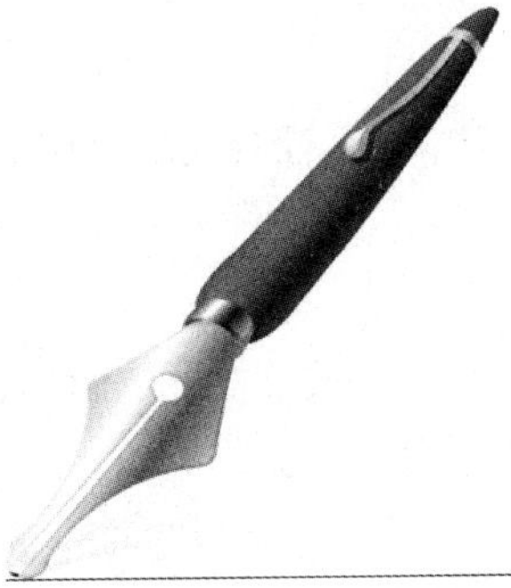

第十二章 社会工作和志愿服务

导 读

由于社会变迁、家庭或个人原因，有些人可能会一时或较长时间地陷入贫困，从而难以正常地进行生活。对生活上有困难的人给予必要的帮助是社会工作的重要任务，社会工作的功能则是通过上述服务来恢复和促进困难群体、有需要群体的正常生活。

从微观层面来说，志愿服务者可以看作是一个一个的行动者，他们在对志愿服务有一定的认同后，在自身意愿动机和相关因素的影响下参与志愿服务。他们选择参与的途径和活动的项目，并通过参加正规组织或非正规组织来实现其行动的目标，而政策和社会运作环境是他们行动的条件和限制。

第一节 社会工作

一、社会工作的概念

社会工作是一种帮助人和解决社会问题的工作。它帮助社会上的贫困者、老弱者、身心残障者和其他不幸者；预防和解决部分经济困难或生活方式不良而造成的社会问题；开展社区服务，完善社会功能，提高社会福利水平和社会生活素质，实现个人和社会的和谐一致，促进社会的稳定与发展。在我国社会工作不仅包括社会福利、社会保险和社会服务，还包括移风易俗等社会改造方面的工作。

二、社会工作的类型

（一）工业社会工作

主要在工商企业或其他工商机构中解决有关劳工福利、职业保障及其他有关问题。此项工作在社会主义社会一般纳入工会工作之中，在资本主义社会大都存在于工会工作之外。

（二）农村社会工作

较工业社会工作发展为晚。它主要针对农村的社会生活受到城市发展的影响、冲击而出现的各种社会问题，开展各项社会服务和有关的社会发展等工作。

（三）家庭社会工作

它为家庭提供多种内容的社会服务，以促进家庭关系的协调，强化家庭功能；帮助家庭成员健全本身机能，使之适应社会生活的要求与变化。

（四）学校社会工作

通过专业性的服务，协助学校改善学习环境，解决教育过程中的有关社会问题；协助学校完善教育功能，促进学生正常成长；引导学生发挥蕴藏的聪明才智和创造性，帮助少数有不良行为的学生克服障碍和挖掘潜能，自砺成才。

（五）医疗社会工作

一般指运用于疾病的预防、治疗和康复等方面的社会福利服务。具体指医院和诊所的社会服务，卫生行政和公共卫生设施内的社会服务，以及精神疾病防治和心理卫生机构的社会服务。

（六）军队社会工作

主要为军人、军人家属、退役军人和在部队驻地社区开展各项专业服务，包括福利保障、职业培训、就业服务、心理卫生服务和建立教育设施、医疗设施等方面；在军队和地方之间调整关系、组织合作。中国军队社会工作的主要部分单独列为优抚安置工作，受到国家和社会的重视。

三、社会工作的性质功能

（一）服务性

对遭受各种困难和不幸的人进行帮助，保障他们基本生活的需要，使他们能够发挥自己的潜在力量，增强他们适应社会生活的能力，具有为社会整体和社会成员服务的功能。

（二）稳定性

它是促进社会稳定发展机制的一部分。通过解决和预防社会问题，以及帮助社会成员恢复社会生活功能，发挥改善社会生活秩序，改进社会环境的功能。

（三）发展性

在发展生产的过程中，解决社会生活出现的一些不平衡、不协调的现象，缓解经济发展和现代化生产过程中出现的一些矛盾；同时参与开发劳动力资源、技术资源和其他社会资源，促进商品经济的发展和物质基础现代化与社会化，为发展生产力服务。

（四）调节性

即在社会运行的控制机制中具有一种自我调节的功能。对社会运行过程中生产关系和上层建筑出现的一些矛盾问题，社会工作通过调整社会关系，加强社会行政管理，参与和协调解决有关的一些矛盾问题，从中发挥出调节的功能。

以案释法 34

北京市儿童福利院开展“认识自己、理解他人”儿童关爱工作

孤残儿童因其生长环境的特殊性，容易在心理成长和社会化发展方面面临诸多问题，需要社工给予更多的关注和帮助。此次小组是社工针对北京市儿童福利院10—12岁孤残儿童开展的。社工在前期走访中发现，该阶段的一些孤残儿童经常出现吵嘴、大声喧哗以及同辈间互不理解、互相指责、互不信任的现象，决定以此为焦点开展服务。

社工通过走访、访谈和问卷调查的方式，对服务对象的生长发育状况和成长环境进行了分析和预估，发现服务对象的人际交往能力较差，与同伴容易产生矛盾和冲突，为达到个人的小目的经常说谎，与照料者之间关系紧张。这不仅影响了机构内生活区的正常管理和秩序，也不利于孩子们的健康成长和正常社会化的进程。

社工从儿童的心理、行为角度来分析服务对象的问题和需求，主要归纳为以下几个方面：一是沟通方式不良。服务对象缺乏礼貌规范，说话、做事不顾及别人的感受，习惯从自己的喜好出发，彼此之间常有矛盾。而由于语言表达和沟通能力较差，他们在发生矛盾时很难准确说出自己的想法，最后导致冲突和争吵。二是对事物的认知能力和自我控制能力较弱。受智力发育水平落后和社会环境因素的影响，有些服务对象上学较晚，有些只在机构或寄养家庭接受教育，受教育水平偏低，认知能力相对落后于同龄儿童。他们一方面对自我缺乏了解，遇到问题很少从自身找原因；另一方面对他人存在认识上的偏差，容易为一些小事计较，导致矛盾激化。三是存在敏感与自卑心理，受同伴影响较大。

释解

社工通过开展快乐成长小组活动，给服务对象提供一个支持和信任的环境，以尊重、鼓励、支持的方式和他们一起面对困境，让他们在认识自我、理解他人的过

程中提升信心、活力、自尊并能够自立，提高人际沟通、相互合作、解决问题等方面的能力，从而在认识与反思自我中实现成长。

第二节 志愿服务

一、志愿服务的含义

志愿服务是一种非政府系统的组织行为和服务行动，是民间系统服务于社会的群体行为或个人行为，即民间组织或个人利用自己的知识、技能、体能或财富，通过各种服务性的行动去实现和体现对社会事业的服务与奉献，或实施和完成对有困难的社会群体及个人的服务与保障。

二、志愿服务的特征

（一）自愿性

志愿者进行志愿服务必须是出于自愿选择，非受第三人或外界的强制，这样才能使志愿服务与一般的国家机关或社会组织的职务行为区分开来。虽然目前大多数的志愿活动都是由政府或社会组织发动的，但作为志愿者个人而言都是有选择是否参与的权利的。志愿服务不能作为一种义务而强加于任何社会成员。因此，自愿性是志愿服务区别其他社会行为的首要前提。

（二）社会性

志愿服务体现的是一种人与人之间的社会关系。它不是存在于个人生活的私人领域，而是在一定的公共空间和特定的人群当中进行他助或互助。公共福利和社会公益是志愿服务的价值目标，也是衡量志愿服务的社会价值性和有用性的评判标准。

（三）教育性

志愿服务活动的开展锻炼了人的能力，提高了人的素质，陶冶了人的情操，完善了人的品质。志愿者在作出无私奉献的同时，也在不断地积累无形的收获，有对人生观、价值观的深层思考，有对现实生活更透彻、敏锐的感悟。同时，志愿服务活动促进了社会保障和社会服务体系的建立和完善，促进了新型人际关系的形成和社会的稳定发展，弘扬了中华民族的传统美德和社会主义新风。更多的志愿者主动地参与志愿者行动，学会了奉献爱心，帮助别人，去履行一份诺言，去实践一种责任。

（四）无偿性

志愿服务活动的动机是非营利趋向的，不以物质报酬为目的，明显区分于追求个人利益最大化的经济行为。这就保证了志愿服务的本质是奉献社会、服务社会。

我国部分地区将志愿者提供的志愿服务的时间和内容都登记在“储蓄存折”上，并以等量的免费服务为回报。这实际上体现了一种劳动服务关系，将有形的劳动从时间和空间上分离开来，是一种变相的有偿行为，不应该作为志愿服务立法的调整范围。

三、志愿活动的作用

（一）促进社会安定

志愿活动成员来自社会各个层面，因相同的理念而集合在一起，成员间形成了一种友爱、互助、进步、由于共同的目标和价值奉献的新型互动关系，在这种团体中原有的政治地位、经济收入、文化程度等结构性差异退居到次要的地位。开展志愿服务，不但使志愿者之间增加了相互了解，而且通过与被帮助对象的接触也使志愿者了解到更多的社会现实，更为重要的是，志愿服务者和接受者之间形成的初级关系也有利于加强核心道德价值的凝聚力，从而促进社会安定。

（二）创造经济效益

志愿服务具有现金保障的可替代性，即它本身具有现金价值，能够创造巨大的社会经济效益。志愿服务既不需要政府较多的投入，又能够满足社会群体对服务的需求，并且有着较低的成本。其主要体现在：第一，志愿者提供的服务是免费的，最多是后勤补偿，例如服装费、路费、餐饮费等，与志愿服务所带来的效益相比，可以忽略不计；第二，社会团体对志愿活动也会提供赞助，其资金既不属于政府财政预算，又能使志愿活动得以顺利开展，赞助者也通过志愿活动得到了宣传自身、扩大影响的机会；第三，志愿服务没有机构臃肿带来的内耗问题，可以使活动低成本、高效率的运作。

（三）保障弱势群体

随着市场经济的发展和整个社会利益格局的重大调整，产生了相当数量的困难群众，如亏损企业职工、失业无业人员、部分离退休人员等困难群众。社会保障体系因资金不足、对象难以界定、内容有限、覆盖面狭窄、服务保障薄弱等问题和不足而没有完善起来。这些弱势群体既是市场所不愿顾及的，也是政府无力关注的，而志愿服务正好满足了这个社会需求，弥补了我国社会保障体系的缺陷。

（四）推动精神文明建设

志愿服务在世界范围内有着深厚的历史基础，它是古老的慈善制度与现代社会参与、整合手段的结合，是古老的慈善行为与现代社会救助手段的融合。精神文明建设是一个总体框架，在某种意义上说也是社会发展的一个过程、目标与理念，它呼唤的是道德的张扬和重构。市场经济讲究规则、契约，但同时也是道德经济。这种道德内涵不仅体现在社会生活、政治领域、经济领域的规则中，也体现在个人对社会的奉献中。精神文明建设活动实际上是体现于人们社会生活中的友爱、奉献、互助、守信与公平，并以其为载体。寓精神文明建设于志愿服务之中，不仅是对道德的呼唤与重建，重要的是它广泛调动了社会成员的参与意识，从而在实践中形成道德认同。

（五）提高公民素质

志愿服务活动秉承“奉献、友爱、互助、进步”的志愿精神，自觉实践“爱心献社会、真情暖人间”的庄重承诺，决定了它是一项高尚的社会道德实践，它要求参与者必须无私奉献和自愿参与志愿服务，志愿者必须以自己的实际行动传承中华民族助人为乐、扶贫济困的传统美德，弘扬“奉献、友爱、互助、进步”的时代新风。志愿者在为社会和他人提供志愿服务时，实施高尚行为将有助于他们自身高尚行为习惯的养成和思想道德品质的内化，志愿者为社会和他人付出的是智慧和精力，而高尚的思想和品德则是他们的收获。

附录

民政部关于印发《全国民政系统法治宣传教育第七个五年规划（2016—2020年）》的通知

（民发〔2016〕182号）

各省、自治区、直辖市民政厅（局），各计划单列市民政局，新疆生产建设兵团民政局；各司（局），全国老龄办，各直属单位：

现将《全国民政系统法治宣传教育第七个五年规划（2016—2020年）》印发你们，请结合实际认真贯彻执行。

民政部

2016年10月11日

全国民政系统法治宣传教育第七个五年规划（2016—2020年）

在党中央、国务院正确领导下，在全国各级民政部门共同努力下，《民政系统开展法制宣传教育第六个五年规划》顺利完成，民政系统法治宣传教育取得了明显成效。为做好民政系统第七个五年法治宣传教育工作，根据《中共中央 国务院转发<中央宣传部、司法部关于在公民中开展法治宣传教育的第七个五年规划（2016—2020年）>的通知》（中发〔2016〕11号）要求，结合民政工作实际，制定本规划。

一、指导思想、主要目标和工作原则

（一）指导思想。高举中国特色社会主义伟大旗帜，全面贯彻党的十八大和十八届三中、四中、五中全会精神，以马克思列宁主义、毛泽东思想、邓小平理论、“三个代表”重要思想、科学发展观为指导，深入贯彻习近平总书记系列重要讲话精神及有关民政的重要论述，按照中央统筹推进“五位一体”总体布局和协调推进“四个全面”战略布局的重大决策部署，落实全面依法治国新要求，围绕“十三五”时期民政改革发展的重点目标和任务，深入开展法治宣传教育，坚持法治宣传教育与民政工作实际相结合，围绕重点、突出特色，为实现“两个一百年”奋斗目标和中华民族伟大复兴的中国梦作出新的贡献。

（二）主要目标。通过实施法治宣传教育第七个五年规划，进一步健全民政系统普法宣传教育机制，增强法治宣传教育实效，深化依法治理，促进民政干部职工特别是领导干部的法治观念和意识明显增强，厉行法治的积极性和主动性明显提高，全社会对民政法律法规的知晓度明显提升，法治民政建设水平明显提高。

（三）工作原则。坚持围绕中心，服务大局。围绕民政改革发展的中心工作，在全系统深入开展法治宣传教育，为全面实施民政事业“十三五”发展规划营造良好法治环境。

坚持以人为本，服务群众。以满足群众不断增长的法治需求为出发点和落脚点，充分利用群众喜闻乐见、易于接受的方式开展法治宣传教育，切实依法保障人民群众基本民生权益。

坚持分类指导，突出重点。根据不同地区、不同对象的特点，确定法治宣传教育的重点内容。根据民政业务多元、工作对象群体多元等特点，采取切实可行的方法，增强普法工作的针对性。

坚持学用结合，普治并举。把法治宣传教育与推进民政事业改革发展有机结合，把法治融入民政工作的各个环节，引导各级民政部门在法治实践中自觉学习、运用国家法律和党内法规，不断提升法治素养。

坚持创新发展、注重实效。把握法治宣传教育工作规律，创新工作理念，拓展工作领域，完善工作机制，改进方式方法，不断提高法治宣传教育工作的实效性。

二、主要任务

（一）深入学习宣传习近平总书记关于全面依法治国的重要论述。党的十八大以来，习近平总书记站在坚持和发展中国特色社会主义全局的高度，对全面依法治国作了重要论述，提出了一系列新思想、新观点、新论断、新要求，深刻回答了建设社会主义法治国家的重大理论和实践问题，为全面依法治国提供了科学理论指导和行动指南。组织全国民政系统深入学习宣传习近平总书记关于全面依法治国的重要论述，增强走中国特色社会主义道路的自觉性和坚定性，增强民政系统厉行法治的积极性和主动性；深入学习以习近平同志为总书记的党中央关于全面依法治国的重要部署，了解和掌握全面依法治国的重大意义和总体要求，普及全面依法治国的大政方针和理念，更好发挥法治的引领和规范作用。

（二）突出学习宣传宪法。宪法是国家的根本大法。坚持把学习宣传宪法摆在首要位置，结合民政工作职责，深入开展宪法教育，宣传依宪治国、依宪执政理念。落实国家工作人员宪法宣誓制度，认真组织好“12·4”国家宪法日集中宣传等活动，进一步增强民政系统特别是各级领导干部的宪法意识，引导和教育民政部门和干部职工必须以宪法为根本活动准则，增强宪法观念，维护宪法尊严。

（三）**深入学习宣传党内法规**。适应全面从严治党、依规治党新形势新要求，切实加大党内法规宣传力度。突出宣传党章，教育引导民政系统广大党员尊崇党章，以党章为根本遵循，坚决维护党章权威。大力宣传《中国共产党廉洁自律准则》《中国共产党纪律处分条例》《中国共产党问责条例》等各项党内法规，注重党内法规宣传与国家法律宣传的衔接和协调，坚持纪在法前、纪严于法，教育引导党员干部做党章党规党纪和国家法律的自觉尊崇者、模范遵守者、坚定捍卫者。

（四）**持续宣传规范政府共同行为的法律法规**。持续宣传《中华人民共和国行政许可法》《中华人民共和国行政处罚法》《中华人民共和国行政复议法》《中华人民共和国行政诉讼法》《中华人民共和国行政强制法》《中华人民共和国国家赔偿法》以及《中华人民共和国行政复议法实施条例》《信访条例》《中华人民共和国政府信息公开条例》等领域的法律法规，推动各级民政部门树立"法定职责必须为、法无授权不可为"的意识，促进法治政府建设。

（五）**着力宣传民政专业法律法规和规章**。大力宣传慈善事业、社会救助和老年人、残疾人、未成年人合法权益保护等方面的法律法规，促进保障和改善民生。大力宣传优抚安置法律法规，促进国防和军队建设。着力宣传基层群众自治相关法律法规，提高城乡基层群众有序参与民主政治的意识和水平。着力宣传专项社会事务管理、社会组织登记管理领域的法律法规，切实提高社会管理和服务水平。广泛宣传民政领域其他法律法规，重点宣传党中央、国务院重大决策部署涉及民政部门职能的法律法规，以及民政部门重点工作涉及的法律法规，专题宣传新颁布的法律法规。做好上述法律法规配套规章的宣传贯彻工作，确保法律法规有效实施。在传播法律知识的同时，更加注重弘扬法治精神、培育法治理念、树立法治意识，大力宣传宪法法律至上、法律面前人人平等、权由法定、权依法使等基本法治理念，引导民政干部职工和民政工作对象自觉守法、遇事找法、解决问题靠法。

（六）**推进民政系统依法治理**。认真贯彻落实《法治政府建设实施纲要（2015-2020年）》，与落实党中央、国务院各项重大决策部署和民政工作中心任务相衔接，扎实推进民政系统依法行政。加快民政立法步伐，加强民政执法规范化建设，完善民政法制监督，扎实推进法治创建，在民政法治建设实践中加强法治宣传教育。建立健全重大决策合法性审查机制，积极落实法律顾问和公职律师制度。

三、对象和要求

（一）**切实加强民政系统领导干部学法守法用法**。坚持把领导干部带头学法、模范守法作为树立法治意识的关键。认真贯彻落实中央组织部等四部门印发的《关于完善国家工作人员学法用法制度的意见》，完善各级民政部门领导干部带头学法用法制度，切实抓好领导干部这个"关键少数"，每年至少举办一期领导干部法治专题讲座。把宪法、国家基本法律、民政法律制度、依法行政知识和党内法规列入各级民政部门党委（党组）中心组学习内容，每年不少于两次集体学习，提高领导干部运用法治思维和法治方式开展工作的能力和水平。拓宽领导干部学法用法渠道，坚持自学为主，结合领导干部自身的工作职能和特点，联系实际，确定学习内容，自觉开展通读法律、法规条文活动。推进领导干部学法用法方式方法创新，通过立法调研、执法监督检查、案例讨论、工作研讨等形式，把学习法律与运用法律解决实际问题紧密结合起来。推动各级领导干部带头厉行法治、依法办事。逐步建立和完善领导干部学法考勤、学法档案、学法情况通报、年终考核述法等制度，把领导干部学法用法各项要求落到实处，使领导干部真正成为尊法学法守法用法的模范。

（二）大力推进民政干部职工法治教育培训。加大对民政干部职工的法治教育和培训力度，定期开展社会主义法治理念教育、通用法律知识培训、专门法律知识轮训和新颁布法律法规专题培训。把法治教育纳入民政系统国家工作人员入职培训、任职培训的必训内容，确保法治培训课时数量和培训质量。加强依法行政、依法办事通用法律知识与履行职责相关的专门法律知识学习，不断提高民政系统运用法治手段解决问题的能力。健全行政执法人员岗位培训制度，每年组织申请行政执法资格和已经取得行政执法资格的工作人员开展培训，时间原则上不少于一周。组织编写具有典型性或者指导意义的民政执法、行政复议和行政应诉案例，以案说法、以案释法。把法治观念强不强、法治素养好不好作为衡量公务员德才的重要标准，把能不能遵守法律、依法办事作为考察干部的重要内容。

（三）在民政工作管理和服务对象中深入开展法治宣传教育。根据民政工作管理和服务对象的特点和接受能力，有重点、有针对性地开展法治宣传教育。支持行业协会商会类社会组织发挥行业自律和专业服务功能，发挥社会组织对其成员的行为导引、规则约束、权益维护作用，发挥社会组织章程等社会规范在社会治理中的积极作用。深入开展民主法治示范村（社区）创建，教育引导基层群众自我约束、自我管理，提高社会治理法治化水平。依托民政服务机构，加强民政法治文化阵地建设，引导老年人、优抚群体、困难群体、特殊群体、志愿者等树立社会主义法治理念和法治意识，向其加大普及和宣传民政领域相关专业法律法规知识力度，养成其依法维护权益、遵纪守法的行为习惯。

四、工作步骤

本规划从2016年开始实施，到2020年底结束。分为三个阶段。

（一）宣传发动阶段：2016年。各级民政部门要按照本级党委、政府法治宣传教育规划要求，结合本规划和自身实际情况，研究制定相应的普法规划，做好宣传、发动和组织工作。各省（自治区、直辖市）民政厅（局）、各计划单列市、新疆生产建设兵团民政局制定的第七个五年规划，应当于2016年12月底前报民政部。

（二）组织实施阶段：2017年至2020年。各级民政部门要制定年度工作计划，明确当年工作重点，有计划、有步骤地组织开展各项普法活动，确保规划得到全面贯彻落实。2018年配合各级普法办开展中期检查。

（三）检查验收阶段。民政部将根据全国普法办统一部署，对民政系统七五普法工作情况进行总结验收，对先进集体和先进个人进行表扬。各级民政部门要进行自检自查工作，配合上级民政部门和当地普法主管部门进行总结验收。

五、组织领导

（一）切实加强领导和考核。各级民政部门要高度重视法治宣传教育工作，建立健全法治宣传教育工作领导和办事机构，完善召开会议、听取汇报、开展督察等制度。建立健全法治宣传教育工作考核评估机制，将法治宣传教育工作纳入目标责任制考核内容，作为依法行政指标体系和考核标准的重要内容，确保普法工作落到实处。

（二）认真落实责任制。各级民政部门要认真落实国家机关“谁执法谁普法”的普法责任制，建立民政领域普法责任清单制度。结合行业特点和群众需求，落实“谁主管谁负责”的普法责任，在管理和服务中开展法治宣传教育。

（三）注重加强队伍建设。各级民政部门要注重加强法制工作机构建设，推动省级以下民政部门独立设置法制工作机构，提高专职法治宣传教育工作者的法律专业素质和组织指导能力，同时建立健全定期培训制度。

（四）切实落实经费保障。各级民政部门要把法治宣传教育经费纳入本部门财政预算，切实予以保障。各单位要根据实际情况统筹安排相关经费，保证法治宣传教育工作正常开展。

（五）鼓励工作方式方法创新。各级民政部门要切实采取措施，鼓励法治宣传教育工作方式方法创新。着力发挥民政相关媒体法治宣传教育主阵地作用，同时注重拓宽宣传渠道，推进“互联网＋法治宣传”行动，充分利用和发挥新媒体的优势，注重丰富宣传学习载体，增强宣传教育的吸引力。结合民政业务涉及的国际社工日、清明节、“5·12”防灾减灾日、建军节、中华慈善日、老年节、烈士纪念日等重要时间节点，有针对性地组织开展法治主题宣传日、宣传周和宣传月等活动，不断提高民政法治宣传活动的覆盖面、影响力和公众参与度。